KB115817

스페인 영화

현대의 지성 156

스페인 영화

작가주의 전통과 국가 정체성의 재현

제1판 제1쇄   2014년 6월 30일

지은이   임호준
펴낸이   주일우
펴낸곳   ㈜**문학과지성사**
등록번호   제1993-000098호
주소   121-894 서울 마포구 잔다리로7길 18 (서교동 377-20)
전화   02) 338-7224
팩스   02) 323-4180 (편집)   02) 338-7221 (영업)
전자우편   moonji@moonji.com
홈페이지   www.moonji.com

ISBN 978-89-320-2628-2

* 이 저서는 2009년도 정부의 재원으로 한국연구재단의 지원을 받아 수행된 연구임을 밝힙니다.
  (NRF-2009-812-G00025)
* 이 책에 수록된 사진 중 일부는 저작권자와 연락이 닿지 않아 수록 허가를 받지 못했습니다.
  연락이 되는 대로 필요한 절차를 밟도록 하겠습니다.

현대의 지성 156

스페인 영화

작가주의 전통과 국가 정체성의 재현

임호준 지음

Luis Buñuel

Luis García Berlanga

Juan Antonio Bardem

Carlos Saura

Víctor Erice

José Luis Garci

Pedro Almodóvar

Juan José Bigas Luna

Julio Medem

Icíar Bollaín

Fernando León de Aranoa

Alejandro Amenábar

문학과지성사
2014

프롤로그

　충분한 식견도 없는 상태에서 라틴아메리카 영화에 대한 책을 출판한 지 7년 만에 이번에는 스페인 영화에 대한 책을 내놓게 되었다. 그때 「서문」에도 썼듯이 희소성의 가치가 전문성의 부족에 대한 방패막이 되어주리라고 생각했었는데, 과연 그 얄팍한 계산이 틀리지 않아 책의 내용이 대단치 않았음에도 그 분야의 책이 처음이라는 이유로 여러분으로부터 우호적인 평을 들을 수 있었다. 하지만 스페인 영화에 대한 연구서를 내는 지금은, 그때부터 시간도 상당히 지났거니와 스페인 현대문학을 전공한 나의 연구 경력으로 봐서도 7년 전의 책보다는 훨씬 나아야 한다는 점이 큰 부담으로 다가와 쉽게 써지지 않았다.

　7년의 시간 동안 외국 영화 연구의 환경이 엄청나게 변했다. 우선은 대학의 강의에서 외국 영화에 대한 논의가 훨씬 많아졌다는 점을 꼽을 수 있겠다. 전공과목으로서 각국의 영화를 살펴보는 과목들이 생겼을 뿐만 아니라 문화와 문학을 가르치는 교양과목에서도 영화는 참고 텍스트로서 광범위하게 쓰이고 있는 것을 보게 된다. 영상 시대의 도래는 거부할 수 없는 대세인 것 같다.

또한 연구를 위해 필요한 외국 영화를 구하기가 용이해졌다는 점 또한 큰 변화라고 생각한다. 예전엔 영화를 구하기 위해 해외의 헌책방이나 백화점 DVD 코너를 뒤졌었는데 이제는 어떤 영화든 인터넷을 통해 거의 다 구할 수 있게 되었다 ─ 가끔은 어쩔 수 없이 '어둠의 경로'를 통하지만. 그러다 보니 외국 영화에 박식한 시네필도 많아져서 나만 알고 있는 영화인 줄 알고 사이트를 뒤져보면 희귀 영화에 대한 리뷰도 블로그 등에 게재되어 있는 것을 보게 된다. 그래서 예전에 라틴아메리카 영화에 대한 책을 쓸 때 책의 내용이 일반 독자들의 관심과 너무 유리되어 있는 것이 아닐까, 도대체 이 책을 누가 읽어줄 것인가 하고 느꼈던 자괴감을 스페인 영화에 대한 책을 내는 지금에 와서는 그다지 크게 느끼지 않게 되었다. 외국 영화를 연구하는 사람으로서 반가운 상황이 아닐 수 없다.

이제 외국에서도 세계 각국의 내셔널 시네마에 대한 연구와 교육은 영화학과에서보다도 외국어문학과에서 주로 담당하고 있다. 내셔널 시네마에 대한 이해는 사회·문화적 맥락에 대한 이해가 필수가 될 수밖에 없기 때문이다. 그동안 국내에서 문학 텍스트 분석에 진력했던 외국어문학 전공 연구진들이 영화로도 눈을 돌리고 있기 때문에 각 문화권에 대한 깊이 있는 문화적 지식을 기반으로 훌륭한 저술들이 많이 나오리라 기대된다.

책을 쓰면서 가장 큰 고충은 대중성과 전문성이라는 대척점에 있는 두 요소를 모두 갖추어야 한다는 것이었다. 아직 국내에 스페인 영화가 제대로 알려지지 않은 상황임을 고려할 때 이 책이 개론서의 역할을 했으면 하는 바람이 있는 한편, 세계적으로 스페인 영화에 대해 많은 논의가 진행된 만큼 뭔가 새롭고 통찰력 있는 이야기를 하고 싶다는 욕심도 있었다. 두 가지 목표를 염두에 두고서 국가 정체성과 작가주의라는, 스페인 영화를 관통할 수 있는 두 개의 키워드를 설정했고 이를 통해 유기적이고 통일성 있는 서술이 되고자 했다.

이 책의 구성은 각 부에서 보듯 주제별 묶음이기도 하면서 작가별로도 정리가 되도록 했는데, 그렇다고 해서 이 책이 개별 감독에 대한 온전한 작가론이 되는 것은 아니다. 한 감독의 필모그래피가 일관성 있는 궤적을 보이지 않을 때도 많거니와 또 필자의 역량이 감독의 모든 작품을 꿰뚫어볼 수 있을 만큼 충분하지 못하기 때문이다. 그래서 대표작을 중심으로 작가주의적 의식이 국가적 이슈, 문화 기표, 예술 전통과 만나는 부분을 중점적으로 논의했다.

필자가 스페인 영화에 처음 관심을 갖게 된 것은 스페인 유학 시절인 1990년대 초반이었다. TV를 통해 스페인 고전영화를 즐겨보면서, 중요한 연구 분야인데 아무도 하지 않는 것 같아 내가 하기로 마음먹고 그때부터 스페인 영화 작품들을 모으기 시작했다. 당시 나의 귀찮은 부탁을 마다하지 않고 TV 녹화를 해주셨던 정인태 선생님께 감사드린다. 지금도 내 연구실엔 정 선생님이 직접 제목을 쓰신, 비디오테이프가 여러 개 있다. 한국에 돌아와서는 인터넷 검색을 잘하는 학생들에게 영화 구하는 것을 부탁했었는데 여러 학생이 도움을 주었다. 민경호, 김규범, 박도란 학생에게 고마움을 전한다. 이 책을 위해 귀한 스틸 컷을 제공해준 엘데세오El Deseo, 라이구아나La Iguana 영화사, 그리고 책의 집필 과정에서 스페인 영화에 대해 유익한 이야기를 들려준 마드리드 대학교 영화사학과 호세 루이스 산체스 노리에가 José Luis Sánchez Noriega 교수, 제작자 실비아 고메스Silvia Gómez, 영화 감독 훌리오 메뎀Julio Medem에게도 감사의 뜻을 표한다. 수익성을 기대할 수 없는 책의 출판에 흔쾌히 동의해주시고 보기 좋게 책을 꾸며주신 문학과지성사와 김현주 편집장님에게도 감사를 표한다. 그리고 원고를 읽고 유용한 코멘트를 남겨주신 평론가 유운성 님에게도 감사를 드린다.

이 책을 쓰는 작업은 주로 주말이나 방학 때 이루어졌는데 책을 쓰는 3~4년 동안 나의 아들은 아빠와 놀 수 있는 시간을 많이 잃어버렸다. 그래서 응당 이 책은 이제 열한 살이 된 아들에게 주는 걸로 해야 할 것 같다. 착하게 자라줘서 고마운 아들 지안에게……

2014년 6월
임호준

차례

제4부 스페인적인 것의 재협상과 작가주의의 갈등

제5부 세계화 시대의 스페인 영화와 새로운 작가주의

서문
스페인 영화의 작가주의와 국가 정체성

스페인 내셔널 시네마와 민족/국가 정체성

스페인의 내셔널 시네마를 논의하기 위해서는 국민국가nation-state 로서 스페인이 갖는 특징, 즉 스페인에서 국민국가 형성의 역사와 특정성이 이해되어야 한다. 스페인은 유럽에서 비교적 이른 시기(1469)에 정치적 통합체를 이루었고, 이 덕분에 16세기에는 아메리카 대륙과 함께 유럽의 많은 지역을 영토로 소유하며 '해가 지지 않는 제국'을 이룰 수 있었다. 그러나 이것은 정치적 통합체였을 뿐 진정한 의미의 국가nation로서는 상당히 부실했다. 예를 들어 16세기 스페인의 최전성기를 구가했던 합스부르크 왕조의 카를로스 1세(신성로마제국의 황제로는 카를 5세)는 17세이던 1517년 스페인 제국의 왕이 되어 마드리드에 왔을 당시, 스페인어조차 하지 못했다. 그를 수행했던 신하들 역시 마찬가지였다.

16세기 이래로 스페인은 제국으로 군림하지만 오스트리아 출신의 합스부르크 왕조는 스페인을 통일된 국가로서 건설하지 못했다. 오히려 국가 건설을 위한 정치적 노력은 위기를 몰고 와서 1580년에 잠시 스페인의 왕조에 편입되었던 포르투갈이 1640년 독립해 나갔다. 안에서는 기독교인, 유대인, 이슬람인들이 전혀 용해되지 못하고 있었으며, 밖으로는 라틴아메리카가 공식적으로는 스페인 제국의 영토로 편입되었지만 국가적으로 관리되기 어려웠다. 그래서 아메리카는 국가의 영토라기보다는 개인 사업가들이 제멋대로 설치는 기회의 땅에 불과했다. 이런 판국에 아메리카 원주민들이 스페인 제국의 국민이 될리가 없었다. 따라서 스페인에서 전통적으로 민족주의nationalism의 개념은 스페인 전역에 해당되는 국가적 정체성을 일컫는 것이 아니라 카탈루냐, 바스크 등의 지역 정체성을 일컫는 말로 통용되는 아이러니를 불러왔다. 국가 안에 복수의 민족nation 개념이 자리 잡게 된 것은 나중에 큰 문제를 불러오는데, 스페인 내전(1936~1939)의 발발에도 이 문제가 개입되고 있다.

19세기 초 나폴레옹의 침입을 받았을 당시 나폴레옹 군을 몰아내기 위한 독립운동이 펼쳐졌을 때 비로소 국가적 차원의 민족주의 의식이 생겨났다는 데 대부분의 학자가 동의한다.[1] 이때는 이미 라틴아메리카도 여러 국가로 나뉘어져 스페인으로부터 독립하기 시작했을 때이다. 따라서 산업화에 따른 인쇄 매체의 발전이 유럽에서 민족주의가 생겨나는 데 결정적인 역할을 했다는 베네딕트 앤더슨의 설명은 스페

---

1) Angel Smith & Clare Mar-Molinero, "The Myth and Realities of Nation-Building in the Iberian Peninsula," *Nationalism and the Nation in the Iberian Peninsula*, Oxford: Berg, 1996, pp. 1~27.

인의 경우엔 잘 들어맞지 않는다.

　나폴레옹의 점령 시기 민족주의적 고뇌를 보여준 대표적인 지성인
은 화가 프란시스코 데 고야Francisco de Goya였다. 젊은 시절 그림 잘
그리는 평범한 궁정화가였던 고야는 스페인이 정치적인 격변 속에 빠
져들면서, 개인적으로는 귀머거리가 되면서, 민족의 문제에 천착하기
시작한다. 중기 이후 그의 작품은 초기에 그렸던 밝은 색채의 유화와
판이하게 달라져 어둡고 그로테스크한 톤으로 민족의 운명과 사회의
부조리를 담게 된다. '잘 그린 그림'에 대한 개념을 통째로 바꿔놓은
그의 충격적이고 사실적인 이미지의 작품은 스페인의 민족적 정체성
개념과 연결되었다. 오르테가 이 가세트는 "그때가 되어서야 고야는
본질적으로 스페인적이라고 할 만한 그림을 그리기 시작한다. 왜냐하
면 그는 외형상으로만 전형적인 스페인적 이미지를 그리는 것을 그만
두었기 때문이다"라고 말한다.[2]

　오르테가 이 가세트가 말한 "외형상으로만 전형적인 스페인적 이미
지"란 낭만주의 시대에 정립된 이미지를 일컫는다. 그는 투우, 플라멩
코 등 안달루시아의 민속으로 스페인적 이미지가 정립된 것에 대해
1927년에 기술한『안달루시아 이론Teoría de Andalucía』에서 스페인성
의 수행적인 면에 대해 밝힌 바 있다. "스스로를 연기하고 흉내 내는
안달루시아인에 대한 경도된 관념은 놀라운 집단적 나르시시즘을 드
러낸다. 그들은 자신들의 모양과 존재에 즐거워하며 그들 자신의 관
객이 된다."[3] 카를로스 사우라 감독은 안달루시아의 단편적 이미지가

2) José Ortega y Gasset, *Papeles sobre Velázquez y Goya*, Madrid: Revista de Occidente en
　Alianza Editorial, 1987, p. 120.
3) José Ortega y Gasset, *Teoría de Andalucía y otros ensayos*, Madrid: Revista de Occi-

스페인적 이미지 또는 정체성으로 확대된 것에 대해 다음과 같이 설명한다.

낭만주의의 마지막 시기에 스페인이 태양과 이국성을 찾아 북쪽의 안개 나라에서 도피한 모험객들의 목적지가 됐다는 점을 기억할 필요가 있다. 독일, 프랑스, 영국의 여행자들이 우리나라에 관심을 가졌다. 러시아와 프랑스의 작곡가들이 우리의 전통적 음악에서 영감을 얻었다. 화가들과 만화가들도 이쪽으로 고개를 돌렸다. 1800년대 중반, 도레의 삽화가 그려진 다빌리예의 스페인 여행기를 읽은 누구라도 스페인의 자연과 사람에 대한 북쪽 사람들의 매료를 느낄 수 있다. 『스페인 여행기 *Voyage en Espagne*』에 삽입된 도레의 에칭화는 스페인에 대한 어떤 정보보다도 확실한 것으로 받아들여졌다. 안달루시아에 대해 그려진 그림에 작가가 자신의 판타지를 포함시키고 사람들의 옷과 풍습을 과장했다 하더라도 그림의 자세한 묘사는 잊을 수 없는 얼굴들, 거리들, 풍경들을 각인시켰다.[4]

결국 고야는 이렇게 날조되고 박제된 스페인적 이미지를 거부하고 당대의 현실과 고민을 담아냄으로써 스페인적 정체성의 새로운 개념을 열었다. 고야의 작품은 스페인의 후대 예술가들에게 엄청난 영향을 미쳤다. 훗날 스페인의 많은 영화감독이 고야의 이미지를 영화에 차용했으며, 고야의 작품은 스페인적 정체성의 원형原形으로 받아들여

---

dente, 1994.

4) Marvin D'Lugo, *The Films of Carlos Saura: The Practice of Seeing*, Princeton: Princeton University Press, 1991, pp. 202~203.

졌다. 스페인에서 가장 권위 있는 영화상이 고야의 이름을 딴 것 역시 우연이 아니다.

어쨌든 19세기 초입에 이르러 자유주의자들의 주도로 겨우 형성되기 시작한 스페인의 민족주의는 페르난도 7세(1814~1833)라는 스페인 역사상 최악의 폭군에 의해 다시금 위기를 맞는다. 엘리트주의적인 자유주의자와 보수주의자의 충돌로 점철된 19세기 역사의 질곡에서 스페인 민족주의의 발전은 느릴 수밖에 없었다. 1843년까지 스페인의 국기國旗나 국가國歌가 존재하지 않았고 국가적인 기념비도 거의 없었으며 국가적인 교육 시스템이나 병역제도도 갖춰지지 못했다.[5] 20세기 초까지도 교회가 장악한 국가의 교육 시스템은 스페인이 자유주의적인 강력한 근대국가로 발전하는 데 커다란 걸림돌이었다.

근대에 이르러 스페인이 겨우 국민국가 단위를 이루어나가려고 할 때 발목을 잡은 것은 카탈루냐, 바스크, 갈리시아 등의 지역민족주의였다. 스페인의 중심이 된 카스티야와 상이한 역사적 과정을 거침으로써 독자적인 언어와 문화를 갖게 된 이 지역들에서 근대 이전까지는 민족으로서의 의식은 강하지 않았다. 그러나 19세기의 낭만주의 시기를 거치면서 이 지역들에 민족주의 바람이 불기 시작했고, 카스티야 중심의 스페인 민족주의에 대항하는 세력으로 떠올랐다. 이것이 국민국가에 기반을 둔 스페인의 근대화가 진행되는 과정에서 수많은 문제를 야기했고, 급기야는 1936년 내전에서도 결정적인 갈등 요인이 되었다. 스페인 내전은 가톨릭 대 이교도라는 종교적 성격을 지닌 것이

---

5) Stanley Payne, *Fascism in Spain 1923–1977*, Madison: University of Wisconsin Press, 2000, p. 7.

기도 했지만 더 근본적으로는 카스티야 중심주의와 지역분리주의의 싸움이기도 했다. 바스크의 가톨릭 신부들은 내전에서 공화파를 지지했는데, 이 점은 바스크에선 민족주의가 종교 문제보다 우선하는 것이었음을 입증한다.

내전에서 승리한 프랑코에게 스페인을 단일한 국민국가로 만드는 것은 무엇보다 중요하고 시급한 일이었다. 그리하여 프랑코는 지역민족주의에 대해 혹독한 탄압을 가했다. 교육, 방송 등의 공적인 영역에서 지역어를 쓸 수 없도록 금한 것은 물론 사적으로 거리에서 지역어를 쓰는 것조차 처벌했다. 바스크 지역주의자들의 위기의식은 1960년대 후반 바스크의 독립을 위해 투쟁하는 무장 결사대 에타ETA의 결성을 불러왔다. 에타는 프랑코 정권과 정면으로 충돌하며 프랑코 시대 말기를 폭력과 탄압으로 점철된 시기로 만든다.

결국 무력을 동원해서라도 억지로 스페인을 통일적이고 균질적인 국가로 만들려고 했던 프랑코도 말기에 가서 힘을 잃게 되자 지역주의와 적당히 타협하는 수밖에 없었다. 그래서 1970년대가 되면 제한적으로나마 지역어의 사용을 허용하고, 지역 국기와 지역 정체성을 드러내는 것을 허가하게 된다.

민주화 시대에 이르러 스페인의 내셔널리즘, 민족적 정체성은 매우 혼란스러운 개념이 된다. 그동안 통일적 개념으로 인식되어온 스페인이라는 단위가 전혀 그렇지 않다는 것이 역사를 통해 여실히 증명되었기 때문이다. 사실상 내전이라는 극단적인 형태로 드러난 스페인의 갈등은 '통일된 스페인unified Spain' 대 '나뉘어진 스페인diversified Spain' 사이의 대결이라고 간단히 요약될 수 있다. 물론 스페인적 정체성이라는 것은 '통일된 스페인'의 개념에서 나온다. 프랑코 시대에는

'통일된 스페인'의 개념이 강제되었었고, 스페인적 정체성 역시 여기에서 파생될 수 있었다. 그러나 민주화 시대가 도래하자 '통일된 스페인'의 허구성은 실체를 드러냈고, 이를 바탕으로 했던 스페인적 정체성의 개념 역시 용도 폐기될 수밖에 없었다.

이와 함께 프랑코 시대 동안 스페인적인 것으로 적극적으로 홍보된 풍속적인 이미지 또한 반체제 작가들에게 신랄하게 비판받았다. 1960년대부터 경제개발에 열을 올리던 프랑코 정권은 해외 관광객을 적극적으로 끌어들이기 시작했고, 낭만주의적 스페인의 이미지를 스페인적인 것의 전형으로 세계에 홍보했다. 따라서 프랑코 시대의 TV 프로그램이나 상업영화에는 플라멩코, 세비야나, 투우 등 안달루시아의 풍속 이미지가 자주 등장했다. 스페인 신新영화 감독들은 이러한 날조된 이미지에 반감을 품었고, 오히려 이러한 문화적 아이콘과 정형성을 해체하는 방향으로 나아갔다.

그러면서 제기된 것이 스페인적 특정성specificity의 개념이다. 또는 정체성이라는 말을 쓰되 이것을 항구 불변하는 개념으로 보는 것이 아니라 시대에 따라 새롭게 구성되고 절합切合되는 개념으로 본다. 정체성은 역사의 결과물이 아니라 역사의 과정 자체인 것이다. 그런 점에서 당대의 국가적·사회적 현실을 처절하게 받아들이고 표현하고자 했던 고야의 작품은 스페인의 정체성을 재현한 모범적인 모델이 된다. 고야의 선례를 따라 스페인 영화의 많은 작품이 당대의 현실을 영화적으로 재현하는 데 집착해왔다. 전통 스페인의 허구성을 신랄하게 풍자한 부뉴엘, 프랑코 시대의 폭력성을 고발한 사우라, 시대의 아픔을 미학적으로 승화한 에리세 등이 대표적인 감독인데, 이런 점에서 이들의 영화는 스페인적 정체성을 담아내고 있다고 할 수 있다.

민주화 시대가 도래한 이후에도 스페인 영화의 작가주의 전통을 잇는 젊은 감독들은 나름대로 사회에 대한 고민과 국가적 이슈를 스크린에 투사해왔다. 이에 따라 바스크, 카탈루냐 등 지역주의 문제, 여성, 이민자, 성적 소수자 등 다양한 이슈가 영화를 통해 제기되었다. 그러나 제작비의 증가로 인해 작가주의 감독들조차도 산업적인 면을 고려하지 않을 수 없게 되었다. 이런 점 때문에 스페인 영화계는 1990년대 이래로 적극적으로 해외 수출에 진력해왔다.

그런데 문제는 세계의 관객들은 아직도 19세기 낭만주의 시대에 만들어진 박제된 스페인의 이미지에 흥미를 갖는다는 것이다. 그렇기 때문에 영화 제작비의 증가로 상업성이 필수화된 현재의 국면에서 많은 지성적 감독이 표피적 국가 정체성을 상품화하는 것을 비난할 수는 없다. 포스트모던 시대에서 민속성이란 어차피 구성된 것에 불과하고, 레이 초우가 장이머우의 영화에 대해 지적하듯, 이제 와서는 문화 횡단적인 상품 페티시즘과 다름없기 때문이다. 또한 할리우드 영화에 대해서는 그렇지 않으면서 주변부의 내셔널 시네마에 대해서만 '반영의 의무'를 지울 필요도 없는 것이다.[6]

이렇듯 현재의 스페인 감독들은 세계인들의 머릿속에 각인된 스페인의 표피적 이미지가 지닌 상품성을 포기할 수 없으면서도, 과거로부터 이어져 내려온 다양성과 이질성의 스페인을 스크린에 담아내어야 하는 곤란한 상황에 처해 있다. 이러한 과제는 주변부 국가의 내셔널 시네마 작가들이 공통적으로 안고 있는 것이긴 하지만, 국가적 이미지가 몇 개의 민속적 이미지로 워낙 강하게 각인된 스페인에서는 더

6) 레이 초우, 『원시적 열정』, 정재서 옮김, 이산, 2004, pp. 98~99.

욱 어려운 과제로 부과되고 있는 상황을 고려해야 한다.

스페인 영화의 작가주의 전통

오늘날 세계 영화에서 '작가주의auteurism'처럼 혼란스럽고 문제적인 용어도 없는 듯하다. 프랑스 누벨바그 운동의 와중에서 문학적 작가와 견주어 손색없는 낭만주의적 천재 예술가로서 영화감독을 지칭하기 위해 차용된 작가auteur 개념은 현대 영화에서도 흔히 쓰이고 있지만 그 개념은 예전과 상당히 달라졌을 뿐만 아니라 규정하기 어려울 만큼 다양한 의미로 사용되고 있다.

작가주의의 개념 변화에서 한 가지 확실한 경향은 예전엔 감독의 지성적·미학적 자질을 수식하기 위해 쓰이던 것이 현대에 와선 주로 영화 마케팅을 위해 동원되고 있다는 점이다. 따라서 상업성과 반대되는 경향으로 이해되던 고전적인 작가주의 개념은 현대에 와선 오히려 상업성을 획득하기 위해 상품의 브랜드로서 소비되고 있다. 감독의 이름을 내세운 작가주의적 마케팅은 영화가 대중성보다 미학적 예술성을 추구하는 듯한 착시 현상을 일으키고, 여기에 스스로를 지성적 관객이라고 자처하는 많은 부르주아 계층 관객의 지적 허영심이 가세한다. 그리하여 미학적으로 별로 우수하지 않은 대중적 영화가 작가주의 영화로서 소비된다. 이렇게 상업영화의 시대에 와서 제작, 배급, 관객, 비평의 영역에서 오히려 작가주의 개념이 강조되고 있는 것은 흥미로운 현상이다.

현대 스페인 영화에서도 감독에게 작가라는 호칭을 붙이는 것은 아주 흔한 일이다. 그러나 1990년대까지만 해도 스페인 영화에서 작가 감독은 비교적 합의된 개념이었다. 루이스 부뉴엘Luis Buñuel, 후안 안 토니오 바르뎀Juan Antonio Bardem, 루이스 베를랑가Luis G. Berlanga, 카를로스 사우라Carlos Saura, 빅토르 에리세Víctor Erice, 호세 루이스 가르시José Luis Garci 감독 등은 별다른 이견 없이 작가로서 인정받아 왔다. 이렇게 스페인 영화에서 작가감독이 비교적 선명하게 구별될 수 있었던 것은 프랑코 독재와 관련이 있다. 스페인의 내셔널 시네마 가 본격적으로 생산되기 시작한 프랑코 시대 이래로 스페인에서 대중 영화와 예술영화는 영화의 정치적 위치에 따라 상대적으로 명백하게 구분될 수 있었고, 이에 따라 정치적으로 비판적인 영화를 만드는 감 독은 지성적인 작가로 분류되었다.[7)]

스페인 영화에서 작가라는 용어의 특별함에 대해 스페인 신영화의 대표적 감독 중의 한 명인 호세 루이스 보라우José Luis Borau는 다음과 같이 설명한다.

전성기의 미국 영화나 1930년대 프랑스 영화 ─ 그 나라의 유명한 감 독들 ─ 경우와는 달리 스페인에서 작가주의 작품은 상업적 성공과 지 역적 주제의 결합만으로 정의되지 않는다. 1953년 봄 「환영합니다, 마 셜 씨!」가 개봉된 이후로 스페인에서 작가감독이란 자신이 속해 있는 영화산업을 주도하고 재정의하는 책임을 맡은 사람들로서, 집단적 합

---

7) 이러한 정치성의 차이는 영화의 스타일에도 분명하게 드러났다. 프랑코 정권하의 검열로 인 해 감독들은 정치적 메시지를 비유적으로 표현해야 했고, 이러한 비유적이고 시적인 표현 덕분에 정치적 영화는 예술적인 톤을 입게 되었다. 따라서 스페인의 예술영화 전통은 다른 유럽 국가들의 경우와 비교하여 상당히 다른 환경에서 비롯되었다고 할 수 있다.

의가 아니라 개인적 노력과 영감을 통해서, 낡은 관습을 교체할 주제, 형식, 스타일을 점진적으로 부여해왔다. 또한 우리의 영화산업을 해외 관객과, 좀더 어려운 일이지만, 국내의 관객들을 위해 정의하는 새로운 가이드라인을 창조해왔다.[8]

상업적 성공과 지역적 주제의 결합을 넘어 새로운 주제, 형식, 스타일을 통해 영화산업 전체를 재정의하는 역할을 맡은 스페인 작가감독의 지성인 모델은 프랑코가 사망한 이후에도 계속 이어졌다. 민주화가 되어 검열이 사라지자 질적으로 수준 낮은 상업 지향적 영화들이 쏟아졌으나 에리세나 가르시는 정치적인 메시지를 담은 영화를 만듦으로써 지성적 영화의 전통을 이어갔다. 특히 에리세는 1980년대까지 단 두 편의 작품밖에 만들지 않았지만 내전의 상흔을 시적인 화면 속에 투영하는 이른바 '비유적 사실주의realismo metafórico'를 통해 지성적 작가 전통의 적자嫡子로 여겨지게 되었다. 사우라 역시 스페인 영화계의 거장으로 추앙받으며 스페인적 민속 전통을 비판적으로 재해석하는 작업을 이어갔다.

1980년대 후반에 이르면 민주화 과정도 완전하게 마무리되었고, 스페인 영화계도 본격적인 대중화 시대에 이르렀다고 할 수 있었다. 이 시기에 이르면 다른 나라의 영화계는 대규모 제작사의 기획 아래 스타 시스템을 채택하고 스튜디오 제작 방식을 따른 상업영화가 관객을 끄는 것이 보통이다. 그러나 스페인에서는 여전히 작가영화라고

---

8) José Luis Borau, "Prologue," in Peter William Evans(ed.), *Spanish Cinema: The Auteurist Tradition*, Oxford: Oxford University Press, 1999, p. xviii.

할 수 있을 만한 작품들이 관객의 호응을 얻었다. 1990년대 중반까지의 대표적인 히트작을 보자면 베를랑가의 「송아지La vaquilla」, 페드로 알모도바르Pedro Almodóvar의 「신경쇠약 직전의 여자들Las mujeres al bordo de un ataque de nervios」「날 묶어줘!¡Atame!」「라이브 플레시 Carne trémula」「하이힐Tacones lejanos」, 비가스 루나Bigas Luna의 「하몽, 하몽Jamón, Jamón」, 페르난도 트루에바Fernando Trueba의 「벨 에포크 Belle époque」, 이시아르 보야인Icíar Bollaín의 「안녕, 넌 혼자니? Hola, ¿Estás sola?」 등이 많은 관객을 모았다.

물론 1980년대 이래로 이른바 포스트모던 시대에 이르러 작가주의 감독과 상업주의 감독, 예술성과 상업성을 나누는 것이 무의미해졌고, 실제로 기획과 제작 방식에서도 작가주의 영화와 상업영화의 구분이 모호해진 것이 사실이다. 다르게 본다면 고전적인 의미의 작가주의 영화는 사라졌지만 새로운 의미의 작가주의가 정립되어 제작자와 배급사에 의해 선전되고 그래서 관객과 비평가들 역시 이를 받아들인 것이라고 할 수도 있다.

그러나 어찌됐든 분명한 사실은, 스페인 감독들은 스스로를 지성적인 작가로 여기고, 자신의 개인적인 비전을 영화에 투사하는 경향이 다른 국가의 경우에 비해 상대적으로 강하다는 것, 스페인 미디어 역시 감독을 작가로서 띄워주는 데 적극적이라는 것, 그리고 그러한 영화들이 상업적으로도 스페인 대중 사이에서 어필하고 있다는 점이다.[9] 물론 이 중에서 마지막 요건이 가장 중요하다. 왜냐하면 흥행력

---

9) 스페인 영화 전문가인 케임브리지 대학교의 폴 줄리언 스미스는 스페인 예술영화에 대해 우호적인 스페인 미디어의 태도를 설명하며 상대적으로 자국 영화에 대해 비판적인 영국 미디어의 예를 들고 있다(Paul Julian Smith, *Contemporary Spanish Culture: Television,*

이 있는 것이 스페인 작가영화 존립의 필수적 기반이 되기 때문이다.

　그렇다면 스페인 관객 사이에서 스페인의 작가영화가 선택받는 이유는 무엇일까? 그것은 역설적이게도, 거의 최근까지 스페인의 상업영화가 발달하지 못했다는 데 있다. 스페인의 영화 시장은 보통 80퍼센트 이상을 할리우드 영화가 장악하고 있고, 15퍼센트 정도를 스페인 영화가 차지하고 있다. 오락을 위해 영화관에 가는 관객들은 대부분 할리우드 영화를 선택한다. 하지만 지성적인 관객들이 스페인 영화를 본다는 것이다. 스페인 작가 및 편집자 협회SGAE의 2000년 조사에 따르면 스페인에서 한 달에 두 번 이상 영화관에 가는 시네필은 대도시에 사는 중산층 이상의 고학력 소지자인 것으로 파악되었다. 이 사람들은 할리우드 영화의 경우엔 플롯이나 광고의 영향을 받아 보러 간다고 했지만, 스페인 영화의 경우에는 감독과 배우에 대한 친숙함, 그리고 신문과 잡지의 평을 참조하여 보러 간다고 답했다.[10] 결국, 이 조사는 스페인 작가주의 영화의 예술성을 인정하고 이를 보러 가는 스페인의 지성적 관객층이 존재한다는 것을 의미한다. 이러한 경향 덕분에 스페인 영화계는 1990년대 이래로 훌리오 메뎀Julio Medem, 알레한드로 아메나바르Alejandro Amenábar, 페르난도 레온 데 아라노아 Fernando León de Aranoa, 이사벨 코이셰Isabel Coixet, 이시아르 보야인 등의 감독이 스페인 작가주의 영화의 계보를 잇는 새로운 세대의 작가 감독으로 확실하게 자리매김하고 있다.

　사실 앞에서 열거한 감독들보다 예술적 취향의 영화를 만들어 세계

Fashion, Art and Film, London: Polity, 2003, p. 147).

10)　Paul Julian Smith, *Contemporary Spanish Culture: Television, Fashion, Art and Film*, p. 148.

영화 비평가들 사이에서 이름을 남긴 감독들도 있다. 카탈루냐 출신의 페레 포르타베야Pere Portabella(1929~), 호세 루이스 게린José Luis Guerín(1960~), 알베르트 세라Albert Serra(1975~) 등으로 이들은 상업성과는 다소 거리가 있는 전위적인 스타일의 영화를 만들어 세계 시네필들과 영화제에서 호평을 받고 있다. 이 책에서 이 감독들을 다루지 않은 이유는 이들의 전위주의가 스페인의 일반 관객과는 다소 유리되어 있고 스페인의 국가 정체성과도 접점이 크지 않기 때문이다. 어쨌든 이들에 비하면 앞에서 언급한 메뎀, 아메나바르, 보야인, 레온 데 아라노아 감독 등은 국가적 이슈를 다룬 훨씬 대중성 있는 영화를 만들면서도 작가감독으로서 위치를 확고히 하고 있다.

최근에 들어 스페인 영화에서도 많은 제작비를 투입한 할리우드 스타일의 상업영화가 많은 관객을 모으고 있다. 멕시코 출신의 판타지 영화의 거장 기예르모 델 토로Guillermo del Toro 감독이 제작을 맡은 「오퍼나지El orfanato」, 하우메 발라게로Jaume Balagueró 감독의 공포영화 「어둠Darkness」, 「REC」 시리즈 등이 그것이다. 이 영화들은 스페인뿐만 아니라 세계적으로 흥행에 성공하며 스페인 영화의 새로운 장을 열고 있다. 적어도 흥행 성적 면에서는 이전 시대를 넘어서는 발군의 성과를 거두어 스페인 영화계에 새로운 가능성을 제시하고 있다. 이러한 새로운 환경이 스페인 영화의 작가주의 전통에 어떠한 영향을 미치게 될지 아직은 미지수다.

본격적인 상업영화의 등장과 함께 스페인의 작가주의 영화도 이전보다 많은 제작비를 사용하며 더욱 상업적인 면에 신경을 쓰게 된 것이 사실이다. 이에 따라 예전에 비해 영화적 작가의 정의는 더욱 모호해지고 있다. 스페인 영화에서 면면히 이어져 온 작가주의 전통이 가까운 미래에 다른 내셔널 시네마의 경우와 아무 차별성이 없는 현상으로 수렴되고 말지는 앞으로 더 지켜봐야 할 것 같다.

제1부
스페인 작가주의 영화의 형성과 스페인적인 것의 재현

Luis Buñuel
Un chien andalou
L'âge d'or
Tierra sin pan
Los olvidados
Robinson Crusoe
Ensayo de un crimen
Nazarín
The young one
Viridiana
El ángel exterminador
Le journal d'une femme de chambre
Simón del desierto
Belle de jour
Tristana
Le charme discret de la bourgeoisie
Le fantôme de la liberté
Cet obscur objet du désir

Luis García Berlanga
¡Bienvenido Mister Marshall!
Plácido
El verdugo
La escopeta nacional
Patrimonio nacional
Nacional III
La vaquilla

Juan Antonio Bardem
Muerte de un ciclista
Calle mayor

1장
스페인 내셔널 시네마의 대부
― 루이스 부뉴엘

스페인에서 빵이 부족할 수는 있소이다.
그러나 위트와 유머는 계속될 것이오.
― 바예 인클란, 「보헤미아의 빛」

초현실주의는 유머의 힘으로 태어났고
유머의 힘으로 해방을 꿈꾼다.
― 루이스 부뉴엘

스페인 내셔널 시네마 감독으로서 부뉴엘의 모호한 위치

루이스 부뉴엘Luis Buñuel은 대부분의 작품을 멕시코와 프랑스에서 만들었기 때문에 스페인 영화를 논의하는 자리에서 그의 영화를 독립된 장을 할애하면서까지 중요하게 다루는 것이 문제적으로 보일 수 있다.[1] 많은 국내의 비평가는 그를 스페인 태생의 프랑스 감독으로 알며 '루이 뷔뉘엘'이라는 프랑스식 이름으로 부르고 있다. 아마도 부뉴엘의 영화 중에서 프랑스어로 만든 작품들이 국제적으로 유명세를 타면서 그런 현상이 벌어진 듯하다. 실제로 부뉴엘이 프랑스어로 만든 「안달루시아의 개Un chien andalou」(1929), 「세브린Belle de jour」(1967),

---

[1] 그가 연출한 총 32편의 작품 중에서 멕시코에서 제작된 작품이 18편, 프랑스에서 제작된 작품이 11편이고, 순수하게 스페인에서 제작된 작품은 「빵 없는 대지」(1932), 「비리디아나」(1961), 「트리스타나」(1970) 등 세 편에 불과하다.

「부르주아의 은밀한 매력Le charme discret de la bourgeoisie」(1972), 「욕망의 모호한 대상Cet obscur objet du désir」(1977) 등의 작품이 한국의 시네필 사이에서 고전의 반열에 올랐다.

한편 부뉴엘은 멕시코에 망명하여 시민권을 획득한 이래로 36년 동안 망명 감독으로 살면서 영화를 만들었기 때문에 멕시코 영화사에 관한 어떤 책이든 부뉴엘을 매우 비중 있게 다루고 있다. 멕시코 영화학자들은 부뉴엘이 상업영화를 만드는 직업 영화감독으로서 본격적인 데뷔를 하여 가장 많은 수의 작품을 만든 곳이 멕시코라고 말한다. 게다가 멕시코를 떠난 뒤 스페인과 프랑스에서 만든 많은 작품에도 멕시코 배우가 기용되거나 멕시코 스태프가 참여하고 있기 때문에 마땅히 멕시코 감독으로 다뤄져야 한다는 것이다.[2]

그러나 또 한편 부뉴엘은 스페인에서나 영어 사용 국가에서 많은 사람에게 스페인 영화를 대표하는 인물로도 알려져 있다.[3] 스페인 영화가 영어권에 거의 소개되지 않던 시절 부뉴엘의 영화만이 국제 영화제 수상을 등에 업고서 영·미 비평가들의 주목을 받았기 때문이다. 이런 이유로 스페인 영화가 본격적으로 해외에 소개되는 1990년대 이전까지 스페인에서 씌어졌던 스페인 영화사는 예외 없이 부뉴엘을 전면에 내세우고 있다.

말하자면 부뉴엘은 스페인 출신으로서 초국적인 예술가로 활동했던 화가 파블로 피카소Pablo Picasso나 첼리스트 파블로 카살스Pablo

---

2) Tomás Pérez Turrent, "Luis Buñuel in Mexico," in Paulo Antonio Paranaguá, *Mexican Cinema*, London: BFI, 1995, pp. 202~203.

3) Marsha Kinder, *Blood Cinema: The Reconstruction of National Identity in Spain*, Berkeley: University of California Press, 1993, p. 289.

Casals와 유사한 경우라고 할 수 있겠다. 이들은 스페인에서 태어나 청년기를 보냈고, 20대에 프랑스로 유학을 떠났으며, 스페인 내전 이후 조국으로 돌아오지 못하고 외국에서 활동하며 초국적인 삶을 영위한 공통점이 있다.

그러나 부뉴엘의 경우는, 카살스는 몰라도 피카소의 경우와는 많이 다르다. 스페인 내전에서 어느 한 편에 서지 않았던 피카소는 내전 전이든, 후이든 스페인에 돌아가서 살 수 있었음에도 불구하고 프랑스에서 거주하며 활동했음에 비해[4] 간접적으로 공화국을 지지했던 부뉴엘은 내전 후 망명을 택할 수밖에 없었다. 그래서 미국을 거쳐 스페인 공화국이 공식적으로 망명지로 선택한 멕시코로 갔던 것이다. 결정적으로 큐비즘으로 대표되는 피카소의 작품 세계는 초기의 작품을 제외하고는 스페인의 지역적 전통과 직접적으로 결부될 것이 없다. 따라서 아무도 스페인 회화사에서 엘 그레코-벨라스케스-고야를 잇는 작가로 피카소를 들지 않는다. 그는 분명 위대한 화가이고 세계 회화사에서 비중 있게 다뤄져야 할 인물이지만 스페인 회화사의 한 장을 차지할 필요는 없는 작가인 것이다.

여기서 부뉴엘을 스페인 감독이라고 강변할 생각은 없다. 한 예술가에게 국적을 부여하는 것은 중요하지도 않고 초국적인 관점을 기반으로 '스페인 내셔널 시네마'를 다루는 이 책의 취지와도 맞지 않기 때

---

4) 피카소는 제1차 세계대전, 스페인 내전, 제2차 세계대전에서 아무 쪽에도 가담하지 않은 채 정치적으로 중립을 지켰다. 그가 프랑스 공산당에 가입한 것은 스페인 내전이 끝난 뒤인 1944년의 일이었다. 그는 한국전쟁에 유엔UN이 개입하는 것에 반대했고, 프란시스코 고야가 1808년 스페인 독립전쟁에서 프랑스군에게 사살되는 스페인 양민을 그린 「5월 3일」의 구도를 모방하여, 미군이 한국 양민을 학살하는 「한국에서의 학살Masacre en Corea」을 그렸다.

문이다. 하지만 스페인 영화를 논의하는 자리에서 망명 예술가로서 그의 문제적 위치와 이를 반영한 그의 작품을 다루는 것은, 필연적으로 국제적 시각과 함께 규정될 수밖에 없는 스페인 내셔널 시네마에 대한 논의를 더욱 풍성하게 할 것이 틀림없다. 사실 망명 감독 중에서도 부뉴엘만큼 복잡한 국제적 맥락 속에 편입되어 있는 인물도 드물다. 유럽의 변방국가(스페인) 출신으로 제1세계 영화의 중심지(파리, 할리우드)에서 활동했고, 제3세계(멕시코)에서 가장 많은 작품을 만든 그의 이력은 정치적 망명이 잦았던 스페인어권에서도 특이한 예를 제공한다. 아르헨티나 출신의 페르난도 솔라나스Fernando Solanas 감독이나 칠레 출신의 라울 루이스Raúl Ruiz 감독 등 스페인어권의 유명한 망명 감독들의 이력도 부뉴엘만큼 복잡하지는 않다.

게다가 부뉴엘의 작품은 그가 거주했던 각각의 국가에서 언제나 많은 논란을 불러일으켰다. 물론 권위 있는 영화제의 주요 상을 수상하는 등 많은 찬사도 있었지만 일부 관객들의 비난과 당국으로부터의 추방, 상영 금지 등 많은 박해도 잇따랐다. 이것은 그만큼 부뉴엘의 영화가 각각의 사회적 맥락 속에 깊숙이 파고들어 있었다는 뜻이며, 바로 이런 점에서 글로벌한 감수성으로 일관했던 피카소의 경우와 구별된다. 부뉴엘은 예술적 작가이기 이전에 사회적 작가 의식이 투철했던 지성인이었다.

이러한 부뉴엘의 특별한 위치는 그와 관련을 맺고 있는 복수의 내셔널 시네마 중 하나인 스페인 영화의 논의에도 유용한 관점을 제공하리라고 믿는다. 다만 문제는 외형적으로 보았을 때 스페인에서 겨우 세 편의 영화를 만든 부뉴엘이 스페인 내셔널 시네마와 관련되어 논의될 수 있는가 하는 점일 것이다. 그런 점에서 우선 그가 어떻게 스페인의 역사적·문화적 맥락 속에 편입되어 있는지를 검토해보는 것이 필요해 보인다. 이를 위해 그의 생애를 간략하게 살펴보기로 하겠다.

스페인 현대사와 망명 지식인

그는 1900년 아라곤Aragón 지방의 작은 마을 칼란다Calanda에서 태어났다. 그리고 아라곤 지방의 수도 사라고사의 수도원에서 중등교육을 받았으며 마드리드에서 대학 시절을 보냈다. 마드리드의 학생 기숙사La residensia de estudiantes에 거주하는 동안(1917~1925) 다른 지방에서 유학을 온 가르시아 로르카García Lorca, 살바도르 달리Salvador Dalí와 매우 가깝게 지내는데, 훗날 시와 연극 분야에서 그리고 회화 분야에서 각각 스페인 최고 작가의 자리에 오르는 이들은 청년기 부뉴엘의 예술적인 감수성 형성에 결정적인 영향을 미친다. 훗날 죽기 직전에 쓴 자서전『내 마지막 한숨Mi último suspiro』에서 부뉴엘은 마드리드 학생 기숙사에서 보낸 7년에 대해 "그 시절에 대한 나의 기억은 어찌나 풍요롭고 생생한지 그 기숙사에서 보낸 시간이 없었다면 내 인생은 아주 많이 달라졌을 거라고 주저 없이 말할 수 있다"[5]라고 술회한다.

'학생 기숙사'에 거주하며 마드리드 대학교를 다니던 부뉴엘은 농촌 출신답게 처음엔 농공학을 전공으로 선택했다. 그러다 친구들과 교류하며 문학과 예술에 눈을 뜨게 되어 인문학으로 전공을 바꾼다.

---

5) Luis Buñuel, *Mi último suspiro*, Madrid: Debolsillo, 2003, p. 59.

1926년 친구들과 어울린 부뉴엘(가운데).
왼쪽 첫번째가 달리, 네번째가 로르카이다.

부뉴엘은 기숙사 동기들 외에 당시 마드리드 문화계에서 활발하게 활동하던 시인 그룹인 라파엘 알베르티Rafael Alberti, 마누엘 알톨라기레 Manuel Altolaguirre, 루이스 세르누다Luis Cernuda, 극작가 호세 베르가민José Bergamín, 고메스 데 라 세르나Gómez de la Serna 등 젊은 문인들과도 친분을 맺는다. 이들은 로르카와 함께 훗날 스페인 문학사에 '27세대Generación 27'로 불리게 된다. 부뉴엘 역시 자서전에서 자신이 이 그룹에 속하는 것을 자랑스러워한다. 이 시대는 스페인 문학사에서 '은의 시대La edad de plata'라고 불리는 문예부흥기였다.

프랑스와 인접해 있던 스페인에는 일찍부터 영화가 들어왔고, 바르셀로나를 중심으로 영화사들이 설립되어 활발하게 작품을 만들고 있었다. 카탈루냐 영화사들의 성공은 마드리드, 발렌시아 등의 대도시로 퍼졌는데 스페인의 전통 오페라 장르인 '사르수엘라zarzuela'를 영화화하거나 연극을 촬영한 영화들은 서민들 사이에서 큰 인기를 누렸다. 스페인의 문학·예술인들은 새롭게 나타난 강력한 매체에 대해 처음엔 반감을 갖기도 했으나 젊은 예술인들을 중심으로 영화를 지지하는 층이 늘어갔다. 로르카, 부뉴엘, 달리도 이런 그룹이었는데 로르카는 말년에 「달나라 여행Viaje a la luna」이라는 시나리오를 쓰기도 했다. 대학을 마친 뒤 당시 유럽 문화의 중심지였던 파리로 건너간 부뉴엘은 「전함 포템킨The Battleship Potemkin」, 버스터 키튼Buster Keaton의 영화를 보고 감동을 받았고, 프리츠 랑Fritz lang의 「숙명Der müde Todd」을 보고서 영화감독이 되기로 결심한다. 그리고 장 엡스탱Jean Epstein 감독을 찾아가 그의 촬영 팀에서 일하게 해달라고 부탁하여 영화 촬영에 필요한 기술을 배우게 된다. 그리고 1929년 살바도르 달리와 함께 첫 번째 영화를 만든다.

1929년 파리에서 발표하여 당시 프랑스 문화계에서 일대 센세이션을 일으킨 부뉴엘의 첫 영화 작품 「안달루시아의 개」는 그가 친구들과 학생 기숙사 시절부터 심취했던 프로이트의 정신분석학에서 출발한 것이다. 구체적으로 이 작품은 그와 달리가 꾸었던 두 개의 꿈에 나왔던 이미지들을 영화적으로 구성한 것이다. 거세와 성적 전도가 모티프를 이루는 이 영화에 대해, 안달루시아 출신이자 동성애 성향을 지녔던 로르카는 부뉴엘이 자신을 조롱하기 위해 이 영화를 만들었다며 절교를 선언했다.[6]

이듬해에 만든 두번째 영화 「황금시대L'âge d'or」 역시 살바도르 달리와 공동으로 시나리오를 썼다. 프랑스 초현실주의의 문화적 자장 안에 속함으로써 「안달루시아의 개」에 비해 스페인적 모티프는 약하지만 스페인의 마요르카Mallorca인들이 등장하는 등 여전히 스페인적인 요소들이 존재한다. 예수와 사드 후작의 이미지를 중첩시킨 마지막 시퀀스는 파리의 가톨릭 신자들 사이에서 큰 파문을 불러일으켰다.

부뉴엘은 파리에서 두 작품을 만들고 스페인에 돌아와 자신의 세번째 영화이자 모큐멘터리 「빵 없는 대지Tierra sin pan」(1932)를 만든다. 이 작품은 1930년대 스페인에서 가장 낙후된 산골 마을 우르데스Las Hurdes의 비참한 상황을 좌파적 정치색과 함께 충격적으로 표현한 것이다. 파리에서 만든 두 작품으로 제법 이름이 알려졌던 부뉴엘의 모큐멘터리는 당시 스페인 보수 정치인들의 심기를 건드렸고, 보수 프랑코파에 의해 상영 금지되었다. 그러다 1936년 인민전선이 선거에서

---

6) 부뉴엘은 이런 혐의를 부인했지만, 이 영화의 제목이 원래는 부정관사(un)가 아닌 정관사(le)였다는 점에서 로르카에 대한 조롱까지는 아니더라도 그를 의식하고 만들었을 가능성은 충분해 보인다.

승리한 이후에 공화국 정부에 대한 선전이 들어간 에필로그와 함께 파리와 런던 등의 시네 클럽에서 상영되면서 신화적 작품으로 남게 되었다.

파리에서 영화를 만들던 때만 해도 그리 분명한 정치색을 표명하지 않았던 부뉴엘은 작품에 대한 탄압을 겪으며 열성적인 좌파로 기울어져 갔고, 스페인 내전(1936~1939)에 적극적으로 참여하지 않았음에도 공화파로 낙인찍혀 프랑코가 승리한 이후 스페인에 돌아오지 못하게 된다. 내전 직후 정치적 망명자가 된 부뉴엘은 미국으로 건너가 할리우드에서 일하게 되는데, 할리우드 영화사와 뉴욕의 박물관에서 스페인어 더빙을 하거나 스페인과 관련된 일을 맡으며 유성영화 기술을 익힌다. 그러다 결국 1946년 멕시코에 정착하게 된다. 멕시코는 내전에서 패배한 스페인의 공화국 망명 정부가 있던 곳으로 망명한 공화파 지식인들이 대거 몰려갔었다. 사실 그는 처음 멕시코에 갔을 때 거기에 정착하려고 한 것은 아니었다. 하지만 그에게 영화감독 일이 주어지자 1949년 멕시코 시민권을 취득하게 된다. 멕시코에 갔을 때만 해도 부뉴엘은 신인 감독에 불과했고, 처음엔 영화사의 요구 조건대로 영화를 만들어야 했다. 그러다 감독으로서 입지를 굳히자 점차 자신의 스타일을 영화에 구현하기 시작한다.

그는 멕시코에서 처음으로 장편영화를 만들기 시작하는데, 1964년까지 멕시코 거주 17년간 모두 18편을 제작했을 정도로 활발하게 활동한다. 그렇다고 이 영화들이 상업적으로 큰 성공을 거둔 것은 아니었다. 「잊혀진 사람들Los olvidados」(1950), 「범죄의 시도Ensayo de un crimen」(1955), 「나사린Nazarín」(1958), 「절멸의 천사El ángel exterminador」(1962)처럼 걸작으로 평가되는 작품도 있었지만 처음 몇 작품처럼 기술적으로도 작품성이 떨어지는 것들도 있었다. 어쨌든 그가 멕시코에서 만든 대부분의 영화는 상업적이라기보다는 자신의 개인적인 세계관과 예술적 신념에 충실한 것이었다. 또한 부뉴엘은 멕시코에 있으면서 할리우드 영화사와 계약을 맺고 영어로도 작품을 만드는데, 「로빈슨 크루소Robinson Crusoe」(1954), 「젊은 여인The young one」(1960)이 그것이다.

1960년 부뉴엘은 스페인을 떠난 지 무려 24년 만에 비자를 받고 스페인을 방문한다. 1940~1950년대를 철권 통치했던 프랑코 정권이 1960년대부터 화해적인 모드로 전환하여 그 일환으로 망명했던 공화파 인사들의 방문과 거주를 허용하게 된 덕분이다. 카를로스 사우라 등 젊은 영화인들의 권유로 스페인을 방문한 부뉴엘은 고국에서 새로운 창작 의지가 샘솟는 것을 느꼈고, 비록 예술 작품에 대한 프랑코 정권의 검열은 여전했지만 망명 생활을 접고 스페인에서 영화 작업을 할 결심을 한다.[7] 이렇게 해서 탄생한 영화가 「비리디아나Viridiana」(1961)이다. 이 영화는 그해 칸 영화제에서 대상을 차지했을 정도로 걸작이었다. 그러나 스페인에서는 신성모독의 혐의와 함께 즉각 상영 금지되었고, 칸 영화제에 이 작품을 보내기로 결정했던 영화국 국장이 해임되었다. 또한 바티칸에서는 궐석 재판이 열려 부뉴엘에게 1년 형을 선고했다.[8] 이렇게 되자 스페인에서 영화 작업을 하려던 부뉴엘의 계획에도 차질이 생겼고, 그는 다시 고국을 떠나 망명 생활을 하지 않을 수 없었다.

---

7) Luis Pérez Bastías, *Las dos caras de Luis Buñuel*, Barcelona : Royal Books, 1994, p. 55.
8) Luis Buñuel, *Mi último suspiro*, p. 279.

그러나 당시 유럽 영화계의 지성들은 「비리디아나」에 찬사를 보냈고, 거장의 자리를 확고히 굳힌 부뉴엘은 이제 좀더 많은 예산을 들여 영화를 찍을 수 있게 되었다. 그리하여 이 시기부터는 멕시코와 프랑스를 오가며 스페인어와 프랑스어로 작품을 만든다. 멕시코에서 「절멸의 천사」「사막의 시몬Simón del desierto」(1965)을 만들고, 프랑스에서 「하녀의 일기Le journal d'une femme de chambre」(1964)와 「세브린」(1967)을 만든다. 「세브린」은 그의 작품 중에서 가장 상업적인 성공을 거둔 작품으로, 당시 프랑스에서 가장 인기 있던 여배우 카트린 드뇌브Catherine Deneuve를 주연으로 기용하여 부르주아 부인의 성적 일탈을 다룬 것이었다. 그는 1970년 다시 스페인에 귀국하여 스페인 사실주의의 대가 페레스 갈도스Benito Pérez Galdós(1843~1920)의 소설을 원작으로 한 「트리스타나Tristana」(1970)를 완성한다.

1970년대 이후에는 이른바 욕망의 3부작으로 불리는 작품을 프랑스에서 찍는데, 아카데미 최우수 외국어 영화상을 수상한 「부르주아의 은밀한 매력」(1972), 「자유의 환영Le fantôme de la liberté」(1974), 「욕망의 모호한 대상」(1977)이 그것이다. 애초 부뉴엘은 이 작품들을 스페인에서 찍기를 원했지만 검열로 인해 실현되지 못하자[9] 스페인 배우 페르난도 레이Fernando Rey를 주연으로 기용하여 프랑스에서 프랑스어로 제작한다. 그러나 이 작품들에서도 히스패닉 배경에 대한 부뉴엘의 집착은 여전해서 작품 곳곳에 스페인 또는 라틴아메리카와 관련된 요소들이 등장한다. 그는 1983년 공식적인 시민권이 속해 있었던 멕시코에서 숨을 거둔다.

---

9) Luis Pérez Bastías, *Las dos caras de Luis Buñuel*, p. 65.

1969년 「은하수La vía láctea」 촬영 현장에서의 루이스 부뉴엘.

지금까지 살펴본 바와 같이 그는 83년의 일생 중에서 내전이 끝나던 1939년까지 39년간을 스페인에서 살았다. 그러고는 망명을 떠나 미국에서 8년, 멕시코에서 36년을 보냈다. 물론 그 중간에 영화를 만들기 위해 프랑스에 장기 거주하기도 했다. 그렇다면 비록 그의 대부분의 영화는 망명지에서 만들어졌지만 그의 문화적 감수성의 기반은, 태어나서 대학교육까지 마치고 39세가 될 때까지 거주한 스페인에서 길러졌다고 할 수 있다.

이런 맥락에서 여러 비평가가 지적하는 것은 부뉴엘의 작품 세계에서 문화적 환경의 연속성이다. 즉 비록 그가 대부분의 영화를 망명지에서 만들었지만 문화적으로는 고국과 유사한 환경 속에 있었고 그의 작품 또한 이를 반영하고 있다는 뜻이다. 특히 스페인과 멕시코의 문화적 친연성은 쉽게 예상된다. 이에 대해 부뉴엘의 전기를 썼던 프란시스코 아란다는 다음과 같이 말한다.

언어와 인종은 물론이고 물리적인 외형, 즉 황량하고 먼지투성이인 풍경, 무뚝뚝한 말투, 삶과 죽음에 대한 태도, 종교적 문제, 그가 공격했던 사회구조, 이 모든 것이 결합하여 그가 스스로의 정체성을 잃지 않을 수 있는 조건이 되었다. 그는 (멕시코에서 만든) 첫번째 영화에서부터 이전의 어떤 영화 예술가보다도 훨씬 심층적으로 멕시코인들의 특징을 관찰하고 이해하고 분석하고 있음을 보여주었는데, 여기에는 그의 개성과 스페인성이 개입했다.[10]

---

10) Francisco Aranda, *Luis Buñuel: A Critical Biography*, New York: Dacapo Press, 1976, p. 130.

망명지로서 프랑스나 미국을 선택할 수 있었던 부뉴엘이 처음엔 탐탁지 않게 생각했던 멕시코를 최종 망명지로 정하고 시민권을 얻은 데는 무엇보다 그가 영화감독으로 일하기에 수월했던 것이 작용했다. 물론 상업영화 감독으로는 신인이나 다름없었던 부뉴엘이 많은 예산을 사용할 수 있었던 것은 아니다. 하지만 그는 자신이 멕시코에서 만든 영화에 대해 "질적으로 불균등하지만…… 결코 단 하나의 신scene도 나의 신념과 개인적인 도덕에 반하여 찍은 적이 없다"라고 밝히고 있다.[11]

실제로 많은 비평가는 부뉴엘이 멕시코에서 만든 영화가 무대를 스페인에 옮겨놓아도 전혀 이상할 게 없다고 말한다. 예를 들어 「나사린」 같은 영화는 스페인 소설가 갈도스가 스페인을 무대로 쓴 작품을 멕시코로 옮겨온 것이다. 멕시코 빈민의 참상을 고발한 「잊혀진 사람들」을 만들 때조차도 초현실주의적인 환상 이미지를 집어넣는 바람에, 왜 진정성 있게 멕시코적인 영화를 만들지 않느냐고 스태프로부터 항의를 받았을 정도이다.[12]

부뉴엘이 말년에 프랑스에서 찍은 영화의 경우도 멕시코에서 만든 영화와 비교하여 정도의 차이만 있을 뿐 그가 평생 집착해온 문제의식과 즐겨 쓰는 표현법에서 벗어나 있지 않다. 예를 들어 「부르주아의 은밀한 매력」에서 통렬하게 풍자되는 부르주아의 위선과 부조리적인 표현은 멕시코에서 만든 「절멸의 천사」에서 이미 충분히 예고되었었다. 「욕망의 모호한 대상」은 젊은 처녀에 대한 부르주아 노인의 욕망

11) Luis Buñuel, *Mi último suspiro*, p. 232.
12) Luis Buñuel, *Mi último suspiro*, p. 234.

과 집착을 다루고 있다는 점에서 스페인에서 만든 「비리디아나」와 「트리스타나」의 설정과 유사하다. 또한 프랑스에서 만든 영화들의 대부분은 서사적·공간적으로 스페인과 연결되어 있고 스페인 배우와 스태프가 참여하고 있다.

결국 부뉴엘은 대부분의 영화를 망명지에서 만들었지만 스페인의 문화적 환경 속에서 얻어진 자신의 세계관과 표현 방법 그리고 전형적인 이미지는 그의 영화들 속에 지속적으로 이어지고 있다. 또한 이러한 영화적 구성 요소들은 많은 부분 세르반테스, 고야, 바예 인클란 Valle-Inclán 등을 거치는 스페인의 전통적 예술관과 맞닿아 있다고 말해지고 있다. 바로 이런 점 때문에 망명 작가임에도 부뉴엘은 후대의 스페인 영화감독들에게 지대한 영향을 미칠 수 있었다.

부뉴엘, 로르카, 달리의 예술에 관한 저명한 학자인 영국의 그윈 에드워즈는 부뉴엘의 영화를 분석한 책 『루이스 부뉴엘의 신중한 예술 The Discreet Art of Luis Buñuel』에서 다음과 같이 말하고 있다.

부뉴엘이 스페인 전통으로부터 받은 영향을 결코 잊어선 안 된다. 그는 여러 번 스페인 피카레스크 소설과 세르반테스에 대한 자신의 애정을 밝힌 바 있고 이것은 「잊혀진 사람들」「나사린」 등과 같은 작품에 잘 드러나 있다. 또한 부르주아 사회의 악덕에 대한 부뉴엘의 거침없는 폭로는 잔혹한 터치로 허상을 벗겨버리는 주제에 집착했던 고야의 후기 작품과 갈도스의 여러 소설에서 그 선구적 작업을 찾아볼 수 있다. 부뉴엘의 종교적 주제와 이미지는 교회의 세속성과 헛된 이상주의를 거부했음에도 불구하고 어린 시절 거기에 완전하게 노출되어야 했을 뿐만 아니라 서른 살이 될 때까지도 북을 치는 부활절 행렬에 참가하기 위해 고향 칼란다를 찾아야 했던 사람에게서 나온 것이었다. 부뉴엘의 작품에서 프로이트와 초현실주의적 면모에만 신경을 쓴 나머지 그가 스페인적 배경에 대해 빚지고 있는 것을 보지 못하는 것은 온당치 않다. 실제로 부뉴엘의 작품을 강렬하게 채색한 것이 스페인성Spanishness인데도 많은 평론가는 스페인 문화와 관습에 대한 깊은 이해의 부족으로 인해 이를 놓치고 있다.[13]

영화적 규범의 전복과 작가로서의 호명

부뉴엘 영화의 가장 큰 미덕은 무엇인가? 무엇이 부뉴엘을 20세기 세계 영화사의 문제적인 감독 중 한 명으로 여겨지게 했는가? '전복'과 '도발'이라는 말을 빼고 이 현상을 설명하기는 힘들다. 부뉴엘 영화의 가장 중요한 모티프는 자신이 속해 있던 사회에서 가장 신성시되고 권위 있게 여겨지는 가치를 전복시키고 부르주아 관객들의 평온한 삶에 도발을 가하는 것이었다. 초현실주의자로서 영화 제작을 시작한 그는, 초현실주의의 목표는 사회적·문화적 충격을 불러일으킴으로써 사회를 개혁하는 것이라고 믿고 있었다. 프랑스에서 초현실주의 예술가들과 어울리던 무렵에 대해 그는 다음과 같이 술회하고 있다.

초현실주의 그룹의 모든 구성원과 마찬가지로 나 역시 혁명 비슷한

---

13) Gwynne Edwards, *The Discreet Art of Luis Buñuel: A Reading of His Films*, London: Marion Boyars, 1997, pp. 275~76.

생각에 끌렸다. 초현실주의자는 무기를 든 행동주의자나 테러리스트는 아니지만 가장 중요한 무기인 충격요법을 이용하여 우리가 혐오하는 사회에 대항하여 싸운다. 우리는 충격요법 속에서 사회의 불평등, 인간에 의한 인간의 착취, 종교의 과격한 영향, 거칠고 물질주의적인 군국주의를 폭로하는 강력한 힘을 보았다. ……초현실주의의 진정한 목표는 문학적·조형적 운동을 만드는 것 또는 새로운 철학자를 만드는 것이 아니라 사회를 폭파시키고 삶을 변화시키는 것이다.[14]

비교적 유복한 집안에서 자라난 그가 안정적인 환경에서 영화 작업을 하지 못하고 여러 국가를 전전하며 가는 곳마다 논란에 휩싸였던 것도 언제나 도발적인 내용을 담은 그의 영화 때문이다. 그의 위반과 도발은 영화의 내용에만 그치는 것이 아니었다. 그는 영화 자체의 규범에 대해서도 많은 문제의식을 가지고 있었다. 영화감독이 되겠다고 작정한 뒤 그가 최초로 고민한 것은 당시의 영화적 규범을 전복하는 것이었다. 그는 달리와 함께 만든 첫 작품 「안달루시아의 개」(1929)로 당시 문화의 최첨단 도시 파리에서 상당한 화제를 불러일으킨다. 변방 스페인 출신의 젊은 예술가들은 자신들의 존재를 알리기 위해선 뭔가 새롭고 특별한 영화를 만들고자 했다. 그들은 "논리적·문화적·심리적으로 설명이 가능한 생각이나 이미지는 철저하게 배격하고 왠지 모르지만 우리에게 감동을 불러일으키는 이미지만을 받아들여"[15] 영화를 구성했다. 당연히 이들에게 자금을 대줄 영화사는 없었다. 부뉴

14) Luis Buñuel, *Mi último suspiro*, p. 122.

15) Luis Buñuel, *Mi último suspiro*, p. 118.

엘은 고향의 어머니를 설득하여 제작비를 마련했고, 자신들이 직접 출연하거나 친구들에게 부탁하여 배우를 맡기는 등 최소한의 예산으로 영화를 완성했다.

결과적으로 초보 감독이 만든 단편영화 「안달루시아의 개」는 서사 영화의 모든 규범을 파괴하고 조롱하는 초현실주의 영화의 고전이 되었다. 부뉴엘의 의도대로 이 영화는 전혀 아무런 내러티브의 연관성이 없는 시퀀스로 연결되어 있어 논리적 서사의 진행을 불가능하게 만든다. 영화 분석가들이 후에 세 개의 시퀀스를 프롤로그, 몸통, 에필로그로 분리해서 분석할 뿐이다. 이 영화는 논리적 설명을 거부하는 정도가 아니라 설명하려는 어떠한 의도나 노력을 조롱한다.

굉장히 구체적인 지명과 대상을 지시하는 제목부터 보는 이로 하여금 서사에 대한 궁금증을 불러일으킨다. 그러나 이 영화는 안달루시아와 아무 관련이 없고 개는 한 마리도 등장하지 않는다. 또한 이 영화는 "옛날 옛적에"라는 시간 표현으로 시작하여 "8년 후" "새벽 3시경" "16년 전" "봄에"라는 매우 구체적인 시점들이 자막으로 등장하면서 관객으로 하여금 마치 영화의 각 부분이 시간적으로 결합하여 뭔가 비밀스러운 서사를 나타내고 있는 것으로 오인하게 만든다. 그러나 이러한 시간적 지시 표현은 아무런 인과관계 없이 뒤죽박죽 섞여 있을 뿐이고, 오히려 서사영화에 길들여진 관객의 논리적 해석 노력을 비웃을 뿐이다. 가뜩이나 알 수 없는 이미지로 머릿속이 혼란스럽던 관객들은 수수께끼같이 던져지는 모호한 시간 표현 때문에 더욱 혼란을 겪는다.

영화적 규범의 파괴는 다음 작품 「황금시대」에서도 계속된다. 「안달루시아의 개」의 성공으로 파리에서 적잖은 스캔들을 일으키며 초현실주의자 그룹의 찬사를 받은 부뉴엘은 이번에는 투자자를 구해 전작보다 훨씬 많은 예산을 들여 자신이 원하는 대로 영화를 만들 수 있었다. 독립적인 다섯 개의 시퀀스로 이루어진 이 작품 역시 논리적 해석이 불가능한, 이미지로 말하는 영화였다. 시간적 논리는 더욱 유희적인 모드에 휩싸이는데, 자막은 "서기 1930년 로마제국의 첫 돌이 세워졌다"고 말하며 얼토당토않은 시공간을 내세운다. 게다가 로마제국에 건설된 바티칸이 "일요일마다 가끔씩 허물어진다"는 표현과 함께 실제로 건물이 붕괴하는 장면이 등장하는데, 바티칸이 종교국가라는 점 때문에 일견 일요일과 연관이 있을 수 있을 것 같지만 "가끔씩"이라는 구체적인 지시어는 관객을 어리둥절하게 만든다. 이렇게 함으로써 논리적 시간 관계를 생명으로 하는 내러티브 영화의 문법을 조롱한다.

영화적 규범을 파괴하는 부뉴엘의 도발은 그의 유일한 다큐멘터리 작품인 「빵 없는 대지」(1932)에서도 계속된다. 「빵 없는 대지」는 「북극의 나누크Nanook of the North」(1922)와 함께 초기 다큐멘터리의 문제작으로 꼽힌다. 북극에 사는 나누크 가족의 이국적인 삶을 서양 관객에게 여과 없이 보여준 로버트 플래허티Robert Flaherty의 작품이 다큐멘터리의 교본과 같은 작품이라면 인위적인 '조작'까지 동원하며 감독의 주관적 시각을 강요하는 부뉴엘의 작품은 다큐멘터리의 기본 문법을 거침없이 위반하고 있다.

우선 다큐멘터리는 대상지의 선정에서 보통의 관객들이 잘 알지 못하는 곳을 정하는 것이 일반적이다. 그러나 「빵 없는 대지」의 대상 지역인 우르데스 마을은 "종교 재판을 피해 도적 무리나 유대인들이 피신했던 곳"[16]으로 이곳 주민들의 비참한 삶은 이미 스페인에서는 잘 알려져 있었다. 부뉴엘의 전략은 관객에게 새로운 지역이나 새로운 사실을 보여주기보다는 이미 알고 있지만 도발적 이미지의 화면을 통해 충격을 주고자 하는 것이었다. 이를 위해 그는 내레이터의 보이스 오버뿐만 아니라 픽션영화에서만 쓰는 수법까지 동원한다. 가장 극적인 예는 외딴 산골 지역에 위치한 우르데스 마을의 너무나도 고단하고 비참한 삶을 충격적으로 보여주기 위해 염소가 벼랑에서 떨어지는 장면을 인위적으로 연출한 것이다. 험준한 산악 지대에서 유일한 운송 수단인 염소는 엄청난 짐을 싣고서 농부의 가혹한 채찍질을 받으며 좁고 가파른 비탈길을 사력을 다해 나아간다. 이 장면에서 내레이터가 "우르데스 마을의 삶은 너무나 힘들고 고달파서 염소들마저도 이렇게 스스로 몸을 던진다"라고 말하자 정말로 염소는 바위 벼랑에서 처참하게 떨어져 내린다. 하지만 그 순간 화면 오른쪽 가장자리에는 총구에서 나온 듯한 연기가 확연하게 보였다 사라진다. 염소가 몸을 던지는 장면을 연출하기 위해 스태프 중 한 명이 염소에게 총을 쏜 것이다.

다큐멘터리 영화사에서 중요하게 언급되는 이 장면은 물론 감독이 의도한 것이지 편집상의 실수가 아니다. 확연하게 보이는 총구의 연기를 편집 과정에서 놓칠 리 없기 때문이다. 사실의 전달을 생명으로 하는 다큐멘터리에서 인위적 연출을 가한 것만으로도 논란이 될 터인데 부뉴엘은 여기에 한술 더 떠 연출의 흔적을 버젓이 남겨놓는다. 그는 이렇게 다큐멘터리의 장면이 연출된 것임을 의도적으로 관객에게 보여주며 다큐멘터리의 규범을 비웃는다.

초기의 세 작품 이후에도 영화의 고전적 규범을 위반하고 전복하는

---

16) Luis Buñuel, *Mi último suspiro*, p. 160.

부뉴엘의 실험적 도발은 계속된다. 부뉴엘 영화의 가장 핵심적인 전복은, 관객이 카메라 또는 인물과 동일시되는 것을 피하는 데 있다. 할리우드의 고전영화에서와 달리, 부뉴엘의 영화에서 관객은 자신이 보는 것을 믿을 수 없으며, 관객의 지식은 매우 한정된 부분에 머물러 있어 영화의 서사 전체를 관통하지 못한다.

관객이 인물과 동일시되지 못하는 것은 부뉴엘 영화의 인물들이 뼈와 살을 지닌 보통의 사람이 아니라 마분지로 만들어진 꼭두각시들이기 때문이다. 이 인물들은 시종일관 엉뚱한 짓을 하며 전혀 상황에 맞지 않는 대사를 늘어놓기 일쑤이다. 황당한 일이 벌어져도 놀라지 않고 오히려 태연자약해서 관객은 그들을 이해할 수 없다. 이로써 관객들은 거리를 두고 인물들이 하는 짓거리를 관조할 수밖에 없게 된다. 카메라 또한 관객의 응시와 일치하지 않는다. 고전영화에서 카메라는 언제나 지배적인 시선의 위치에 있음으로써 인물과 상황을 지배적인 위치에서 내려다보고자 하는 관객의 응시와 일치된다. 그러나 부뉴엘의 영화에서 카메라는 상황을 벗어나기 일쑤이고, 지배적인 위치에 있지 않는다. 「잊혀진 사람들」에서 한 인물은 자신에게 들이대는 카메라를 향해 계란을 던진다.

영화적 규범과 관련하여 부뉴엘이 집착적으로 거부하는 또 하나의 기제는 관음증이다. 거장이 된 이후 그의 영화에는 실비아 피날, 카트린 드뇌브, 앙헬라 몰리나, 카롤 부케 등 당대의 유명한 여배우들이 출연한다. 그러나 부뉴엘이 관객의 관음증적 욕망을 충족시켜주는 경우는 거의 없다. 그렇다고 해서 관음증의 욕망을 원초적으로 차단하지는 않는다. 오히려 그쪽으로 관객을 유도한 뒤 달아오른 욕망을 예상치 못한 방법으로 조롱한다.

예를 들어 「트리스타나」의 발코니 장면에서 트리스타나(카트린 드 뇌브)는 가운만 걸친 채 발코니로 나가, 자신을 탐하던 저능아 사투르노를 향해 나체를 드러낸다. 관음증적 열망에 들떠 있던 관객의 기대를 외면한 채 카메라는 그녀의 몸을 전혀 비추지 않는다. 옷을 벗는다는 사실은 침대 위에 놓인 의족과 하나씩 쌓여가는 속옷으로 유추될 뿐이다. 그녀가 가운을 활짝 열어젖히는 순간 카메라는 그녀의 배후에 위치하고 있어 관객들의 관음증은 좌절된다. 발코니에서 벗은 몸을 보여주는 트리스타나는 경멸적인 웃음을 머금고 있고, 그녀의 몸을 보며 어쩔 줄 몰라 하던 사투르노는 상처 입은 동물처럼 비실비실 사라진다. 이 장면 이후로 사투르노는 충성스런 하인처럼 그를 완전히 지배하는 여인의 휠체어를 밀고 다니는 열등한 존재로 전락하고 만다. 결국 트리스타나가 사투르노에게 나체를 과시하는 장면은 고전영화의 작동 메커니즘과 결별하고 '보이는 여성'이 '보는 남성'을 지배하는, 영화적 규범의 전복을 실천한다.

　한편 「자유의 환영」에서는 부뉴엘 영화에서 좀처럼 보기 힘들게 여성의 전신 누드가 등장한다. 이 장면은 산장에 조카와 이모가 도착하는 것에서 시작된다. 대학입학시험을 치른 조카는 50대의 이모와 산장에 도착해서 방에 들어서자마자 이모의 육체를 탐한다. 엄청난 나이 차이가 나는 두 사람의 근친상간적 관계는 관객들을 어리둥절하게 만들 뿐 동일시적인 성적 욕망을 불러일으키지 못한다. 또한 늙은 여성의 육체가 전시되는 일이 좀처럼 없는 주류 영화의 관습에 익숙한 관객들은 50대 여성의 육체가 드러나리라고는 별로 예상하지 못한다. 그러나 이 장면에서 조카가 이모의 벗은 몸을 가리고 있던 시트를 잡아당기자 실오라기 하나 걸치지 않은 전면 누드가 적나라하게 드러난

스페인 소설가 갈도스의 동명 소설을 원작으로 프랑스 여배우
카트린 드뇌브를 기용하여 만든 「트리스타나」(1970). 사투르노는 충성스런 하인처럼
트리스타나의 휠체어를 밀고 다니는 열등한 존재로 전락하고 만다.

다. 놀랍게도 그녀의 몸은 50대 여성의 것이라고 전혀 볼 수 없을 정도로 아름답고 눈부시다. 마치 고야의 「옷을 벗은 마하Maja desnuda」에서의 포즈를 연상시키는 이 도발적인 누드는 이 장면을 전혀 예상치 못하고 있던 관객들에게 성적 쾌감 대신 당황스러움과 놀라움을 선사한다.

이렇듯 부뉴엘은 문제적인 작가감독으로서 평생 주류 영화의 영화적 규범을 전복하거나 위반하는 일을 즐겼다. 물론 전복의 정도는 영화마다 다르다. 이를테면 멕시코 망명 시절 초기에 만든 작품들이나 프랑스에서 만들어 상업적인 성공을 거둔 「세브린」 같은 작품에선 주류 영화의 코드를 상당히 차용하고 있는 것이 사실이다. 그러나 이 영화에서도 부조리한 상황을 설정하거나 관객의 관음증을 조롱하는 부분을 통해 주류적 영화 규범에 대한 그의 반골 기질은 여전히 빛을 발하고 있다.

가톨리시즘에 대한 전복

부뉴엘은 수차례에 걸쳐 자신의 영화가 반反가톨릭적이 아니라고 했음에도 그의 여러 작품이 불경죄를 뒤집어썼고 많은 논란에 휩싸였으며 상영 금지되기 일쑤였다. 부뉴엘이 고국 스페인에 거주하며 더 많은 작품을 만들지 못했던 것도 바로 이런 이유 때문이다.

유럽 어느 나라보다도 가톨릭교회의 세력이 강력했던 데다 근대적 교육 개혁이 미흡했던 스페인에서는 20세기에 들어서도 지방의 중등교육은 가톨릭 수도원에 맡겨져 있었다. 이러한 교육 시스템은 제2공화국 시기(1931~1936)에 폐지되었다가 프랑코 시대에 다시 부활하여 1970년대까지 지속된다. 부뉴엘 역시 예수회가 운영하는 학교에서 중등교육을 받았다. 그의 자서전에 따르면 그 학교에서는 매우 엄격한 통제 아래 종교교육이 주를 이뤘고, 중세 언어를 사용했을 정도로 근엄한 분위기가 지배했었다고 한다. 부뉴엘은 이 학교에 다니던 열네 살 무렵부터 신앙에 회의를 품기 시작한다.[17] 그러고는 평생 자신은 무신론자라고 밝히게 되는데, 타고난 반항적 기질의 소년 부뉴엘에게 예수회 학교의 보수적인 종교교육은 오히려 종교에 대한 거부감만 심어놓았던 것이다. 그럼에도 그는, 어릴 적 받은 종교교육이 평생 자신에게 많은 자취를 남겼다고 말한다.[18]

초현실주의를 실험하던 단계에서부터 그의 영화는 가톨릭적 표상이나 상징물에 대해 과감한 전복을 시도한다. 「안달루시아의 개」에서 피아노 위에 얹어진 썩은 당나귀와 함께 끌려가는 두 사제의 우스꽝스러운 모습(그중 한 명은 달리가 연기했다)을 보여주긴 했지만 이 영화는 다른 충격적인 장면들이 시선을 끌어서인지 종교적으로 문제가 되진 않았다. 그런데 「황금시대」는 명백한 반反가톨릭 신이 포함되어 있었고, 결국 불경죄와 관련하여 문제를 일으켰다. 첫 시퀀스에 사나운 전갈 다큐멘터리를 삽입하여 음산한 분위기로 시작한 이 영화는, 이어 돌산에 처참하게 뼈만 남은 주교 네 명을 보여주며 가톨릭을 은근히 조롱한다. 그러나 심각한 스캔들을 일으켰던 것은 마지막 시퀀스였다. 사드Marquis de Sade의 『소돔의 120일Les 120 journées de Sodome』

---

17) Luis Buñuel, *Mi último suspiro*, p. 36.
18) Joan Mellen(ed.), *The World of Luis Buñuel*, New York: Oxford University Press, 1978, p. 217.

을 패러디한 이 장면에서 난교를 끝낸 생존자들이 블랑지 공작을 필두로 성 밖으로 나온다. 그런데 유대인 복장을 하고 턱수염에 긴 머리를 늘어뜨린 블랑지 공작은 예수의 형상과 닮아 있다. 탈진한 듯 쇠약한 얼굴의 그는 팔을 경건하게 가슴에 올리고서 천천히 다리를 건너간다. 그를 따라서 남자 세 명이 나온 후 갑자기 어린 소녀가 문을 열고 나오더니 이내 기절해버린다. 그러자 블랑지 공작은 소녀에게 다가가 그녀를 안고서 성 안으로 사라진다. 카메라는 닫힌 문에서 한참을 머무르는데, 이윽고 성 안에서 소녀의 날카로운 비명 소리가 들리더니 블랑지 공작이 다시 문을 열고 나온다. 눈물이 그득한 눈으로 하늘을 쳐다보며 서서히 발걸음을 옮기는 그의 얼굴엔 어찌된 일인지 턱수염이 사라져버렸다. 마지막 숏은 눈보라 치는 언덕에 기대어진 나무 십자가를 비추는데, 거기엔 블랑지 공작의 턱수염이 매달려 있다.

이 영화는 파리의 예술영화관 '스튜디오 28'에서 6일 동안 절찬리에 상영되었다. 그러나 소문이 나자 프랑스의 우익 단체, 반유대인 무리가 극장에 난입하여 연막탄을 터뜨리고 스크린을 찢는 등 난동을 부렸다. 이어 우파 언론들이 영화를 비난하면서 영화는 상영 금지되고 극장주는 벌금형에 처해졌다. 그 후 이 작품은 50년 가까이 전 세계에서 상영 금지되었고, 1980년이 되어서야 뉴욕에서 공식 상영될 수 있었다.

부뉴엘이 초기에 만든, 이른바 초현실주의 강령을 따르는 영화들은 관객에게 충격을 주는 것 자체에 중요한 의미를 두고 있었기 때문에 부뉴엘의 반가톨릭주의도 상당히 과장되어 있다. 이런 면에서 멕시코 이주 이후에 만든 장편영화들이 가톨릭에 대한 부뉴엘의 생각을 좀더 차분하게 보여주고 있다. 1958년 멕시코에서 만든 「나사린」은 부뉴엘

「황금시대」의 마지막 신에서 성을 나오는 블랑지 공작과 세 명의 생존자.
『소돔의 120일』을 연상시키는 이 작품에서
블랑지 공작은 예수의 외양을 닮아 있어 불경죄를 뒤집어썼다.

의 작품 중에서 가장 종교 문제에 집중하고 있는 작품이다. 나사리오 신부의 일대기를 그린 이 작품은 스페인 사실주의 소설의 거장 페레스 갈도스의 동명 소설에 기반을 두고 있지만 충실하지 않은 각색자 부뉴엘은 원작과는 전혀 다른 결말로 접어듦으로써 서사의 의미를 새롭게 하고 있다. 주인공인 나사리오 신부(프란시스코 라발)는 청빈하게 살면서 항상 신의 가르침을 몸소 실천하는 진실한 종교인이다. 매일 찾아와 자선을 요구하는 거지 부녀에게 전 재산을 털어줄 정도로 고지식한 그는 어느 날 살인을 저지른 창녀를 숨겨준다. 하지만 이게 말썽이 되고 소란을 두려워한 사제단으로부터 길을 떠나라는 명을 받는다. 순종적인 그는 고행의 길을 떠나고 창녀와 또 다른 여자 한 명이 그와 동행한다. 그는 예수처럼 온갖 고난과 핍박을 받게 되는데 사람들은 우연의 일치로 기적을 발휘한 그의 기도 능력만을 추앙하려고 할 뿐 진정한 신앙의 가르침에 대해선 들으려고 하지 않는다. 신의 사랑을 실천하려는 그의 자비와 선행은 세상의 논리에 맞지 않아 오히려 더 나쁜 결과만을 초래할 뿐이다. 기독교적 이상주의와 현실 사이의 철저한 패배를 맛보는 나사리오 신부는 중세 기사도의 이상에 빠져 현실세계에서 허튼짓만 하고 돌아다녔던 돈키호테와 유사하다. 갈도스의 『나사린』에서 나사리오 신부는 끝까지 신앙을 지킨 반면, 부뉴엘의 나사리오 신부는 돈키호테의 경우처럼 마지막 순간 종교적 환상에서 깨어난다.

　「나사린」의 문제의식은 3년 뒤 스페인에서 만든 「비리디아나」에서 그대로 반복된다. 멕시코에서 스페인으로 무대만 바뀌고 주인공이 나사리오 신부에서 수녀 지망생 비리디아나로 바뀌었을 뿐이다. 수녀원에 들어가려던 젊고 아름다운 여인 비리디아나(실비아 피날)는 자신에게 학비와 생활비를 대주던 삼촌의 건강이 좋지 않다는 소식을 듣고 시골 대저택에 살고 있는 삼촌을 뵈러 간다. 자신을 범하려던 삼촌이 자살하자 죄책감을 느낀 비리디아나는 수녀가 되는 대신 상속받은 삼촌의 집에 남아서 신앙인의 삶을 실천하려고 한다. 그녀는 동네의 거지들과 부랑자들을 저택에 데려다 좋은 음식을 베푼다. 삼촌의 죽음 이후 저택에 온 그의 아들 호르헤는 사촌인 비리디아나가 베푸는 선행에 코웃음을 치며 그녀를 은근히 성적으로 유혹한다.[19] 현실주의자인 그가 보기에 그녀의 자비는 쓸데없는 짓에 불과하다.

어느 날 비리디아나는 여느 때처럼 집 없는 사람들을 데려다 음식을 차려주고 볼일을 보러 외출한다. 집주인이 없다는 것을 알자 거지들은 식당을 뒤져 제일 좋은 식탁보를 펴놓고 비싼 포도주를 마음껏 마신다. 이 순간 식탁에 둘러앉은 이들의 구도는 레오나르도 다빈치의 그림 「최후의 만찬」과 동일하며 배경음악으로 헨델의 「메시아」가 울려 퍼진다. 예수의 자리에는 가장 포악한 장님 거지가 앉아 있고 부랑자 12명이 그를 둘러싸고 있다. 신이 프리즈freeze되는 순간 이들의 몸짓은 그림의 몸짓과 일치한다. 그림에 대한 패러디 의도가 확실한 것이다.

술에 취한 이들은 식탁을 난장판으로 만들고 식당 구석에선 성행위를 한다. 이때 외출했던 비리디아나가 돌아오자 이들은 난동을 멈추기는커녕 그녀를 성폭행하려고 한다. 자신이 베풀어준 선행과 자비에 대한 대가를 가장 치욕적인 것으로 돌려받은 그녀는 마지막 순간 결국

---

19) 스페인어 문화권에서는 사촌 사이에도 혼인이 가능하다. 삼촌 관계 이내에서만 근친상간이 성립한다.

「비리디아나」에서 비리디아나의 온정을
배신하는 거지 무리.

자신을 탐하던 호르헤의 방으로 들어간다.

「비리디아나」는 「나사린」과 유사한 메시지를 전하고 있지만 표현이 훨씬 명확해지자 많은 논란을 일으킨다. 1961년 칸 영화제에선 수상작 결정 이후 늦게 도착한 이 작품에 이미 정해진 대상 작품과 함께 공동 대상을 수여하기로 결정했을 만큼 「비리디아나」는 극찬을 받았다. 그러나 교황청에선 이 영화를 신성모독으로 판정하여 부뉴엘을 재판에 회부했다. 스페인에서 프랑코 정권은 상영 금지는 물론 언론에서 일절 언급하지 못하도록 했다.

이런 작품들을 통해 부뉴엘은 흔히 반反가톨릭주의자로 알려져 있지만 그는 신앙 자체를 부정하는 것은 아니었다. 그가 극도로 혐오한 것은 종교적 도그마, 맹신주의, 교회의 위선과 억압이었다. 결국 이것은 모든 권력에 대한 전복을 지향했던 그의 궁극적 목표 아래 있는 것이었다. 실제로 「나사린」 같은 경우엔 종교적 주제에 대한 진지한 성찰을 했다는 이유로 국제 가톨릭 회의에서 상을 주려고 했었다.[20] 영화학자 로버트 스탬 같은 경우엔 가톨릭에 대한 부뉴엘의 공격을 카니발리즘carnivalism의 전통 속에서 보고 있다.

교회에 대한 부뉴엘의 공격은 단순히 '초현실주의적 도발'이 아니다. 오히려 그의 집요한 신성모독은 자신이 공격하는 대상에 기생하는 카니발적 전통으로부터 나온 것이다. 중세 성직자들이 그로테스크한 예배 의식의 패러디와 바보 축제 속에서 자기 조롱의 유희에 탐닉했듯이, 부뉴엘은 상습적인 미학적 전략으로서 또한 선호하는 예술 창작 수단으로

---

20) Luis Pérez Bastías, *Las dos caras de Luis Buñuel*, p. 52.

서 신성모독을 활용한다.[21]

스탬이 말한 대로 확실히 후기작으로 가면 가톨리시즘에 대한 공격은 좀더 유머러스해지고 풍자적이 된다. 「부르주아의 은밀한 매력」에서 주교는 부르주아 집의 정원사가 되기로 함으로써 스스로 부르주아지의 하수인이 된다. 주교는 농부의 고해성사를 듣고 그가 자신의 아버지를 죽인 정원사임을 알게 되자 고해성사를 마친 뒤 아무렇지도 않게 총으로 그를 쏘아 죽인다. 이 작품에서 주교는 타락한 부르주아들과 어울리는 또 한 명의 부르주아일 뿐이다. 「자유의 환영」에서 신부들은 산장의 외딴 방에서 술을 마시며 카드를 치는 부도덕한 무리로 등장한다. 이렇게 초기의 악의적인 신랄함은 후기의 코믹한 카니발리즘으로 바뀌어간다.

결국 부뉴엘 영화의 반反가톨리시즘은 모든 권위에 도전하는 그의 영화에서 하나의 실천 전략이지 최종의 목표는 아닌 것이다. 만약 스페인이 불교국가였다면 부뉴엘은 불교계의 특권적 위치에 대하여 신랄하게 공격했을 것이다. 그런 점에서 부뉴엘의 영화를 반가톨리시즘, 반종교적인 것이라고 말하는 것은 그의 영화가 뿌리내리고 있는 풍성한 카니발리즘의 전통, 초현실주의의 정신을 축소 해석하는 꼴이 될 수 있다.

---

21) Robert Stam, *Reflexivity in Film and Literature: From Don Quixote to Jean-Luc Godard*, New York : Columbia University Press, 1992, p. 177.

부르주아 관객에 대한 공격

앞서 말했듯이 부뉴엘의 모든 영화는 관객에게 즐거움과 쾌락을 주기 위한 것이 아니라 불편함과 충격을 유발하기 위해 기획된 것이다. 관객을 불편하게 만드는 영화를 만들면서도 일생 동안 꾸준히 제작 활동을 지속하며 34편의 장편을 만들었다는 것은 영화감독으로선 행운이고 오늘날과 같이 영화가 산업화된 환경에선 지극히 어려운 일이다. 그것은 부뉴엘 영화의 대부분이 많은 예산을 필요로 하는 대작이 아니었다는 점도 있지만 또 한편으론 작품이 나올 때마다 적어도 비평가들로부터는 많은 찬사를 받았기 때문이다.

19세기 과학기술의 발전과 자본주의의 정착으로 유럽 각국에서 비약적으로 증가한 부르주아 계층은 이내 사회의 중심 세력이자 문화의 주 소비자로 자리 잡는다. 이들은 성숙된 교양과 세계관이 결여된 졸부들로서 유럽 소수 지식인들의 우려를 초래한다. 스페인의 철학자 오르테가 이 가세트José Ortega y Gasset는 새롭게 출현한 부르주아 계층이 문화를 점령한 현상을 '대중의 반역'이라고 규정했다. 실제로 이 시기 유럽의 몇몇 국가에선 대중이 전체주의에 경도되었고, 이것이 두 차례의 세계대전을 야기했음은 주지의 사실이다.

문제는 20세기 들어 산업화되기 시작한 예술이 주 소비자인 부르주아 계층의 정서에 영합하면서 아무런 문제의식 없이 보기에만 즐겁고 편한 예술 작품들이 주류를 이루게 되었다는 점이다. 이 시기에 나타나기 시작한 모더니즘, 전위주의, 초현실주의 등의 예술 사조는 바로 이렇게 부르주아 계층의 여가 수단으로 전락한 상업 예술에 반기를 드는 동시에 저속한 부르주아 계층 자체에 대한 혐오를 드러냈다. 초현실주의를 표방한 부뉴엘의 영화 작업은 이러한 지점에서 출발하고 있다.

부뉴엘은 자신의 첫 작품 첫 신에서부터 관객을 경악하게 만드는데, 바로 「안달루시아의 개」의 눈알 절단 장면이다. 세계 영화사에서 가장 충격적인 장면 중 하나로 꼽히는 이 신에서 직접 배우로 출연한 부뉴엘은 담배를 문 시니컬한 얼굴로 면도날을 갈더니 발코니로 나가 의자에 앉은 여자의 눈알을 사정없이 베어버린다. 카메라는 이 장면을 클로즈업하는데, 두 쪽으로 갈라진 눈알에서 내용물이 밖으로 쏟아져 나온다.

충격적인 이미지로 가득 찬 「안달루시아의 개」에서도 이 장면은 가장 잔인한 장면이었다. 폭력이 점차 가중되어가던 상황이었으면 관객들은 다음 장면을 예상하고 고개를 돌릴 수도 있을 터였지만 아무런 맥락도 없이 남자가 폭력을 행사하기 때문에 관객들은 갑작스럽게 끔찍한 장면을 고스란히 목격하게 되고 경악할 수밖에 없었다. 파리 소극장의 첫 상영에서 부뉴엘은 「안달루시아의 개」를 본 관객들이 자신을 공격할 것으로 예상하여 이에 대항하기 위해 주머니에 돌멩이를 가득 넣어 준비했다고 한다.[22] 그러나 소극장에서 영화를 본 대부분의 사람은 예술 애호가들이었고 이들은 야유를 보내기보다는 환호와 박수갈채를 보냈다. 마드리드 상영 때는 아예 부뉴엘은 관객들에게 "제가 원하는 것은 여러분이 이 영화를 싫어하셔서 항의하도록 만드는 것입니다"라고 영화 시작 전에 말했다.[23] 하지만 이미 유명세를 타고 있

---

22) Luis Pérez Bastías, *Las dos caras de Luis Buñuel*, p. 12.

23) Michael Schwarze, *Luis Buñuel*, Barcelona : Plaza y Janés, 1988, p. 51.

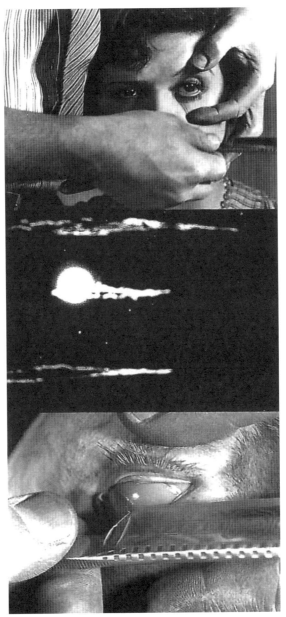

관객들을 놀라게 한 「안달루시아의 개」의 눈알 절단 장면.

던 이 작품에 대해 마드리드 관객의 반응도 우호적이었다.

첫 작품이 생각했던 만큼의 스캔들을 일으키지 못하자 부뉴엘은 두 번째 작품 「황금시대」에선 더욱 충격적인 이미지를 구상하게 된다. 물론 이 작품에서 가장 큰 논란을 일으켰던 것은 예수를 사드 후작과 겹쳐놓은 마지막 장면이었다. 하지만 이 장면 외에도 「황금시대」는 처음부터 끝까지 보수적인 부르주아 관객의 이마를 찌푸리게 할 장면들로 가득 차 있다. 다섯 개의 독립적인 시퀀스로 구성된 이 영화에는 논리적인 내러티브는 부재하지만 두 개의 시퀀스에 등장하는 남녀(가스통 모도, 리아 리)의 육체적인 갈망과 이를 가로막는 부르주아 사회의 위선적인 권위 사이의 밀고 당기는 싸움이 중심에 놓여 있다.

세번째 시퀀스에서 진흙탕을 뒹굴며 무아지경의 사랑을 나누던 두 사람은, 대저택에서 성대한 만찬이 벌어진 네번째 시퀀스에서도 정원으로 나가 성자들의 동상 아래서 격렬한 사랑을 나눈다. 거실의 파티에서 남자는 여자 어머니의 뺨을 때리기도 한다. 이것은 물론 부르주아적 격식과 예절에 대한 조롱과 경멸을 의미한다.

「절멸의 천사」는 당대 부르주아 계급에 대한 부뉴엘의 악의적인 공격이라고 볼 수 있다. 멕시코시티의 대저택에 다양한 부류의 부르주아들이 저녁 식사 초대를 받아 참석한다.[24] 이들이 도착하자 집 안의 하인들과 요리사들이 집을 빠져나가기 시작하고 이들은 홀 안에 갇혀버린다. 아무것도 이들이 나가는 것을 가로막고 있지는 않다. 그저 갇혔다고 생각함으로써 이들은 나가지 못할 뿐이다. 부르주아의 맹목성

---

24) 부뉴엘은 이 작품을 파리에서 찍지 못한 것을 아쉬워했다. 이 작품은 멕시코시티의 가장 호화로운 거리에 있는 저택에서 촬영되었지만 파리보다는 호화로움이 덜했고 또 공격당해야 할 부르주아들은 프랑스와 같은 제1세계 사람들이 잘 어울리기 때문이다.

이 조롱받는 것이다. 홀 안에 며칠 갇히자 이들은 처음 우아했던 모습을 버리고 '인간적인 모습'으로 강등되기 시작한다. 홀이 집단 야영장으로 변하자 이들은 도자기에 용변을 보고, 화병의 물을 마시고, 종이를 먹고, 바이올린을 뜯어서 장작으로 쓰고, 아무 곳에서나 사랑을 나눈다. 부뉴엘은 우아한 격식을 중시하는 부르주아들이 이렇게 원시인 같은 야만인으로 변해가는 것을 즐긴다. 그러면서도 「절멸의 천사」의 결말에 대해 아쉬움을 표시하며 부르주아들이 식인 상태에 이를 때까지 놓아두었어야 했다고 말했다.[25)

1972년 프랑스에서 만든 「부르주아의 은밀한 매력」 역시 반어법의 제목이 시사하듯이 부르주아의 위선에 대한 조롱으로 가득 차 있다. 이 영화에서 대사와 상류층 부부들로 구성된 부르주아 그룹은 식욕과 성욕이라는 원초적인 욕망을 제어하지 못하는 동물과 다를 바 없는 사람들이지만 복잡하고 세련된 격식과 예절로 무장하고 있어 하층 계급과 구별되는 자신들만의 자부심으로 가득 차 있다. 한 에피소드에서 드라이 마티니를 마시기에 적합한 술잔과 매너를 논의하고 있던 그들은 운전사를 불러 마티니를 한 잔 권한다. 갑작스럽게 불려온 운전수가 술을 한 번에 마셔버리자 이들은 그럴 줄 알았다는 듯, 하층 계급의 잘못된 격식을 비웃으며 자신들의 우월성이 입증된 양 즐거워한다.

부르주아 그룹은 영화의 처음부터 끝까지 세련된 식사를 즐기기 위해 이리저리 옮겨 다닌다. 부뉴엘은 이들의 의도가 우스꽝스러운 이유로 좌절되는 코믹한 에피소드를 늘어놓는다. 처음엔 날짜를 혼동한 것으로 인해, 그래서 찾아간 식당에선 마침 그날 식당 주인이 죽어 시

25) Luis Pérez Bastías, *Las dos caras de Luis Buñuel*, p. 65.

신을 늘어놓은 바람에 식사를 하지 못한다. 다음의 약속에선 식사를 초대한 주인 부부가 불타는 성욕을 이기지 못해 손님들을 놓아두고 정원으로 달아나 사랑을 나누는 것으로 인해 만찬은 늘 연기된다. 부인들은 차를 마시기 위해 오후의 카페에서 모임을 갖지만 부조리하게도 카페의 차와 커피가 모두 떨어진 바람에 아무것도 마시지 못한다. 마지막의 만찬 테이블에선 훈련하던 군인들이 들이닥치는 부조리한 상황이 벌어진다. 부뉴엘은 부르주아들에게 마치 아이의 입 속에 과자를 넣었다 빼며 놀려먹는 것과 같은 장난을 치고 있는 것이다.

부르주아 그룹은 늘 함께 다니면서 — 차를 함께 타고 다니고, 길 위를 같이 걸어간다 — 상당히 결속되어 있는 것처럼 보이지만 그 안에서 서로 불륜의 관계를 맺음으로써 그들의 결속은 허위였음이 드러난다. 또한 대사라는 신분을 이용하여 마약을 밀수하고 자기들끼리 밀거래하는 부도덕한 면모를 보여준다. 그들은 범법 행위가 경찰에 적발되어 감옥에 갇히게 되지만 장관에게 청탁을 넣어 풀려난다. 그들의 계급 방어 기제는 생각보다 견고한 것이다. 처음 무리 지어 들판을 걸어가던 이 그룹은 피로해 보이긴 하지만 여전히 당당하게 걸어감으로써 그들의 건재함이 과시된다.

1974년 작 「자유의 환영」에선 아예 부르주아에 대한 직접적인 공격을 감행하고 있다. 젊은 시절에 심취했던 초현실주의의 톤으로 회귀한 듯 중심 서사 없이 에피소드 나열의 구조를 갖는 이 작품에서 가톨릭 신부를 비롯한 일련의 부르주아들이 풍자적으로 묘사된다. 이 영화의 한 에피소드에서 파리의 몽파르나스 타워에 올라간 도시의 저격수는 시민들을 마구 쏘아 죽인다. 이것은 「부르주아의 은밀한 매력」에서 대사를 노리던 미란다 출신의 암살범 아가씨나 「욕망의 모호한 대상」에서 테러리스트들이 도시의 곳곳에 터뜨리는 폭탄과 마찬가지로 부르주아들을 위협하는 환경으로 부르주아들의 불안과 신경과민을 드러낸다.

그의 마지막 작품 「욕망의 모호한 대상」은 부르주아에 대한 조롱을 성적 욕망이라는 주제를 통해 흥미롭게 구성해내고 있다. 이 영화의 주인공 마티유(페르난도 레이)는 파리에 살고 있는 부유한 늙은이로, 자신의 집에 하녀로 들어온 스페인 출신의 콘치타(카롤 부케)를 보고 한눈에 반한다. 마티유가 수작을 걸자 콘치타는 집을 나가버리지만 그 후 둘은 우연히 다시 만나게 된다. 이때부터 마티유는 재력을 무기로 콘치타의 처녀성을 정복하려고 한다. 콘치타 역시 마티유의 구애를 거절하지 않고 성행위 전까지는 그에게 순종적인 태도를 보인다. 그러나 결정적인 순간이 되면 그녀는 "모든 것을 주면 당신은 날 사랑하지 않을 거예요"라고 말하며 요리조리 마티유의 손아귀를 벗어난다. 그럴수록 콘치타를 향한 마티유의 욕망은 더욱 달아오른다. 흥미로운 점은 극중 콘치타 역을 두 명의 여배우(카롤 부케와 앙헬라 몰리나)가 맡았다는 것이다. 여배우가 바뀐 것도 모르고 막무가내로 대상 — 정확하게는 대상의 성기 — 에 집착하는 마티유는 측은함마저 자아낸다. 그러나 부르주아 관객이 자신과 유사한 사회적 환경 속에 있는 마티유와 동일시한다는 것을 감안하면 이것은 부르주아 관객에 대한 조롱이기도 하다. 즉 하녀 계급의 콘치타에게 철저하게 농락당하는 마티유와 마찬가지로 부르주아 관객은 콘치타의 감질 나는 숨바꼭질에 놀아나며 짜증스러운 영화 관람의 시간을 보내는 것이다.

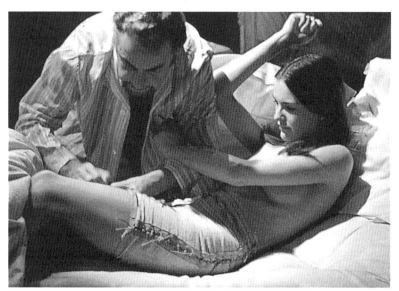

「욕망의 모호한 대상」에서 콘치타(카롤 부케)를 탐하는 마티유(페르난도 레이).

부뉴엘의 비관주의와 유머 그리고 스페인 예술 전통

초기 부뉴엘 영화의 출발점이었던 초현실주의 예술의 궁극적인 목표는 충격을 통해 사회를 변혁하는 것이었지만 기실 부뉴엘의 작품을 보면 그는 사회 변화에 대해 그리 큰 희망을 품었던 것 같지 않다. 그는 사람의 변화 가능성을 지독하게 불신한다. 따라서 그의 영화에서 변하는 인물은 아무도 없다. 변하는 사람이 있다면 오히려 변화의 가능성을 믿었던 순진한 사람들로, 이들은 자신이 순진했음을 깨닫고 싸늘한 세상의 논리에 동화된다. 할리우드 서사영화의 전형적인 메시지인 '권선징악'이나 '개과천선'은 부뉴엘에겐 웃음거리일 뿐이다. 이것은 다르게 보면 이러한 서사를 기대하는 부르주아 관객에 대한 반역일 수 있다.

멕시코시티 변두리 지역 하층민들의 삶을 그린 「잊혀진 사람들」에는 두 소년이 주인공으로 등장한다. 하이보는 자신의 이익을 위해서라면 강도, 살인 등 어떤 짓도 마다하지 않는 전형적인 비행 청소년이다. 그에 비해 나이가 조금 어린 페드로는 하이보와 함께 다니며 악행을 배우지만 그의 불우한 가정환경으로 인해 관객들의 동정을 모은다. 하지만 그는 이내 관객들의 기대를 저버리며 구원에 대한 기대가 얼마나 순진한 것이었는가를 확실하게 보여준다. 결국 하이보에 의해 피살된 페드로의 시체는 쓰레기장에 버려지고 하이보는 경찰이 쏜 총에 맞아 죽는다. 프랑스의 평론가 프레디 부아슈는 이 영화의 비관주의를 다음과 같이 설명한다.

그는 소년들을 선도하는 방법을 제시하는 데에는 관심이 없다. 그의 영화는 들라누아의 자기 탐닉적인 「사라진 개들」, 트뤼포의 자서전적인 「400번의 구타」, 니콜라이 예크의 편리한 낙관론을 볼 수 있는 「생명으로 가는 길」, 돈스코이와 레고신의 「행복의 노래」 그리고 이 영화들이 공통적으로 보여주는 역겨운 감상주의 — 부랑아들의 역경을 묘사하여 자비로운 사람들의 눈에 눈물이 맺히게 하는 — 와는 수준이 다르다.[26]

「비리디아나」의 경우가 대표적이다. 부뉴엘은 이 작품에서 거지와 부랑자들에 대한 자선을 둘러싸고 천사 같은 비리디아나와 몰인정한 현실주의자 호르헤를 대비시킨다. 이 대비는 너무 전형적인 것이어서 관객들은 당연히 거지들이 비리디아나의 자선에 감동을 받음으로써 그녀의 선행이 보상을 받을 것으로 기대하게 된다. 그러나 부뉴엘은 거지들이 비리디아나의 은혜에 감사하기는커녕 집을 쑥대밭으로 만들고 그녀를 성폭행하려고 함으로써 비리디아나를 공황 상태로 만든다. 그 결과 비리디아나는 마지막 장면에서 자신을 성적으로 탐했던 호르헤의 방으로 들어가게 된다. 영화에는 호르헤와 하녀 라모나가 카드놀이를 하는 방에 비리디아나가 들어가는 것으로 모호하게 표현되어 있지만 검열로 인해 수정되기 전 원래의 시나리오에는 비리디아나가 머리를 풀고 호르헤의 침실로 들어가는 것으로 되어 있었다.
　「비리디아나」에는 부뉴엘의 비관주의를 보여주는 또 하나의 재미있는 에피소드가 등장한다. 어느 날 길을 걷던 돈 하이메는 마차의 바퀴 밑에 묶인 채 따라오고 있는 강아지를 발견한다. 강아지를 불쌍하

---

26) 프레디 뷔아쉬, 『루이 브뉴엘의 영화세계』, 김태원 옮김, 현대미학사, 1998, p. 50. 번역은 일부 수정했다.

게 여긴 그는 당장 마차를 세우고 마차 주인에게 돈을 지불하여 개를 풀어준다. 그리고 흡족하게 가던 길을 가는데, 또다시 마차에 끌려가는 다른 개를 발견하게 되고 당황한다. 이 짧은 에피소드는 중심 서사에서 벗어난 듯 보이나, 전체 서사의 메시지를 압축적으로 드러내고 있다. 이미 많은 개가 인간에게 학대당하고 있는 상황에서 개 한 마리에게 자비를 베풀어봤자 아무 소용이 없다는 뜻이다. 결국 한 사람의 이상주의가 세상을 바꾸지 못한다는 전체의 메시지와 연결된다.

이렇게 한 시대에 만인에 의해 절대적으로 존중받는 가치를 정면으로 통박하는 대담함이 부뉴엘의 영화가 걸작으로 평가받는 중요한 이유가 된 것은 부정할 수 없다. 하지만 그의 비판은 대담하고 호기롭지만 그렇다고 해서 비장하거나 심각하지 않다. 그저 태연하게 냉소를 날릴 뿐이다. 이런 점에서 부뉴엘의 영화에는 유머가 있다. 그는 다음과 같이 말한다.

> 초현실주의는 유머의 힘으로 태어났고 해방시키는 힘으로서 유머에 근거하고 있다. 현재 사회에서 시적인 전복을 위한 최후의 요소로서 유머는 초현실주의의 일부를 이룬다. 〔……〕 유머는 전율적이고 잔인하고 해방적이다. 웃음을 통해 전복적이고 불쾌한 감정을 만들기 위한 하나의 도피escape이다. 감상적인 것은 유머의 정반대이다. 감상적인 것은 순응적이고 사람들의 감정적 습관에 맞춰주는 것이다.[27]

물론 여기에서 유머란 너털웃음이 아니라 싸늘한 비웃음 혹은 냉소

---

27) Agustín Sanchez Vidal, *Luis Buñuel*, Madrid: Cátedra, 2004, p. 68.

1972년 「부르주아의 은밀한 매력」으로
오스카상 외국어 영화상을 수상한 말년의 부뉴엘.

를 말한다. 악동惡童의 시선으로 거친 세상을 그려낸 스페인 특유의 피카레스크 소설, 사회의 부조리와 악행을 과장스럽게 그려낸 고야의 에칭과 소묘 작품, 20세기 초 몰락한 스페인의 초상화를 그로테스크하게 그려낸 바예 인클란의 희곡에 구현된 위대한 냉소주의의 전통을 부뉴엘의 영화가 잇고 있다고 볼 수 있겠다.

　바로 이런 점에서 부뉴엘은 다음 세대의 스페인 영화작가들에 의해 끊임없이 추앙받고 있고, 그의 영화 속 유명한 신들은 후대의 영화에서 오마주 신으로서 부활하곤 한다.[28] 이렇게 스페인의 예술 전통에 깊게 뿌리내리고 있는 부뉴엘의 영화들은 어디에서 만들어졌건, 어떤 언어로 만들어졌건 스페인 내셔널 시네마와 분리시켜 논의될 수 없음이 분명하다.

---

28) 우리나라에선 홍상수 감독이 자신에게 영향을 준 몇 명의 감독 중 한 명으로 부뉴엘을 자주 언급한 바 있다. 예를 들어 그는 2007년 1월 24일 서울아트시네마에서 자신의 추천으로 부뉴엘의 「절멸의 천사」를 상영한 뒤 이어진 인터뷰에서 다음과 같이 말했다.

　부뉴엘은 나에게 하나의 레퍼런스reference 같은 존재다. 그의 영화가 나에게 맞고 나를 자극시킨다. 또한 내가 영화를 만들 때 물어보고, 축이 되는 사람 중의 한 명이다. 여타의 감독들과는 달리 부뉴엘의 전작을 좋아하고 만족감을 가진다. 하지만 좋아하지만 분석하지 않고 간직하고 소중히 둔다.

이도훈, 「홍상수 영화엔 부뉴엘이 숨어 있다?」, *Ohmynews*, 2007. 1. 25(http://www.ohmynews.com/NWS_Web/View/at_pg.aspx?CNTN_CD=A0000388288).

2장
스페인 작가주의 영화의 진정한 출발
— 베를랑가와 바르뎀

스페인 영화는 정치적으로 쓸모없고, 사회적으로 거짓되고,
지적으로 황폐됐고, 미학적으로 텅 비었고, 산업적으로 말라비틀어졌다.
— 후안 안토니오 바르뎀

스페인 예술의 국민-민중적 전통

루이스 부뉴엘은 스페인 출신의 작가주의 감독으로 첫발을 내디뎠지만, 감독으로 활동한 기간의 대부분을 망명지인 멕시코에서 보냈으며, 스페인에서 작업한 작품은 세 편밖에 없다는 점에서 진정한 의미의 스페인 작가 영화감독으로 보기에는 다소 어려움이 있다. 그런 점에서 1900년에 출생한 부뉴엘의 뒷세대로서, 소년 시절 내전을 겪었고 프랑코 시대에 주로 활동하며 1950~1960년대 스페인 영화의 황금기 동안 국민감독으로 등극했던 후안 안토니오 바르뎀Juan Antonio Bardem(1922~2002)과 루이스 베를랑가Luis G. Berlanga(1921~2010)를 스페인 작가주의 영화의 진정한 출발로 볼 수 있다.

베를랑가와 바르뎀은 여러 가지 면에서 스페인 작가주의 영화의 출발점으로 삼을 수 있다. 우선 이들의 예술 세계는 스페인적 예술 전통

속에 뿌리박고 있다고 여겨진다. 무엇보다도 이들의 영화가 국민-민중적national-popular이기 때문이다. 스페인 철학자 오르테가 이 가세트는 그람시Antonio Gramsci가 말한 국민-민중적인 예술 전통이 이미 18세기에 생겨났다고 설명한다. 그에 따르면 "18세기에 다른 나라에서 볼 수 없는 주목할 만한 현상이 스페인에서 생겨났는데, 민중적인 것에 대한 열광은 회화에서뿐만 아니라 일상생활의 모든 형식에서 상층 계급을 사로잡았다."[1] 오르테가 이 가세트가 말한 18세기의 현상은 화가 고야가 태피스트리의 밑그림으로서 민중의 삶을 그리기 시작한 것을 의미한다. 다시 오르테가 이 가세트의 말을 보자.

그때가 되어서야 고야는 본질적으로 스페인적이라고 할 만한 그림을 그리기 시작한다. 왜냐하면 그는 외형상으로만 전형적인 스페인 이미지를 그리는 것을 그만두었기 때문이다. [……] 그러한 관점은 이중적인 동시에 모순적인 것이었는데 — 상위에서 관조되는 평민에 대한 연대감, 그리고 '사상'에 의해 획책된 평민에 대한 거부 — 그래서 우리는 그가 그리는 대상들을 칭송하는 것인지 비난하는 것인지 알 수가 없다.[2]

오르테가 이 가세트가 말한 것처럼 고야는 스페인 대중의 삶을, 때로는 칭송하고 때로는 비판하며 캔버스에 담아왔다. 또 한편 고야는 국가적인 비전을 지녔던 지식인 화가이기도 하다. 카를로스 4세

---

1) José Ortega y Gasset, *Papeles sobre Velázquez y Goya*, Madrid: Revista de Occidente en Alianza Editorial, 1987, p. 294.
2) José Ortega y Gasset, *Velázquez, Goya and the Dehumanization of Art*, New York: W.W. Norton, 1953, pp. 120~21.

(1778~1808)의 궁정화가로 일했던 고야는, 나폴레옹의 침략과 이에 따른 스페인 민중들의 독립운동 등을 목격하며 국가적 삶에 대한 의식을 갖게 되었다. 따라서 그의 그림에는 민중들의 삶이 단순히 풍속화로서 묘사되는 것이 아니라 국가적 운명의 일부로서 등장하게 되고 이것이 고야의 그림을 국민-민중적 작품으로 만들었다. 고야의 예술 세계는 다음 시기의 극작가 바예 인클란의 뒤틀린 미학el esperpento, 또 다른 극작가 카를로스 아르니체스Carlos Arniches의 풍속주의적 리얼리즘, 화가 구티에레스 솔라나Gutiérrez Solana의 그로테스크 미학으로 계승되었다.

바르뎀과 베를랑가의 영화는 바로 이러한 스페인 특유의 국민-민중적인 예술 전통 속에 뿌리내리고 있다고 평가된다. 이들의 영화가 스페인 민중의 삶을 투영하는 데 진력하고 있을 뿐만 아니라 민중들로 하여금 당시의 국가적 문제에 대해서도 의식을 갖도록 유도하고 있기 때문이다. 이러한 영화를 만들 수 있었던 데는 두 사람의 개인적인 역사 경험도 중요하게 작용했다. 1920년대 초반 출생한 바르뎀과 베를랑가는 한창 감수성이 예민할 10대 중반에 내전을 겪었는데, 두 사람 모두 총을 들고 싸우진 않았지만 정치적으로 공화파에 속해 있었다. 내전 기간에 공화국 의무대의 보조원으로 일했던 베를랑가는 공화국의 국회의원이었던 아버지가 내전 후 사형을 언도받자 아버지에 대한 사면을 요청하고자 나치를 도와 프랑코가 파병한 청색연대División azul에 자원하기도 했다. 그러나 이것은 어디까지나 아버지를 구하기 위한 것이었을 뿐 그의 정치적 성향은 반反프랑코적인 것이었다.

바르뎀은 베를랑가에 비해 훨씬 더 좌파 쪽에 기울어 있었다. 그는 프랑코 치하에서 불법 단체로 탄압을 받은 스페인 공산당에 가입해 있었고, 1950년대 학생 시위와 관련하여 감옥에도 갔을 정도로 적극적인 반정부 투쟁을 벌였다. 바르뎀이 투옥되자 피카소, 사르트르, 콕토 등 세계적인 예술가들이 스페인 정부에 항의 서한을 보냈고, 이로써 바르뎀은 프랑코 치하 스페인의 대표적인 반정부 예술인으로 떠오르게 되었다.

바르뎀과 베를랑가는 절친한 친구였다. 바르뎀은 베를랑가를 스페인 공산당에 가입시키려고 노력했지만 뜻을 이루지 못했는데, 베를랑가가 현실 정치에 뛰어드는 것을 꺼렸기 때문이다. 베를랑가는 영화를 통해 정치적 메시지를 전달하는 것 외에 영화의 상업적 성공에도 관심을 가졌다. 이에 비해 바르뎀은, 영화는 예술이기 이전에 정치적 이념을 전파시키는 도구라고 보았다. "내가 전달하려고 하는 것은 인간적 연대의 중요성이다. 우리는 우리 이웃을 그저 하나의 사물, 하나의 객체가 아니라 그들 모두 각자의 문제를 안고 살아가는 존재로 보아야 한다"[3]라고 말했다.

바르뎀과 베를랑가는 예술 작품에 대한 검열이 가장 삼엄했던 프랑코 시대 초기, 체제 비판 진영의 대표적인 감독이었다. 대중에 대한 영화의 파급력을 잘 알고 있었던 프랑코 정권은 영화를 통해 체제를 옹호하는 정치적 선전을 실행하고자 했다. 따라서 1950년대 까다로운 검열을 뚫고서 이들이 내놓은 걸작들은 당시 스페인 영화에서 유일하게 작품성을 인정받을 수 있는 작품들이었다. 게다가 대중으로부터도 상당한 호응을 얻었으며 국제적으로도 스페인 영화의 존재를 알릴 수

---

3) Juan Zavala, et al., *Lo que yo te diga: el cine español contando con sencillez*, Madrid: Maeva Ediciones, 2007, p. 114.

있었다.

1950년대 전성기를 보낸 이후 두 감독의 행보는 달랐다. 1960년대 이래로 개방과 화합을 내세운 프랑코 정권의 정치 노선과 함께 스페인 사회는 점차 탈정치적인 자본주의 사회로 바뀌어갔는데, 여전히 전투적인 정치성을 견지하고 있던 바르뎀의 영화는 상업적으로 거의 성공하지 못했고 그의 존재는 점차 잊혀갔다. 오히려 그의 조카인 하비에르 바르뎀Javier Bardem이 1990년대 이래로 스페인의 국민배우로 등극함으로써 바르뎀 집안의 영화 전통을 이어갔다.

안토니오 바르뎀이 1950년대 전성기를 보낸 뒤 이렇다 할 만한 걸작을 만들지 못한 반면, 스페인 특유의 유머와 해학을 계승한 베를랑가 감독의 영화는 「플라시도Plácido」(1961), 「사형집행인El verdugo」(1963)의 성공 이후 민주화 시대(1975~)에도 꾸준히 호응을 얻었다. 「민중의 엽총La escopeta nacional」(1978), 「민중적 유산Patrimonio nacional」(1981), 「민중 3부Nacional III」(1982) 등 독재에서 민주화 기간에 독재 정권을 은근히 유머러스하게 비판하는 영화로 국민감독의 존재감을 지속시켰다. 1985년에는 스페인 내전을 코믹하게 풍자한 「송아지La vaquilla」가 300만 명 이상의 관객을 끌어모아 그때까지 스페인 영화사의 흥행 기록을 깨뜨렸다. 1990년대까지 작품을 발표한 베를랑가는 2010년 89세를 일기로 세상을 떠났다.

베를랑가와 바르뎀 영화의 민중성과 네오리얼리즘

스페인 예술 특유의 민중성은 프랑코 정권 초기의 영화들이 집착적으로 매달리던 것이었다. 내전에서 패한 쪽을 끌어들이고 양 진영 사이의 감정적 앙금을 지우는 과정에서 정치성을 초월한 듯 보이는 전통적 민족 정체성은 가장 효과적인 개념이었기 때문이다. 파시즘에 뿌리를 둔 프랑코 정권 역시 민족적 정체성의 확립에 부심했던 점을 고려하면 적어도 표면적으로 전통적 이미지를 내세우고 있는 그들의 영화에 대해 검열을 앞세워 제지할 명분을 찾기는 쉽지 않았을 것이다.

하지만 그렇다고 해서 베를랑가와 바르뎀의 영화가 표면적인 민속성을 상품화의 수단으로 삼은 것은 아니었다. 오히려 이들의 영화는 당시 도시 민중의 삶 속에 깊숙이 파고들어 그들의 애환을 담아내고 있다. 이것은 '사이네테sainete'라는 단막극 형식을 통해 마드리드 서민들의 삶을 해학적으로 담아낸 20세기 초의 극작가 아르니체스의 작품 경향과 유사하다. 스티븐 마시는 스페인 내에서와 달리 외국에서 이들의 영화가 그다지 큰 성공을 거두지 못한 것은 그 영화들에 내재된 번역 불가능한 스페인성 때문이라고 말한다.[4] 이 역시 스페인 내에서 최고의 인기를 누렸으나 해외에 그다지 알려지지 않은 아르니체스의 경우와 유사하다. 그러나 스티븐 마시는 베를랑가에 대해 스페인 영화감독 중에서 가장 중요하고, 가장 영향력 있고, 가장 복잡한 감독이라고 평가한다.[5]

베를랑가와 바르뎀의 영화에서 스페인성이 재현되는 양상은 매우 흥미롭다. 그들은 앞서 말했듯 전통적인 스페인성에 기대고 있는 한

---

4) Steven Marsh, *Popular Spanish Film under Franco: Comedy and the Weakening of the State*, New York : Palgrave Macmillan, 2006, p. 97.

5) Steven Marsh, *Popular Spanish Film under Franco: Comedy and the Weakening of the State*, p. 98.

편 그것에 대해 가혹한 비판의 칼날을 들이대고 있기 때문이다. 하지만 그렇다고 해서 그들의 영화가 이중적이라는 것은 아니다. 그들에 의해 민중적·민족적인 정체성이 계승되거나 비판될 때 그것은 매우 분명한 기준을 갖기 때문이다. 즉 민족적 정체성이 단순한 이미지의 재현으로 환원될 때 그것은 신랄한 풍자의 대상이 되는 반면, 민족적인 것이 민중적인 것으로 향유되면서 지배 계급의 문화를 전복하는 카니발적인 함의를 지닐 때 칭송되고 축하된다.

1950년대 스페인 영화의 정치적 각성에 결정적인 영향을 준 것은 이탈리아 네오리얼리즘 영화였다. 문화적으로 완전히 고립되어 있던 1940년대 스페인에 이탈리아 네오리얼리즘 영화가 처음으로 소개되기 시작한 것은 1950년대 초였는데, 네오리얼리즘 계열의 작품들과 이론은 소개되자마자 스페인 영화계는 물론 문화계 전반에 큰 파장을 몰고 왔다. 그것은 네오리얼리즘이 태동한 전후 이탈리아의 사회적 상황이 당시 스페인의 상황과 유사하여 미학적이고 정치적인 원리가 쉽게 받아들여졌기 때문이다. 게다가 로케이션 촬영과 비전문 배우를 기용하는 네오리얼리즘의 제작 방식은 적은 제작비로도 영화 제작이 가능하도록 했다.

그러나 당시 스페인 감독 중에서 네오리얼리즘의 원리를 그대로 차용한 작품을 만든 감독은 없다. 그것은 무엇보다 엄격한 검열로 인해 전형적인 네오리얼리즘 영화를 만들 수 없었던 당시의 상황에서 기인한다. 그리하여 진보적 성향의 감독들은 멜로드라마 등 기존의 장르 코드를 활용하여 영화를 만들되 네오리얼리즘의 요소를 가미하여 진보적 메시지를 코드 속에 숨기는 방식을 사용하게 된다. 물론 멜로드라마 특유의 '과잉'의 수사학 역시 진보적인 함의를 더하고 있는 것이

사실이다.

바르뎀은 이러한 방식을 통해 스페인 영화사에 남을 만한 걸작을 만들었다. 그는 「자전거 탄 사람의 죽음Muerte de un ciclista」으로 1955년 칸 영화제에서 수상했으며, 이듬해에는 「중앙로Calle mayor」로 베니스 영화제에서 특별상을 수상했다. 그의 영화는 히치콕류의 스릴러와 할리우드 멜로드라마의 언어를 차용하는 동시에 네오리얼리즘의 전복적 요소를 솜씨 있게 첨가한 덕분에 국제 비평가들로부터 호평을 받았다.

「자전거 탄 사람의 죽음」에서 보듯 바르뎀 영화의 테크닉은 멜로드라마 코드를 차용하되 이를 변형시킴으로써 전복적인 이데올로기를 담아내는 것이다.[6] 가장 두드러지는 것은 네오리얼리즘 코드의 혼합이다. 「자전거 탄 사람의 죽음」은 일단 영화 제목에서부터 이탈리아 네오리얼리즘 영화의 고전 「자전거 도둑Lardi di biciclette」을 연상시킨다. 비토리오 데 시카Vittorio de Sica의 영화에서 자전거 주인과 도둑이 모두 영세민이었듯이 바르뎀의 영화에서도 자전거 탄 사람은 영세민이다. 부르주아의 삶이 주요 소재가 되는 멜로드라마에서 영세민이 등장한다는 것은 멜로드라마 장르의 균열을 의미한다. 주인공 후안이 자전거 탄 사람이 살던 영세민 아파트를 방문하는 시퀀스는 전형적인

---

6) 유럽 국가 중에서도 영화산업이 발달했던 스페인에서 멜로드라마는 큰 인기를 누렸다. 호세 안토니오 니에베스 콘데José Antonio Nieves Conde 감독의 「고랑Surcos」(1951), 바르뎀의 「자전거 탄 사람의 죽음」 「중앙로」 등은 1950년대 상당한 상업적 성공을 거두었던 작품들이다. 스페인에서 멜로드라마가 인기를 누렸던 이유는 아무래도 전통적인 가족 개념과 관계가 있어 보인다. 가톨릭 전통이 강한 스페인에서 가족이 상상의 기본단위가 되게 마련인데 가족 중심의 서사가 자주 등장하는 멜로드라마는 이러한 문화 전통에 잘 부합할 수 있었으리라 판단된다.

네오리얼리즘의 코드로 구성되어 있다. 깊은 심도를 통해 영세민 아파트와 그들의 삶을 보여주는 신은 네오리얼리즘 영화에 흔히 등장한다. 다만 그 영세민 아파트 앞에 잘 차려입은 상류층 인물 — 멜로드라마에 나올 법한 — 이 등장함으로써 부조화를 자아내고 있다.

이 신 외에도 네오리얼리즘적 요소가 잘 드러나는 곳은 학생들이 시위를 벌이는 장면이다. 성난 학생들은 마틸데를 부당하게 대우한 후 안의 교수직 해고를 주장하며 대학의 총장실에 돌을 던지고 창문을 깬다. 그러자 경찰이 나타나 학생들의 시위를 진압하려고 하지만 학생들은 시위를 그치지 않는다. 1950년대 중반부터 일어나기 시작한 반反 프랑코 학생운동을 연상시키는 이 신은 당시 검열에서도 논란이 일었을 만큼 문제적인 장면이었다.

군중은 이탈리아 네오리얼리즘 영화에 자주 등장하는데, 이때 주요 등장인물과 군중은 언제나 같은 사회적 계급으로서 긍정적인 의미를 부여받는다. 군중의 한 일원으로 개인이 등장하기 때문이다. 「자전거 탄 사람의 죽음」에 군중으로 등장하는 학생들 역시 대학교수의 부당함에 항거하는 정의로운 집단으로 그려진다. 이들에 의해 총장실의 창문이 깨지는 것은 서로 다른 두 계급의 충돌을 의미한다. 주인공 후 안은 상류 계급과 대중의 사이에 속해 있는 인물이지만 이 장면 이후 개심을 하고서 대중 편으로 이동하는 모습을 보인다.

「자전거 탄 사람의 죽음」만큼 두드러지지는 않지만 「중앙로」에서도 네오리얼리즘적 요소는 자주 등장한다. 우선 시골 마을의 원경에서 시작하여 시골 도시의 중앙로를 설정 숏으로 잡으며 이야기의 지리적·사회적 맥락을 설명하고 들어가는 것은 멜로드라마의 규범에 어울리지 않는다.[7] 또한 이 영화는 이사벨과 후안의 거짓 사랑 이야기라

「자전거 탄 사람의 죽음」에서
교수의 해고를 요구하는 학생들.

는 전형적인 멜로드라마적 서사를 따라가면서도 중앙로를 비롯해 마을의 외곽 등 마을 구석구석을 비추고 있으며, 순례 행렬의 신도들, 중앙로를 오가는 군중, 밤거리의 건달 등 마을 사람들의 삶을 풍속주의적으로 보여준다.

다만 이 영화의 군중은 전형적인 네오리얼리즘 영화에서나 「자전거 탄 사람의 죽음」에서처럼 긍정적인 의미를 부여받지는 못한다. 그렇다고 해서 군중 자체가 주인공들의 삶을 억압하고 왜곡시키는 주체로 등장하지는 않는다. 군중은 별 생각 없이 지배적인 이데올로기에 따라 일상의 삶을 살아가는 존재들인데, 지배적인 이데올로기가 워낙 보수적이고 시대착오적이기 때문에 군중의 삶 또한 왜곡될 수밖에 없다.

베를랑가의 초기 영화에도 주로 하층민이나 도시 서민이 주인공으로 등장하고 있지만 민중의 삶이 가장 생생하게 그려진 작품은 1961년 작 「플라시도」이다. 이 영화의 배경이 되는 지방 도시는 전전戰前 아르니체스의 극에 등장하는 마드리드의 영세민 지역과 유사하다. 주인공인 플라시도는 한 지방 도시의 영세민으로, 자전거에 모터를 붙여 개조한 조악한 삼륜차가 그의 유일한 생계 수단이다. 이 지방 도시에서는 크리스마스이브를 맞아 "가난한 사람을 당신의 식탁에 초대합시다"라는 행사가 펼쳐진다. 이 행사를 위해 마드리드에서 영화배우들이 도착하고, 유명 배우와 함께 저녁 식사를 하는 상품이 도시의 부자들이 모인 장소에서 경매에 부쳐진다. 그리고 이 식사 자리에 마을의

---

7) 이 장면에서 바르뎀은 마을에 대한 구체적인 정보를 넣고자 했으나 검열의 결정에 따라 "어떤 시기, 어떤 마을에서도 일어날 수 있는 사건"이라는 멘트를 넣어야 했다. 당시의 검열은 이 영화의 서사가 스페인 사회의 일면을 담은 사실주의적인 작품으로 해석되는 것을 경계했던 것이다.

가난한 사람들이 초대되고 이 상황은 도시의 라디오를 통해 생중계된다.

플라시도는 그날 자정까지 은행에 지불할 삼륜차의 할부금을 갚기 위해 급하게 돈을 구해야 하는 입장이다. 그의 가족은, 아내가 문을 지키며 사용 요금을 받는 공동 화장실 한쪽에 기거하고 있다. 아내는 물론, 동생이나 장인 모두 한 푼 없는 가난뱅이라 플라시도는 돈을 구하기 위해 이리저리 뛰어다닌다. 이런 와중에서 부자들의 저녁 식사에 초대되었던 한 노인이 심근경색으로 쓰러지고 이 노인을 병원에 옮겨주는 일을 한 덕분에 플라시도는 주최 측으로부터 돈을 받고 할부금을 해결하게 된다.

「플라시도」는 베를랑가 특유의 재담과 코믹 코드로 관객들의 웃음을 이끌어내지만 웃음 이면에는 영세민들의 고생스러운 삶에 대한 충실한 묘사가 자리 잡고 있다. 당장 주인공 플라시도는 갓난아기를 돌봐야 하는 아내와 함께 목소리조차 내기 힘겨운 장인, 지능이 낮은 동생과 함께 살며 그들을 책임져야 하는 절박한 상황이다. 부자들의 저녁 식사에 초대받는 마을의 영세민들은 플라시도 못지않게 비참한 삶을 살고 있다. 이렇듯 그의 영화에는 네오리얼리즘의 규범에 입각한 정치성이 저변에 깔려 있다고 볼 수 있다.

프랑코 시대의 정치적 상황과 이데올로기적 전복성

베를랑가와 바르뎀 영화의 민중성은 그람시나 바흐친의 민중성 개념과 공명한다. 그람시의 국민-민중적national-popular 개념이나 바흐

친이 말한 카니발의 민중이란 유사한 정치적 함의를 지닌다. 물론 스페인 예술 전통 속에서 고야 이래로 민중성에 대한 재현은 국가성과 떼놓을 수 없는 관계에 있는 것이 사실이다. 그러나 가령 20세기 초의 극작가 아르니체스의 극에서 마드리드 서민 지역의 민중들이 소시민에 불과한 반면, 베를랑가와 바르뎀 영화의 민중들은 더 직접적인 국가성을 함축한다. 이것은 무엇보다도 그들이 작품 활동을 시작했던 시기가 프랑코 체제의 탄압이 가장 혹독하던 시절이라는 점에서 기인한다.

이렇게 정치적 목적성을 지닌 베를랑가와 바르뎀의 영화가 1950년대 스페인 예술계에서 나올 수 있었던 것은 프랑코 정부가 혹독한 억압 정책을 수정하여 1950년대에는 다소 유연한 태도를 취하며 예술 작품에 대해 완화된 검열을 적용했기 때문이다. 1951년 교육부 장관에 임명된 호아킨 루이스 히메네스Joaquin Ruiz-Giménez는 스페인 대학교에 어느 정도의 자유를 허용했고, 이로써 잠자고 있던 국가의 지적이고 문화적 삶에 신선한 공기가 유입되었다. 1955년 스페인의 UN 가입은 10년 동안 유럽에서 고립되어 있던 스페인을 세계 무대로 나오게 했다. 다른 국가와의 관계가 회복되면서 국내적으로도 프랑코 정권의 억압에 대항하는 움직임이 생겨나기 시작했다. 영화 학교의 몇몇 멤버 역시 '반문화'를 만드는 활동에 참여하기 시작했고 『목표Objetivo』라는 영화 잡지도 창간되어 자유로운 의견들이 개진되었다. 이 잡지는 1953년 발간되었고 1955년 정권에 의해 폐간되었다. 1955년 개최된 살라망카 영화인 회의Conversaciones sobre el cine nacional에서 안토니오 바르뎀은 스페인 영화가 "정치적으로 쓸모없고, 사회적으로 거짓되고, 지적으로 황폐됐고, 미학적으로 텅 비었고, 산업적으로 말라비틀어졌다"라고 일갈했다.[8] 스페인 영화의 각성을 촉구한 바르뎀의 유명한 발언은 의식 있는 젊은 감독들에게 공감을 불러일으켰다.

스페인 영화사의 맥락에서 볼 때 베를랑가와 바르뎀의 가장 큰 공헌은 내전 이후 프랑코 정권의 홍보 수단이자 대중의 오락물에 불과했던 스페인 영화에 사회적·정치적 비판의 함의를 불어넣은 데 있다. 「환영합니다, 마셜 씨!¡Bienvenido Mister Marshall!」는 당시 스페인에서 엄청난 인기를 끌었고 51일이나 상영되었다.[9] 「환영합니다, 마셜 씨!」는 제2차 세계대전에서 독일, 이탈리아와 함께 추축국으로 몰려 외교적 고립이라는 제재를 받은 스페인이 강대국 미국에 기대어 경제난을 타개해보려는 허황된 희망을 갖는 것에 대한 통렬한 풍자이다. 물론 이 영화에는 프랑코 정권이 미국에 해군과 공군기지를 양도하는 등 주권의 일부를 넘겨준 것에 대한 직접적 비판은 없다. 1950년대 초반 프랑코 정권의 서슬 퍼런 감시 속에서 노골적인 비판을 담을 수는 없었을 것이다. 그럼에도 이 영화는 놀라울 정도로 대담하게 당시 스페인 사회의 굴욕적인 미국 의존증을 비판하는 동시에 과거 스페인 제국의 신화를 그리워하는 수구적인 태도에 대해서도 부정적인 시선을 보내고 있다.

중세 시대를 연상시키는 낙후된 풍경의 비야르델리오 마을은 국제적 고립 속에서 경제난에 허덕이던 프랑코 치하 스페인이자 형편없이 쪼그라든 제국주의 스페인을 의미한다. 3시 10분에서 멈춰버린 광장

8) Román Gubern, et al., *Historia del cine español*, Madrid: Cátedra, 1995, p. 283.
9) 그럼에도 이 기록은 라디슬라오 바흐다Ladislao Vajda 감독의 「마르셀리노와 빵과 포도주 Marcelino, pan y vino」(145일), 후안 데 오르두냐Juan de Orduña의 「마지막 쿠플레El último cuplé」(325일)에는 한참 못 미치는 것이었다.

「환영합니다, 마셜 씨!」에서 안달루시아 풍의 의상을 입고
미국 사절단 환영 연습을 하는 마을 사람들.

의 시계는 진행되지 못하는 근대화를 상징적으로 보여주며, 학교에 걸려 있는 스페인 제국 시대의 유럽 지도는 과거 속에 잠들어 있는 이 마을의 상황을 나타낸다. 일상의 잠 속에 빠져 있던 이 마을에 안달루시아 출신 플라멩코 가수 카르멘 바르가스(롤리타 세비야)가 매니저 돈 마놀로를 앞세우고 차에서 내린다. 그녀는 시장인 돈 파블로의 바에서 노래하러 온 것이다. 그러나 이보다 더 큰 뉴스가 마을에 도착하는데, 유럽원조계획에 따라 미국의 원조 사절단이 마을에 올 것이라는 소식이 전해진다.

마을의 대표자들은 시장의 집무실에 모여 어떻게 미국 사절단을 환영할 것인지 고민에 빠진다. 카르멘의 매니저 마놀로는, 스페인의 민속적인 것을 미국인들이 좋아할 것이기 때문에 비야르델리오 마을을 안달루시아 풍으로 바꾸자고 제안한다. 제국 시대의 향수에 젖어 있는 국수주의자 돈 루이스는 인디오인 미국인에게 굽실거리는 것은 치욕이라며 반대하지만 다른 사람들은 모두 찬성한다. 결국 마놀로의 지휘에 따라 카스티야 마을을 안달루시아 풍으로 바꾸는 공사가 시작되고 마을 주민들 역시 안달루시아 전통 복장으로 분장한다.

이튿날 모든 준비가 끝났을 때 사절단이 도착한다는 소식이 전해진다. 이윽고 사절단의 검은 승용차 행렬이 나타나자 안달루시아 민속 복장을 차려입은 마을 사람들은 성조기를 흔들고 미리 연습한 '아메리카노'를 열창하며 환호한다. 그러나 어찌된 일인지 사절단의 긴 차량 행렬은 비야르델리오 마을에 서지 않고 열렬히 환영하는 마을 사람들을 뒤로한 채 시커먼 흙먼지만 남기고 마을을 지나쳐 간다. 미국인들이 그냥 지나가버리자 마을 사람들은 허탈한 심정으로 흙먼지만 바라볼 뿐이다.

이제 사람들은 미국 사절단을 맞고자 마을을 꾸미는 데 들인 비용을 마련해야 한다. 잘못은 위정자에게 있었지만 마을 사람들은 아무 말 없이 집에서 오래된 귀금속이나 닭, 돼지, 감자 등을 가지고 온다. 돈 루이스는 제국 시대에 쓰던 검을 가지고 온다. 그리고 마을 사람들은 벌어졌던 일을 잊은 채 일상으로 돌아간다. 다시 해가 뜨고 연기가 나고 사람들은 일을 시작한다. 축제에 썼던 미국 국기는 개울물에 떠내려간다.

다음 작품인 「사형집행인」은 당시의 삶에 대한 해학과 풍자로 보이지만 이 영화는 내전과 프랑코 체제에 대한 은근한 비판이 곳곳에 도사리고 있다. 우선 이 영화의 기본 모티프를 이루는 사형제도는 프랑코 체제하에서 수없이 자행되었던 것이다. 프랑코는 내전 직후 공화파의 관료와 병사 5만 명을 처형했고, 이후에도 정권에 대항하는 정치범들을 지속적으로 사형에 처했다. 따라서 1950~1960년대 스페인 대중의 삶에 대한 풍속주의적 재현과 함께 사형제도를 둘러싼 한 가족의 해프닝을 그리고 있는 「사형집행인」은 프랑코 치하 파시스트 스페인에 대한 심각한 도발이라고 할 수 있다.

이러한 직접적인 정치적 비판 외에도 이 영화는 당시 스페인 사람들의 삶을 지배하고 있던 다양한 부조리와 부패에 대해 꼬집고 있다. 예를 들어 사형집행인으로 40년을 일한 아마데오가 자신의 직업을 사위인 호세 루이스에게 물려주려고 하자 관청에서는 높은 사람의 추천서를 요구한다. 이것은 스페인 사회에 만연해 있던, 아는 사람이 있어야 기회를 잡을 수 있는 '연줄enchufe' 관습에 대한 풍자이다.

한편, 바르뎀의 「자전거 탄 사람의 죽음」은 전후 스페인 영화 최초로 내전을 언급하며 비판성을 드러내고 있다. 이 작품의 주인공인 후안은 내전 당시 '임시 소위teniente provisional'로서 프랑코파를 위해 싸운 전쟁 영웅이다. 그러나 전쟁의 결과로 그에게 돌아온 것은 빛나는 상훈이 아니라 애인의 변심이었다. 그는 스스로 "전쟁이 끝나자 껍데기만 남았다"고 말하며 내전에 대한 환멸감을 토로한다. 매형 덕분에 대학의 강사 자리를 구한 그는 부자와 결혼한 옛 애인 마리아 호세와 밀회를 갖고 있다. 어느 날, 내전 당시 그가 전투를 벌였던 프랑스 국경의 들판에 애인이 운전하는 차를 타고 드라이브를 갔다가 자전거 탄 사람을 차로 치게 된다.

내전에서 전투가 벌어졌던 곳에서 자전거 탄 하층민을 차로 치는 것은 상당한 정치적 함의를 지닌다. 프랑코 치하에서 상류층에 편입한 마리아 호세의 차에 치어 가난한 사람이 부당하게 죽임을 당하는 것은 내전에서 프랑코파에 의해 공화파가 희생된 것을 상기시키기 때문이다. 실제로 마리아 호세는 부상당한 피해자를 방치함으로써 그를 죽게 만드는 냉혹함을 드러낸다. 하지만 주인공 후안은 양심의 가책을 받다가 결국 자수하기로 마음먹는데, 이는 전쟁의 희생자에 대해 프랑코파가 응당 가져야 할 책임을 말한다.

바르뎀은 이 영화의 첫 신과 마지막 신을 부정한 상류층 부인이 운전하는 차와 영세민의 자전거가 교차해서 각각 사고를 유발하는 것으로 배치한다. 그러나 두 신에서 상류층과 영세민의 행동은 완벽하게 대비된다. 첫 신에서 자전거를 타고 가던 영세민 부상자를 그대로 방치하여 죽음에 이르게 한 상류층의 커플과 달리, 마지막 신의 자전거 타던 사람은 사건 현장을 살펴보고는 주위에 불 켜진 집을 발견하자 거기에서 사람을 데려오려는 듯 열심히 자전거 페달을 밟는다. 첫 신에서 자전거를 타고 가다 죽임을 당한 사람의 얼굴이 나오지 않았기 때문에 같은 길을 가다 마리아 호세의 차를 만난 마지막 신의 자전거 탄 사람이 첫 신의 피해자와 동일한 인물이라는 인상을 준다. 그렇다면 자전거를 타고 가던 하층 계급의 사람은 파렴치한 상류층의 피해자임에도 그들을 구해주려는 자비를 베푸는 것이다.

한편 「중앙로」에서 바르뎀은 스페인의 보수적인 가족주의를 혹독하게 비판한다. 극작가 아르니체스의 「트레벨레스 아가씨La señorita de Trevélez」를 영화화한 이 작품의 주인공인 이사벨은 서른다섯 살의 노처녀인데 시골 마을의 중심가에 살고 있다. 마을 사람 모두가 속속들이 잘 알고 지내는 이 마을에서 이사벨은 그 나이에 시집을 가지 않았다는 이유로 사람들의 입에 오르내리며 놀림의 대상이 된다. 물론 그녀의 어머니도 언제나 딸이 남자를 사귀려나 하는 조바심으로 딸을 채근하여 딸에게 큰 스트레스를 준다. 그래서 이사벨 자신도 결혼을 하지 못한 스스로를 인생의 실패자로 여기게 된다. 이렇게 마을의 보수적인 가족 중심주의와 타인에 대한 지나친 관심은 개인을 억압하는 기제로 작용한다.

1950년대 스페인 시골의 삶이 개인에게 미치는 부작용은 남자 건달들을 통해서도 보이는데, 후안을 포함한 한 무리의 친구들은 동네 사람들을 놀려먹고 중심가의 홍등가에 가서 밤새도록 술을 마시며 방탕한 삶을 산다. 어느 날 이들은 노처녀 이사벨을 놀려먹기로 작정하고 후안을 시켜 그녀를 유혹하도록 한다. 후안 역시 이 놀이에 동의하고는 이사벨에게 접근하는데, 노처녀로 놀림받던 이사벨은 후안의 접근에 너무나 쉽게 넘어간다. 그러고는 결혼을 하고 가정을 꾸리고 아이를 기르는 달콤한 꿈에 빠져든다. 장난으로 이사벨을 유혹했던 후안은 이사벨이 너무 적극적으로 달려들며 행복한 환상에 빠지자 덜컥 겁을 내기 시작한다. 하지만 차마 그녀에게 진실을 말하지 못하고 자신이 만들어낸 거짓 상황에 끌려가는 꼴이 된다. 후안은 고민 끝에 마드리드에 사는 친구인 페데리코를 불러 상황을 설명하고 조언을 구한다.

페데리코는, 이사벨에게 진실을 얘기해 그녀를 꿈에서 깨게 하는 수밖에는 없다고 조언하지만 후안은 그럴 만한 용기가 없다. 그래서 비겁하게 마을에서 도망치는 방법을 택한다. 결국, 후안을 대신하여 페데리코가 이사벨에게 진실을 이야기하자 이사벨은 자살이라도 할 듯 큰 충격에 빠진다. 페데리코는 낙심한 이사벨에게 마을을 떠나서 마드리드로 가자고 설득한다. 서로를 속속들이 다 아는 이 마을에서 이사벨이 건달들로부터 능멸을 당했다는 소문은 마을 전체에 금세 퍼질 것이고 그러면 이사벨이 견디기 어려울 것이기 때문이다. 페데리코는 기차역에서 이사벨을 기다리고 있다. 꿈이 무너져버린 데다 수치심과 모멸감에 빠져 있던 이사벨은 어찌할 바를 모르다 역으로 간다. 그러나 마지막 순간 이사벨은 페데리코와 함께 떠나는 것을 단념하고 마을로 돌아오는데, 쏟아지는 비를 맞으며 망연자실한 채 중심가를 걸어가는 것으로 영화는 끝을 맺는다.

98세대[10]를 비롯한 20세기 초의 스페인 지성들이 시골 마을을 목가적인 서정이 깃든 스페인적 정체성의 공간으로 미화했지만 바르뎀 감독은 보수적 전통주의가 지배하고 있는 시골 마을을 오히려 문제적인 공간으로 바라보고 있다. 이 마을의 중심에는 마을의 규모와 어울리지 않는 거대한 성당이 위치해 있다. 한 장면에서 카메라는 성당의 앞

---

10) 1898년 미국-스페인 전쟁에서 스페인이 패배하면서 자신들의 무기력함을 인식하고 스페인의 민족정신을 새롭게 고찰하려는 지식인과 예술인들이 등장하는데 이들을 98세대라고 부른다.

면을 로 앵글로 훑으면서 성당의 위압적인 모습을 강조하는데, 이때 장엄한 종소리가 들린다. 성당은 여러 장면에서 배경으로 등장하고 성당 의식 또한 자세하게 비춰진다. 마을의 건달들은 술에 취해 거리를 떠들썩하게 걷다가도 성당 앞에 이르러선 경배를 표한다. 이사벨역시 독실한 신자로서 베일을 쓴 채 성경책을 들고 성당에 다니는 것이 가장 중요한 일과이다.

바르뎀이 말하고자 하는 바는 가톨릭이 주입한 이데올로기가 스페인 시골 사람들의 삶을 왜곡시키는 데 결정적인 역할을 했다는 것이다. 가톨릭에서 강조하는 가족과 가부장주의가 아니었다면 이사벨이 결혼을 하지 못했다고 해서 그렇게 자신을 불행한 사람으로 여기지 않았을 테고 또한 아무하고나 쉽게 사랑에 빠져서 결혼의 꿈에 함몰되지 않았을 것이다.

마지막 장면에서 이사벨은 마드리드로 떠나자는 페데리코의 제안을 거절함으로써 그녀의 운명은 전혀 바뀌지 않을 것으로 보인다. 이제까지 그래왔던 것처럼 그저 집과 성당을 오가며 독실한 신도로서 불행한 노처녀의 삶을 살 것이다. 오히려 떠나는 것은 후안이다. 이사벨에게 차마 사실을 털어놓을 수 없었던 후안은 마을에서 도망친다. 그럼으로써 후안은 보수주의 전통이 지배하는 이 마을을 떠나 건달생활을 청산하고 새로운 삶을 살 수 있을 것으로 보인다.

스페인성과 블랙 유머

스페인성Spanishness이 검은색이 된 것은 이른바 검은 전설leyenda

negra과 관련이 있다. 15세기 반종교개혁의 맥락에서 세워진 종교재판소inquisición는 기독교인, 이슬람교도, 그리고 유대인이 평화롭게 공존하던 공존의 삶convivencia을 부숴버렸고, 기독교 이외의 종교를 믿는 무리들을 모두 이교도로 규정하여 이베리아 반도 바깥으로 내쫓았으며, 반도에 남은 사람들에겐 기독교로의 개종을 강요했다. 물론 개종하지 않거나 거짓으로 개종한 사람들에겐 종교재판소의 고문과 화형대가 기다리고 있었다. 그 이후 스페인에는 민중의 삶을 억압하는 광신이 지배하게 되었고 이것이 '검은 전설'이 된 것이다.

'검은 전설'은 많은 예술 작품에서 민중의 삶을 표현하는 지배적인 미학이 되었다. 문학적으로 보면 사회의 최하층에서 비참한 삶을 헤쳐가는 악동의 파란만장한 모험담을 담은 17세기 '피카레스크 소설'이 대표적인 장르가 되겠지만 '검은 전설'을 가장 신랄하고 생생하게 표현한 예술가는 화가 고야이다. 잘 알다시피 초기의 궁정화가 시절을 벗어난 이후 고야는 광기에 사로잡힌 당시의 스페인 사회를 그로테스크하고 신랄하게 표현하고 있다. 에칭 시리즈나 유화로 그린 「검은 그림pintura negra」이 대표적이다. 이러한 미학의 전통은 이후 20세기 극작가 바예 인클란, 화가 구티에레스 솔라나, 영화감독 루이스 부뉴엘, 소설가 카밀로 호세 셀라Camilo José Cela 등에 의해 창조적으로 계승·발전된다.

'검은 전설'을 예술적으로 재현하는 데 특이한 점은 어둡고 신랄한 현실 인식 속에서도 유머가 번득이고 있다는 점이다. 고야의 판화나 그림은 음산하고 그로테스크하기 그지없으나 그 속에 풍자적인 유머가 둥지를 틀고 있다. 바예 인클란의 희곡 역시 염세적이고 비관적인 비전이 지배하는 가운데 신랄한 냉소를 담고 있다.

베를랑가는 이러한 스페인 예술의 블랙 유머 전통을 영화적으로 재현하고 있다. '검은 전설'을 표현한 다른 예술 작품과 마찬가지로 그의 작품 역시 민중적인 삶에 천착하고 있다.[11] 시골 마을의 농민, 도시의 영세민과 서민의 궁핍한 삶을 카메라에 담는다는 점에서 그의 영화는 이탈리아 네오리얼리즘 영화와 비견될 수 있다. 그러나 네오리얼리즘 영화가 현실 재현에서 진지하고 심각한 톤을 견지하고 있음에 반해 베를랑가의 영화는 웃음과 유머로써 현실을 보여준다. 이것은 앞에서 본 바와 같이 '검은 전설'을 재현한 스페인 예술의 일반적인 특징이기도 하지만 베를랑가의 영화는 그 어떤 작품들보다도 더 유머에 치중한다. 결국 베를랑가는 스페인적인 미학을 블랙 유머로 승화시킨 작가라고 할 수 있다.

스페인성을 블랙 유머로 패러디한 것은 베를랑가와 바르뎀이 공동으로 시나리오를 쓰고 베를랑가가 연출한 「환영합니다, 마셜 씨!」에서 두드러진다. 이 영화에서 미국 사절단에게 잘 보이기 위해 안달루시아와 동떨어진 카스티야 마을을 안달루시아 풍으로 바꾸는 것은 전형적인 에스파뇰라다españolada ─ 19세기 낭만주의 작가들과 화가들의 작업에서 명성을 얻고 그후 다양한 예술 장르를 통해 전 세계에 알려진 안달루시아 풍속 ─ 로서 외국인들에게 어필하기 위해 스페인의 민속성을 왜곡하는 행위를 과장되게 표현한 것이다. 미국인에게

---

11) 스페인 철학자 오르테가 이 가세트는 예술가들이 민중의 삶에 관심을 갖는 것이 18세기 이래의 스페인 예술의 전통이라고 말한다. "18세기 동안 다른 어떤 나라에서도 나타나지 않았던 주목할 만한 현상이 스페인에 나타났다. 그것은 민중적인 것에 대한 열광이 상류 계급을 사로잡았다는 것인데 회화뿐만 아니라 다른 모든 형태의 일상생활에서 나타났다"(Ortega y Gasset, *Papeles sobre Velázquez y Goya*, p. 294).

「환영합니다, 마셜 씨!」에서
마을을 안달루시아 풍으로 바꿀 것을 지시하는 돈 마놀로.

의존하여 근대화를 이루려는 스페인 사람들의 애처로운 열망이 오히려 스페인의 전근대적 이미지를 소환하는 방식으로 시도되었다는 것은 아이러니하다. 카탈루냐 출신 작가 테렌시 모이시는 「무대화된 안달루시아니즘의 독재성」이라는 글에서 안달루시아 풍속이 스페인을 대표하게 된 것에 대해 다음과 같이 비판한다.

언젠가부터 집시의 모든 것은 안달루시아의 모든 것과 동일시되었고, 안달루시아의 모든 것은 스페인의 모든 것과 동일시되기에 이르렀다. 이 모든 것이 "스페인화하다"라는 동사를 만들었는데, 스페인의 평판과 명성을 전 세계 특히 라틴아메리카로 퍼뜨리기 위한 것이었다.[12]

베를랑가의 거의 모든 작품이 스페인성을 블랙 유머를 통해 패러디하고 있는데, 이러한 블랙 유머의 미학이 가장 잘 드러난 작품은 「사형집행인」이라고 할 수 있다. 이 작품에서 40년 동안 사형집행인으로 일해온 아마데오는 딸과 함께 영세민 구역에서 살고 있다. 스페인 아저씨들이 많이 쓰는 꼭지 모자를 덮어쓴, 어눌한 말투의 그는 평범한 스페인 노인의 모습이다. 그를 처음 본 장의사들 역시 "밖에서 보면 전혀 사형집행인인지 모를 것 같다"고 농담한다. 아마데오는 사형집행 기구가 든 가방을 차에 두고 내렸고 이 가방을 전해주기 위해 장의사 호세 루이스가 찾아온다. 아마데오의 딸 카르멘의 육감적인 몸매에 반한 호세 루이스는 아마데오 가족과 함께 소풍을 가며 카르멘의

---

12) Terenci Moix, *Suspiros de España: La copla y el cine de nuestro recuerdo*, Barcelona : Plaza y Janes, 1993, p. 19.

환심을 산다. 서로 좋아하게 된 두 사람은 어느 날 아마데오의 집에서 사랑을 나누는데 갑작스럽게 아마데오가 들어오자 놀라서 숨는다. 하지만 어느 순간 카르멘은 숨어 있던 호세 루이스를 아버지에게 불러내고 놀란 아버지에게 그와 결혼하겠다고 말한다.

어느 날 호세 루이스의 일터에 찾아간 카르멘은 자신이 임신했음을 알린다. 처음엔 "할아버지의 살인자 본능을 타고날 아이는 태어나지 않는 것이 좋다"고 하며 임신을 달가워하지 않던 호세 루이스는 카르멘이 슬퍼하자 그 시절의 여느 남자들처럼 이내 그녀를 달랜다. 그래서 결국 호세 루이스는 코가 꿰어 카르멘과 결혼하게 된다. 한편 스페인 정부는 아마데오에게 임대아파트 입주를 통지했고, 가족은 기쁨에 겨워 신축 현장을 방문하기까지 한다. 그러나 문제는 현직에 있는 공무원만 아파트에 입주할 수 있기 때문에 곧 은퇴할 아마데오의 가족은 아파트를 사용할 수 없다는 것이다. 이에 아마데오는 사위 호세 루이스에게 사형집행인 직업을 물려주려고 한다. 호세 루이스는 사형집행인이 되기 싫어서 한사코 손사래를 치지만 아파트를 빼앗기기 싫은 장인과 아내는 가족을 생각하라며 막무가내로 들이민다. 특히 장인 아마데오는 모든 서류를 준비하고 삼류 작가에게 추천서까지 받는 수완을 발휘하여 기어이 사위를 사형집행인으로 만든다.

새 아파트에 입주했지만 사형집행의 명령이 떨어질까 두려운 호세 루이스는 매일 신문을 보며 사형이 될 만한 범죄가 일어나지 않기를 바란다. 하지만 어느 날 사형집행을 위해 마요르카로 가라는 통지서가 전달된다. 장인과 아내는 새파랗게 겁에 질린 사위는 아랑곳하지 않고 유명한 휴양지 마요르카로 간다며 들떠 있다. 결국 그들은 휴양객처럼 차려입고서 마요르카로 향한다. 외국인 관광객으로 넘쳐나는 마요르카에 간 그들은 사형수의 건강 악화로 사형이 연기되자 여느 관광객과 다름없이 관광을 즐긴다. 하지만 호세 루이스와 카르멘 부부가 유명한 동굴 호수에서 관광객들과 함께 공연을 감상하고 있을 때 갑자기 군경대원 두 명이 보트를 타고 나타나 호세 루이스를 찾는다.

군경대에 의해 감옥으로 끌려간 호세 루이스는 사형집행인을 그만두겠다며 소란을 피운다. 그러나 관리들에게 설득당하고 결국 간수들에 의해 끌려가듯 사형을 집행하게 된다. 마치 사형수처럼 간수들의 손에 의해 처형장으로 질질 끌려가며 구토까지 하는 가련한 사형집행인 호세 루이스의 모습은 오히려 의연하게 걸어가는 사형수의 모습과 대비되어 쓴웃음을 자아낸다. 스페인 영화사의 명장면 중의 하나인 이 신은 상황의 심각함과 이미지의 코믹함이 충돌하는 블랙 유머의 정수를 보여준다.

베를랑가는 스페인 예술 전통의 블랙 유머를 지속적으로 밀고 나간다. 그리고 프랑코의 사망 후에 이르러 후기 프랑코 시대와 전환기의 정치적 상황을 희화화하여 비판하는 '민중 3부작'을 내놓는다. 「민중의 엽총」(1978), 「민중적 유산」(1981), 「민중 3부」(1982)가 그것인데, 이 작품들에서 프랑코와 프랑코를 떠올리게 하는 인물들은 위선과 부패로 인해 신랄하게 비판을 받는다. 정치적 메시지를 특유의 해학과 풍자로 표현한 이 작품들은 평론가들에게 매우 긍정적인 평가를 받았으나 대중으로부터는 큰 호응을 이끌어내지 못했다. 이제는 시대가 바뀐 만큼 대중이 정치물들을 식상해했기 때문이다.

그러나 1985년 베를랑가는 내전을 희화화한 「송아지」를 발표하며 그때까지의 스페인 영화의 흥행 기록을 경신한다. 이 영화는 내전의 최대 격전지를 배경으로 하면서도 전쟁을 치열한 전투로 재현한 것이 아니라 희화화함으로써 "영화 역사상 전쟁의 쓸모없음을 가장 잘 말해주는 영화"라는 평을 들었다.[13] 영화는 내전 당시 가장 치열한 전투가 벌어졌던 아라곤 전선을 배경으로 하고 있는데, 국민파가 확성기를 통해 자신들이 점령한 마을의 수호성인의 축제에 공화파 병사들을 초청하는 것으로 시작한다. 상대적으로 굶주리고 있는 공화파를 자극하기 위해 확성기의 목소리는 축제의 식사 메뉴를 일일이 열거하고 축제의 하이라이트로 투우가 있을 것이라고 선전한다. 이것을 들은 공화국 진영에서는, 적의 축제를 망쳐놓고 아군의 사기를 높이기 위해 적의 진지에 침투하여 투우용 송아지를 죽여서 고기를 가져오기로 작전을 세운다. 반란파로 위장하여 적진에 침투한 공화국 병사 몇 명이 벌이는 우스꽝스런 해프닝이 이 영화의 서사를 이룬다. 영화는 지속적으로 양측이 전혀 싸울 필요가 없는 사람들이었음을 말한다. 적진에 침투한 공화파 대원들은 개울에서 옷을 벗고 목욕을 하는데, 이때 지나가던 반란파 병사들이 합류하여 다 같이 옷을 벗고 목욕을 하며 잡담을 한다. 반란파 병사들이 먼저 가버리자 공화파 상사는 "옷을 다 벗으니 적도 없고 아무것도 없네 — 게다가 우릴 아침 식사에 초대까지 하잖아"라고 말한다. 결국 군복만 벗으면 똑같은 스페인 국민일 뿐이라는 사실이 말해지는 것이다. 또한 이들이 국민파가 점령한 마을에 있는 유곽에 간 장면에서 공화파의 한 대원은 성적 욕망에 대해 "공산주의든, 파시즘이든 무슨 상관이야. 여자가 급할 땐 모두 한마음인 걸"이라고 말한다.

---

13) Thomas G. Deveny, *Cain on screen: Contemporary Spanish Cinema*, London: The Scarecrow Press, 1999, p. 46.

결국 「송아지」는 내전을 서로 반목하는 상대끼리의 참혹한 전쟁이 아닌, 같은 국민 사이의 아무 이유 없는 대결로 재현함으로써 내전을 한순간의 해프닝 정도로 사소화하고 있다. 마지막 순간, 적진을 헤집고 돌아다니며 온갖 해프닝을 벌이다 돌아온 대원들 앞에서 공화파 사령관은 "이건 전쟁이 아니라 축제야"라고 푸념한다. 사령관이 축제라고 말한 것과 마찬가지로, 우에르타 칼보 교수는 이 영화가 송아지와 같은 민중적인 소재의 카니발화를 통해 내전에 관한 프랑코 시대의 공식적인 담론을 전복하고 있다고 말한다.[14] 300만 명을 동원한 이 영화의 기록적인 성공에는 베를랑가 감독 특유의 유머가 결정적으로 작용한 것이 틀림없다. 또한 심각하고 비극적인 것으로만 연상되던 내전을 오히려 진지하지 않은 한바탕의 해프닝으로 그려냄으로써 내전의 상처와 맞닥뜨리길 꺼리던 당시 대중의 무의식에 영합할 수 있었던 것도 하나의 요인으로 지목할 수 있을 것이다.

이렇듯 베를랑가는 2010년 사망할 때까지 자신의 스타일을 지켜가며 지속적으로 영화를 만들었다. 그의 스타일이란 다름 아닌, 사회적 비판의식을 스페인 예술 전통인 블랙 유머 속에 녹여내는 것이었는데, 어떤 동시대 영화감독들보다 자신의 스타일에 고집스러웠다. 그 덕분에 베를랑가는 스페인 영화사에서 스페인적 전통을 해학과 풍자로써 충실히 계승하여 발전시킨 거장으로 추앙받고 있다.

---

14) Javier Huerta Calvo, *Formas carnavalescas en el arte y la literatura*, Barcelona : Serbal, 1989, p. 31.

제2부
정치적 억압과 저항의
정체성화

Carlos Saura
Los golfos
Llanto por un bandido
La caza
Peppermint Frappé
El jardín de las delicias
Ana y los lobos
La prima Angélica
Cría cuervos
Elisa, vida mía
Mamá cumple cien años

Víctor Erice
El espíritu de la colmena
El sur

3장
독재에 대한 항거와 스페인성에의 고민
─ 카를로스 사우라 (1)

어린아이에게 전쟁을 목격한 것은 너무나 큰 사건이었다.
─ 카를로스 사우라

프랑코 시대 '작가' 모델로서의 사우라

카를로스 사우라Carlos Saura는 진정으로 스페인적인 감독이다. 이
말은 사우라의 영화가 정형화된 스페인성을 담아내고 있다는 것이 아
니라 그의 영화 작업이 당대의 국가적 현실과 밀접한 관련을 맺고 있
다는 점에서 기인한다. 게다가 이러한 평가에는 사우라의 동향 선배
이자 세계적인 거장 감독 부뉴엘과의 비교가 은연중에 포함된다. 즉
사우라와 부뉴엘은 반골 기질의 지성인이었던 데다 초현실주의에 대
한 매혹이라는 점에서 유사한 출발선상에 있지만 부뉴엘이 망명을 떠
나 결과적으로 초국적인 삶을 산 반면, 사우라는 스페인에 남아 독재
시대를 살며 이에 항거했고, 민주화 시대에는 다른 방식의 투쟁을 실
천했다는 점에서 부뉴엘에 비해 상대적으로 스페인적인 감독으로 규
정될 수 있다.

알다시피 스페인에서는 19세기 말부터 이른바 '두 개의 스페인'으로 불리는, 보수파와 자유파 간의 갈등이 존재해왔고, 이 갈등은 1936~1939년 사이의 내전으로 이어져 그 결과로 1975년까지 프랑코의 독재가 펼쳐졌다. 따라서 20세기 말에 이르기까지 스페인의 문화는, 반독재 투쟁과 실존적 자유를 향한 갈망이라는 구시대적인 패러다임 속에 놓여 있을 수밖에 없었다. 사우라의 작업은 바로 이러한 맥락 속에 깊숙이 자리 잡고서 시대를 반영하고 있었기 때문에 스페인 영화의 대표적인 작가감독으로 자리매김하게 되었다.

사우라는 1932년 부뉴엘의 고향이기도 한 아라곤Aragón 지방의 우에스카Huesca에서 태어났다. 그는 출신 배경부터 반反프랑코적일 수밖에 없는 환경에서 자랐다. 아버지가 공화국 정부에서 공무원으로 일하고 있었기 때문이다. 그의 어머니는 피아노 연주자였고 아이들에게 어려서부터 예술가적인 정서를 심어주었다. 사우라가 다섯 살 되던 해에 스페인 내전이 일어났는데, 아버지를 따라 마드리드로 이주했던 그는 내전 동안 수많은 폭력의 장면을 목격하게 되었다. 이것은 어린아이에게는 커다란 충격이었고 훗날 자신의 영화 세계에도 큰 영향을 미쳤다고 말했다.

나는 어린 시절을 잘 기억하고 있다. 어떤 면에서 전쟁은 내가 알고 있는 것보다 더 큰 영향을 주었다. 굶주림, 폭격, 정전, 죽음 등을 목격하는 것은 어린아이에겐 너무나 특별한 사건이라 이 기억들은 아주 생생하게 살아 있다.[1]

---

1) Marvin D'Lugo, *The Films of Carlos Saura: The Practice of Seeing*, Princeton: Princeton

전쟁이 끝나갈 무렵 사우라의 부모님은, 아이들을 위험한 마드리드로부터 데려와 외조부와 이모가 사는 고향 우에스카의 집으로 보낸다. 사우라는 훗날 이 친척들을 가리켜 "우파적이고 매우 종교적인 분들"이었다고 회고하고 있는데 그들은 어린 카를로스에게, 그가 공화파 지역에서 받았던 교육과 정반대의 교육을 시켰다. 사촌들에게 둘러싸여 있었지만 사우라 자신은 그곳에서 아웃사이더로 느꼈고 이때 받은 상처를 훗날 「사촌 앙헬리카La prima Angélica」에 표현하게 된다. 이 영화는 내전이 일어나자 프랑코 지지파인 친척집에 맡겨진 어린 소년이 겪어야 했던 심적·육체적 고통을 담고 있는데, 이 소년은 다름 아닌 사우라 자신이었던 것이다.

내전이 끝나자 사우라의 가족은 마드리드에 다시 모였고, 그는 형 안토니오와 함께 프랑코 치하의 종교학교에서 중등교육을 받았다. 중·고등학교를 마친 사우라는 마드리드 대학교에 진학하여 공학을 전공하게 된다. 그러나 어릴 적부터 사진에 관심이 많았고 대학교 때엔 전문 사진작가로도 활동했던 그에게 공학은 적성에 맞지 않았다. 그래서 결국 화가인 형의 권유를 받아 1952년 진로를 바꿔 국립영화원Instituto de Investigaciones y Experiencias Cinematográficas, IIEC에 입학한다. 이것은 그의 인생은 물론 스페인 영화사를 바꿔놓는 결과를 가져왔다.

국립영화원은 국가 정책에 도움이 되는 영화인을 양성하기 위해 프랑코 정권이 1947년 설립한 기관이었다. 그러나 이 학교는 후안 안토

University Press, 1991, p. 14.

니오 바르뎀과 루이스 베를랑가의 활동과 더불어 오히려 국가 정책을 비판하는 영화인들의 아지트가 되었다. 그러나 영화학교의 커리큘럼은 국가의 감독 아래 엄격하게 통제되었기 때문에 학생들은 국가의 이데올로기에 맞지 않는 영화나 영화감독의 작품은 볼 수가 없었다. 러시아의 에이젠슈테인 감독이 만든 사회주의 성향의 작품들이나 망명 중이었던 부뉴엘의 작품은 금지되었다. 그 당시 이탈리아 문화원에서 개최한 '이탈리아 네오리얼리스트 영화 주간'은 영화학교 학생들에게 한 줄기 빛과 같은 것이었다. 사우라는 훗날 이탈리아 네오리얼리즘 계열의 영화를 처음 보았을 때를 다음과 같이 이야기한다.

> 그것은 환상적인 경험이었다. 우리는 안토니오니의 「어느 사랑의 연대기」, 펠리니와 라투아다의 「청춘군상」, 데 시카의 「자전거 도둑」 등을 보았다. 그때 우리는 우리 자신의 문제를 처음으로 알게 되었다. 바르뎀과 베를랑가 역시 마찬가지였다. 저개발된 스페인의 환경 속에서 영화를 만들어야 한다는 것이 그것이었다. 우리는 소박한 제작 규모로 리얼리즘에 뿌리를 내린 영화를 만들어야 했다.[2]

이렇게 해서 1950년대 중반부터 스페인의 지성적 영화는 이탈리아 네오리얼리즘의 깊은 영향을 받게 되었다. 한편 사우라에게 부뉴엘 영화와의 만남은 네오리얼리즘을 넘어선 또 다른 해결책을 제시해주었다. 사우라는 프랑스 몽펠리에에서 열린 스페인 영화에 관한 국제학회에 참석하여 여기에서 처음으로 부뉴엘의 「빵 없는 대지」 「하늘

---

2) Marvin D'Lugo, *The Films of Carlos Saura: The Practice of Seeing*, p. 15.

로 올라가기Subida al cielo」「그El」(1952)를 본다. 그는 이 작품들을 통해 스페인 사회의 문제점을 표현할 수 있는 영화적 상상력과 테크닉을 얻게 된다. 즉 검열을 피하면서도 스페인의 역사와 당대의 현실을 비판할 수 있는 방법에 대해 영감을 얻은 것이다. 그때 이후 동향 출신인 사우라와 부뉴엘은 적지 않은 나이 차이에도 불구하고 개인적으로 자주 만났고, 부뉴엘이 타계할 때까지 돈독한 관계를 유지했다. 사우라는 부뉴엘을 단순히 모방한 것이 아니라 자신만의 개성 있는 스타일을 창조했고, 이를 바탕으로 부뉴엘보다 더욱 직접적으로 당시의 현실에 비판적으로 다가갈 수 있었다.

사우라의 첫 장편영화인 「부랑아들Los golfos」(1959), 「한 도적을 위한 탄식Llanto por un bandido」(1963)은 실제의 로케이션 촬영을 하거나 도시의 하층민 계급의 삶을 카메라에 담는 등 이데올로기적인 면에서나 형식적인 면에서 네오리얼리즘적 스타일을 상당 부분 차용하고 있다. 또한 동시에, 부뉴엘식의 표현주의와 스페인 예술 특유의 그로테스크 미학을 활용하는 양상을 보여준다. 이를 통해 그는 작품 활동을 시작하던 무렵부터 상업영화와 결별한 문제적인 감독으로 떠오르기 시작한다.

영화학자 마르샤 킨더는 사우라의 「부랑아들」이 스페인 신新영화 nuevo cine español, 즉 새로운 국가적 영화운동이 시작되는 데 중요한 역할을 했으며, 두 가지 맥락에서 스페인적 특정성을 재현하고 있다고 말한다. 첫번째로는, 이 작품을 누비는 주인공들인 마드리드의 부랑아들 외에는 아버지 세대가 전혀 등장하지 않음으로써 파시스트 이데올로기에 의해 이상화된 가부장적 가족과 완전한 단절을 보여준다는 것이다. 이러한 측면은 어느 정도 당대의 현실을 반영한 것인데,

「부랑아들」에서 돈을 벌기 위해 범죄를 공모하는 부랑아들.

1930년대의 내전으로 인해 많은 가정이 아버지 없이 남겨졌기 때문이다. 두번째로는 계급과 경제적 조건에 대한 기표로서, 미국 영화에서 복싱이 자주 등장하는 것과 유사하게 이 영화에서 투우가 등장하는 것을 지적하고 있다. 각각의 문화에서 복싱과 투우는 폭력과 마초이즘을 의식화하고 사회적 신분 상승과 개인적 독립에 대한 환상을 나타낸다.[3] 이렇듯 「부랑아들」은 당시 스페인 대도시에서 주변화된 삶을 살아가는 젊은 층의 사회적 심리를 거침없이 드러내고 있다.

이 영화의 플롯은 단선적이다. 마드리드의 서민 지역 — 레가스피 Legazpi — 에서 사소한 절도로 살아가는 부랑아 일당은, 친구 후안이 투우에 관심을 보이며 투우 연습을 하자 실제 투우 경기를 열어 돈을 벌기로 모의한다. 그러나 프로모터가 투우 경기 개최를 위해 많은 돈을 요구하자 이들은 개최비를 마련하기 위해 강도 행각을 벌인다. 이 과정에서 택시 강도를 하던 파코Paco가 시민들에게 쫓겨 죽임을 당한다. 드디어 투우 경기가 열리고 후안은 꿈에 그리던 투우사로 데뷔한다. 그러나 미숙한 투우사 후안은, 수소를 한칼에 죽이지 못해 관객의 야유와 항의를 받는다. 당황한 후안은 수소의 머리를 잔인하게 여러 번 찌르고, 그제야 수소는 쓰러진다. 마지막 신에서 카메라는, 죽는 순간 경련으로 떨고 있는 수소의 발과 고통으로 일그러진 눈을 클로즈업하며 관객의 눈에 강렬한 잔상을 남긴다.

영화는 형식적으로도 전복적인데, 신의 연결은 자주 인과관계를 벗어나고 있으며 시점 숏의 연결도 불안정하고 핸드헬드 촬영 기법을 과

---

3) Marsha Kinder, *Blood Cinema, The Reconstruction of National Identity in Spain*, Berkeley : University of California Press, 1993, p. 99.

도하게 사용함으로써 고전적인 촬영과 편집의 논리를 파괴하고 있다. 마드리드의 하층민 구역인 레가스피 시장, 만사나레스Manzanares 강가의 판자촌, 알무데나Almudena 묘지 등을 배경으로 아마추어 배우들을 기용해서 만든 이 영화는 이탈리아 네오리얼리즘의 원리를 따르는 듯하지만 사우라는 이 작품이 네오리얼리즘을 넘어서는 것이라고 말했다. "나는 이탈리아 네오리얼리즘이 나의 것이라는 생각은 결코 해본 적이 없다. 나는 그것이 너무 감상적이라고 늘 생각해왔다."[4] 이렇듯 네오리얼리즘을 감상적이라고 치부하는 초기 사우라의 태도에는 영화를 통한 사회 고발의 결연한 의지가 느껴진다.

사우라의 두번째 영화인 「한 도적을 위한 탄식」은 「부랑아들」에 비해 상업적으로나 비평적으로 그리 성공을 거두지 못했다. 그러나 초기 사우라의 역사적·영화적 문제의식이 고스란히 묻어나 있는 문제작이다. 이 영화는 근대 스페인 역사에서 가장 폭정과 억압이 극심했던, "혐오의 10년década ominosa"으로 불리는 페르난도 7세의 치하, 1820년대 안달루시아를 배경으로 하고 있다. 나폴레옹의 군대가 물러간 뒤 안달루시아인들은 폭군인 페르난도 7세를 지지하는 군주파와 왕정을 전복시키려는 자유주의자들로 분열되어 있었다. 한편, 프랑스군을 쫓아내는 데 공을 세운 게릴라 그룹이 산적 떼로 남아 있었는데, 이들은 안달루시아 지역의 패권을 잡으려는 군주파와 자유주의자 양쪽으로부터 후원을 받고 있었다. 「한 도적을 위한 탄식」은 산적 무리의 우두머리로 "템프라니요El tempranillo"라고 불린 실제 인물 호세 마

---

4) Maria Delgado, "Saura's *Los golfos*: Heralding a New Cinema for the 1960s," in Peter William Evans, *Spanish Cinema: The Auteurist Tradition*, Oxford: Oxford University Press, 1999, p. 41.

리아 이노호사José María Hinojosa를 모델로 하고 있다. 템프라니요는 당시 안달루시아 민중 사이에서 스페인의 로빈 후드로 통하던 인물이다. 사우라는 이 인물을 선택한 이유에 대해 다음과 같이 설명한다.

우리는 민중적 혈통 속에 있는 영화를 만들고자 했고, 그 안에서 진정한 스페인 사람, 스페인 민중, 우리의 산과 들을 보여주고자 했다. 〔……〕 그래서 우리는 "템프라니요"를 골랐다. 왜냐하면 그는 절대권력과 맞서 싸운 일종의 슈퍼맨, 민중의 영웅이자 19세기의 신화적 인물이기 때문이다.[5]

작은 범죄를 저지르고 도피 중이던 호세 마리아(프란시스코 라발)는 어느 날 산적을 만나는데, 그는 잔혹스럽고 포악한 산적 두목과의 잔인한 결투에서 이김으로써 이 산적 무리의 새로운 두목이 된다. 그의 무리는 안달루시아의 많은 지역을 장악하게 되고 지나가던 부유층의 마차들로부터 통행료를 챙겨 가난한 사람들에게 나눠준다. 군주의 폭정에 지쳐 있던 안달루시아 농민들은 호세 마리아를 '템프라니요'로 부르며 자신들의 보호자로 반긴다. '템프라니요'는 무리를 이끌고 중앙정부에 대항하는 자유파 반란군을 돕는다. 그러자 왕의 군대는 그의 집에 들이닥쳐 집을 불태우고 그의 아내와 갓 태어난 아이를 죽인다. 낙심한 '템프라니요'는 싸울 생각을 하지 못하고, 투항하면 과거의 죄를 묻지 않겠다는 왕의 제안을 받아들여 무기를 내려놓는다. 그는 마지막 순간에 오히려 왕의 심복이 되어 병사들을 이끌고 자신의

5) Marvin D'Lugo, *The Films of Carlos Saura: The Practice of Seeing*, p. 46.

옛 동료였던 자유파 무리들과 전투를 벌이고, 결국 자신이 배신한 무리에게 살해되고 만다.

실제 인물을 모델로 삼아 역사적 사실에 근거했다고 해서 이 영화가 현실의 재현에 100퍼센트 충실한 것은 아니다. 이 영화는 프랑스 낭만주의자들에 의해 신화화된 안달루시아의 민속성에 상당히 기대고 있기 때문이다. 그래서 플라멩코 춤이나 세비야나 음악 등 안달루시아의 민속적 요소들이 자주 활용되고 있다. 나중에 스페인의 전형적 민속성에 대해 비판적인 입장을 견지하게 되는 사우라가 초기에는 이렇듯 민속성에 기대는 태도를 보였다는 사실은 자못 흥미롭다. 이 영화에는 안달루시아를 여행하며 민속적 풍경을 그리는 영국인 화가가 등장하기도 한다. 이렇듯 사우라의 초기 영화는 정치적·미학적 문제의식을 품고 있으나 때때로 이에 순응하는 모순적 태도를 보인다.

내전의 트라우마와 사우라의 영화

첫 두 작품에서 당시의 스페인 사회에 대한 불만과 비판의식을 보여준 사우라는, 이윽고 당시 스페인 사회의 가장 예민한 부분을 조명한다. 그것은 스페인 내전과 역사적 아픔에 관한 것이었는데 사우라가 부뉴엘과 더불어 국제적으로 스페인 영화를 대표하는 작가감독으로 여겨지게 된 것은 무엇보다도 내전과 프랑코 독재 시대의 시대적 트라우마를 형상화한 일련의 작품들 덕분이다.[6] 1965년에 발표한 「사냥La

---

6) 하지만 프랑코 시대 스페인 영화계에서 사우라가 지성인 감독의 모델이 된 것은 그의 작품

caza」은 스페인 영화사에서 처음으로 내전을 언급한 작품이다.[7] 이 작품 이후로 비록 간접적인 방식이긴 하지만 많은 영화가 비로소 내전이라는 금지된 주제에 접근하기 시작했다. 사우라는 이 작품을 "위기적 상황에 대한 다큐멘터리"로 규정했으며 "스페인의 문제를 반영하려는 의지, 나아가 내전의 한 분위기를 재현하려는 시도가 담겨 있다"고 말한다.[8] 사우라는 1965년의 스페인 사회를 위기적 상황으로 보고 내전의 아물지 않은 상처야말로 이러한 위기의 가장 큰 원인임을 인식하고 있었다. 「사냥」은 1966년 베를린 영화제에서 은곰상을 수상했는데, 심사위원장이었던 피에르 폴로 파졸리니Pier Polo Pasolini는 "용기와 분노로써 그가 속한 당대 사회의 삶의 조건을 잘 보여주었다"고 찬사를 보냈다.[9]

「사냥」은 50대의 참전 용사(파코, 호세, 루이스)가 전쟁을 겪지 않은 젊은이 한 명(엔리케)을 데리고 사냥 여행을 떠난 것으로 시작한다. 그들은 내전 당시 치열한 전투를 벌였던 카스티야의 한 계곡을 찾는다. 호세는 이제 계곡을 소유하고 있는 지주인데 그들의 경제력과 사회적 신분, 루이스가 부르는 독일어 노래, 그리고 아버지로부터 물려

때문만은 아니었다. 그는 영화학교를 졸업하자 이 학교의 교수가 되어 자신보다 젊은 세대의 학생들을 가르치기 시작한다. 빅토르 에리세Víctor Erice, 호세 루이스 보라우José Luis Borau, 마리오 카무스Mario Camus, 필라르 미로Pilar Miró 등을 길러내면서 스페인 신영화 운동의 산파 역할을 한다.

7) 물론 등장인물의 대사에서 내전의 존재가 언급된 적은 있다. 바르뎀의 「자전거 탄 사람의 죽음」이 그런 작품이다. 하지만 내전에서의 기억이 집중적으로 말해진 것은 사우라의 「사냥」이 처음이다.

8) Thomas G. Deveny, *Cain on Screen: Contemporary Spanish Cinema*, London: The Scarecrow Press, 1999, p. 204.

9) Marvin D'Lugo, *The Films of Carlos Saura: The Practice of Seeing*, p. 67.

「사냥」에서 토끼 사냥에 나선 스페인 내전의 참전 용사들.
총을 보며 흥분하기 시작한다.

받았다는 독일제 권총으로 미루어보건대 이들은 내전의 승리자에 속한 군인들이었음을 유추할 수 있다. 이들이 황무지 계곡에 들어서는 순간 작은 북소리가 마치 군대 행진곡처럼 배경으로 깔리며 긴장을 고조시킨다. 젊은 엔리케가 "여기에서 전투가 벌어졌나요?"라고 묻자 루이스는 이내 "여기서 많은 사람이 죽었지. 엄청난 수의 사람이 죽었는데 지금은 구덩이만 남아 있지. 사람 죽이기 좋은 곳이야"라고 대답하며 전쟁의 공포를 환기시킨다.

드문드문 잡목들만이 자라 있는 황무지 야산을 달구는 여름의 태양은 사냥꾼들을 자극한다. 사냥 도구를 준비하면서 세 명의 참전 용사는 모두 거칠고 잔인하고 폭력적인 남성성을 드러낸다.

예전에 피흘려 싸우던 격전지에 동물 사냥을 나온 이들은 필연적으로 25년 전의 '인간 사냥'을 떠올리고 관객들 역시 그들의 대화에서 내전을 유추하게 된다. 이로써 사냥이라는 영화적 서사와 내전이라는 역사적 서사는 강력한 상호 텍스트성을 갖기 시작한다. 이윽고 벌어지는 그들의 잔인한 토끼 사냥은 점점 더 폭력성을 고조시키는데, 카메라는 무방비 상태의 토끼들이 총탄 세례에 비참하게 나자빠지는 장면을 클로즈업한다. 폭력성이 고조됨에 따라 이들은 점차 '인간 사냥'에 대한 유혹을 느끼고, 뜨거운 태양은 이들이 사소한 일로 싸우도록 만든다. 숨 막히는 더위와 잔인한 사냥으로 유발된 폭력적 광기는 끝내 억제되지 못하고 폭발하고 만다.

돈을 빌려주지 않는다며 앙심을 품은 호세가 파코를 쏴 죽이자 루이스는 차를 몰며 호세에게 덤벼들었고 호세는 다시 루이스를 쏜다. 루이스는 얼굴에 총을 맞아 피를 철철 흘리면서도 끝내 도망가는 호세를 쏴 죽인다. 유일한 전후 세대로서, 사진사 역할을 하던 엔리케는 눈앞에서 벌어진 처참한 광경에 전율하며 허겁지겁 살육의 현장에서 도망친다. 그의 마지막 도피 장면은 영화에서 프리즈 프레임freeze frame으로 처리되며 끝이 난다. 이것은 개인이 과거의 역사로부터 도망가는 것이 불가능하다는 점을 상징적으로 보여주는 장치이다.

세 명의 참전용사가 사냥터에서 보여주는 것은 프로이트가 말한 전쟁 신경증이다. 전쟁이라는 강력한 쇼크와 자극으로 인해 심리적 상처를 입은 이들이 전쟁의 장소로 다시 돌아와 전쟁과 매우 유사한 폭력성에 노출되자, 정신의 결합 메커니즘이 침몰되고 무의식 속에 침잠해 있던 과거의 광기가 분출되고 만 것이다. 이 영화를 통해 사우라가 말하고자 하는 바는 명백하다. 전쟁이 끝난 후 겉으로는 평온하게 유지되는 것 같은 스페인 사회가 실은 해결되지 않은 트라우마를 숨기고 있으며 이것이 사소한 자극으로 겉으로 드러나는 순간, 순식간에 사회를 파멸로 몰아넣을 수 있다는 것이다.

「사냥」이 나온 지 8년 뒤인 1973년에 만들어진 「사촌 앙헬리카」는 내전을 좀더 직접적으로 재현하는 작품이다. 이 작품은 패배자의 관점에서 35년 전의 전쟁을 구체적이고 직접적으로 조명한다는 점에서 스페인 영화사에서 중요한 의미를 부여받는다. 「사냥」에서는 알레고리적 방법으로 언급하고 있는 데 비해 이 영화는 정치적 터부를 정면에서 거론하고 있어 공화파의 관점에서 내전을 다룬 첫번째 영화로 일컬어진다. 이 작품의 명징한 반反파시스트적 입장은 사회적으로 큰 반향을 일으켰는데, 1974년 바르셀로나와 마드리드에서 처음 개봉되었을 때 우익 신문들은 일제히 이 영화를 공격했고 우익 분자들은 극장에 화염병을 투척하기도 했다.[10]

「사촌 앙헬리카」는 전쟁을 연상시키는 장면으로 시작한다. 소년들의 성가가 울려 퍼지는 가운데, 비행기의 폭격으로 집기가 넘어지고 먼지로 뒤범벅이 된 학교 식당이 비춰진다. 이 시작 장면은 관객에게 시종일관 전쟁의 이미지를 떠올리게 한다. 바르셀로나에서 출판사를 운영하고 있는 40대의 루이스(로페스 바스케스)는 어머니의 유골을 채취하여 고향에 있는 가족 납골당에 모시기 위해 세고비아로 온다. 공화파였던 그의 부모님은 내전이 일어나던 무렵 마드리드로 가야 했기 때문에, 어린 루이스는 여름방학 동안 세고비아의 필라르 이모 집에 맡겨졌었다. 그 후 루이스의 아버지가 프랑코 반란군에게 총살당하자 루이스는 프랑코 지지 세력인 이모의 가족 속에서 미운 오리 새끼 취급을 당하며 어린 시절을 보냈던 것이다.

이제 세월이 흘러 루이스는 다시 찾아간 세고비아에서, 노인이 된 이모를 비롯해서 어릴 적 단짝이었던 사촌 앙헬리카(리나 카날레하스)와 학교 친구들을 만나 과거의 기억 속으로 빠져든다. 루이스는 어린 시절 앙헬리카와 서로 좋아하는 사이였는데, 지금 그녀는 딸 하나를 둔 주부로서 이모의 아파트 아래층에 살고 있다. 영화는 시종일관 같은 장소에서 30년 전에 일어났던 일들과 현재를 교차하여 보여준다. 현재의 루이스는 앙헬리카 가족의 소풍을 따라나서는데, 앙헬리카의

---

10) 국제적 이미지 제고를 위해 프랑코 정권은 1960년대 말부터 검열의 수위를 상당히 낮췄는데, 특히 사우라, 베를랑가, 케레헤타처럼 국제적으로 알려진 예술가들에게는 검열이 더욱 관용적으로 적용되었다. 이 덕분에 「사촌 앙헬리카」와 같은 반체제 성향의 영화들이 제작, 상영될 수 있었다. 그러나 스페인 영화 전문가 호프웰은 사우라의 영화들이 실제로 당시의 스페인 대중에게 숭대한 이데올로기적 영향을 끼쳤는가 하는 점에 대해서는 회의적이다. 이미 프랑코 정권 말기에 반정부적인 태도를 확고히 한 소수의 지식인 그룹이 형성되어 있었고, 형식 면에서 그다지 대중적이지 못한 사우라의 영화는 이미 정치적 입장을 확고하게 다진 소수 그룹에 의해서만 환영받았다는 것이다(John Hopewell, *Out of the Past: Spanish Cinema after Franco*, London: BFI, 1986, p. 76).

남편이 낮잠 자는 동안 루이스와 앙헬리카는 자신들의 실패와 불행을 털어놓기 시작한다. 독신인 루이스는 자유로워 보이지만 경제적인 성공에도 불구하고 외로운 삶을 살고 있고, 앙헬리카는 외형적으로는 그럴듯한 가정을 이루었지만 그녀의 남편은 외도를 일삼고 있다.

이 순간 시점은 1936년으로 바뀌어, 어린 루이스와 앙헬리카는 지붕에 나란히 앉아 키스를 한다. 그러나 프랑코파 군복을 입고 갑자기 나타난 앙헬리카의 아버지에 의해 그들의 행복한 순간은 깨어진다. 친척의 집에서 외로워하던 루이스는, 어느 날 마드리드의 부모님을 만나기 위해 앙헬리카를 자전거 뒤에 태우고 집을 나선다. 그러나 얼마 못 가서 군인들에게 제지당하고 집으로 끌려온다. 앙헬리카는 엄마에게 위로를 받은 반면, 어린 루이스는 무릎을 꿇린 채 앙헬리카의 아버지로부터 벨트로 얻어맞는 혹독한 체벌을 당한다. 힘없는 공화국이 프랑코파의 군대에 의해 유린된 내전의 처절함이 어린 루이스가 당한 끔찍한 폭력으로 재현되는 순간이다.

어른이 자행한 폭력은 어린 루이스에게 커다란 상처를 안겨주었고, 이후 루이스는 고향을 떠나 타지에서 외롭게 살게 되는 것이다. 역시 행복하지 못한 현재의 앙헬리카는 루이스의 품에 안겨 외로움을 토로하지만 루이스는 그녀에게 괴로움만 더해줄 뿐 자신이 그녀를 위해 해줄 수 있는 게 아무것도 없다는 사실을 깨닫는다. 영화의 마지막 신에서 루이스는 앙헬리카를 쓸쓸히 떠나가는데, 과거의 트라우마를 현재에서 해결하는 것이 쉽지 않다는, 혹은 불가능하다는 의미로 해석될 수 있다.[11]

---

11) 많은 비평가가 이 영화의 결말을, 과거의 트라우마가 해결 불가능한 것이라는 부정적인 의

루이스에게 내전은 언제나 자신을 따라다니는 과거의 망령으로 세고비아 여행은 과거의 트라우마를 정면으로 맞닥뜨리는 행위이다. 이점에 대해 사우라는 "루이스는 자신의 과거에 의해 먹혀버린다. 과거의 망령과 과거의 사람들, 과거의 삶의 경험들, 과거의 이미지들, 그리고 무엇보다도 과거의 기억의 힘들은 엄청난 것이어서 이 인물을 삼켜버리고 마는 것이다"라고 설명한다.[12] 따라서 어린 시절에 대한 기억으로 나타나는 그의 의식의 흐름은 고통과 괴로움 속에 용해되고 있다. 그의 트라우마는 어린 시절 이모 집에서 당해야 했던 수모와 공포를 통해 드러나는데, 수녀가 된 다른 이모가 입에 자물쇠를 채우고 구더기가 기어 나오는 손바닥으로 그에게 다가오는 악몽으로 재현된다. 물론 이러한 공포의 이미지는 부뉴엘의 영화와 달리의 회화에서 자주 등장하던 것들이다.

「사촌 앙헬리카」에서 내전의 트라우마를 거론한 사우라는 다음 작품에서 프랑코 정권을 정면으로 겨냥한다. 프랑코의 죽음이 임박한 1975년에 제작된 「까마귀 기르기Cría cuervos」는 독재자의 죽음을 상징적으로 재현하고 있다. 빅토르 에리세의 「벌집의 정령El espíritu de la colmena」에 일곱 살의 나이로 출연하여 트라우마에 사로잡힌 아이를 연기했던 아나 토렌트Ana Torrent는 이 영화에서 또다시 범상치 않은 아이로 등장한다. 아빠의 무관심과 외도로 인해 엄마를 잃은 아홉 살의 아나는 아버지를 독살하리라고 마음먹는다. 그리고 엄마가 독약

　미로 받아들였다. 예를 들어 Hans-Jörg Neuschäfer, *Adiós a la España Eterna: La dia-léctica de la censura. Novela, teatro y cine bajo el franquismo*, Barcelona: Anthropos, 1994, p. 256 참조.

12) Thomas G. Deveny, *Cain on Screen: Contemporary Spanish Cinema*, pp. 171~72.

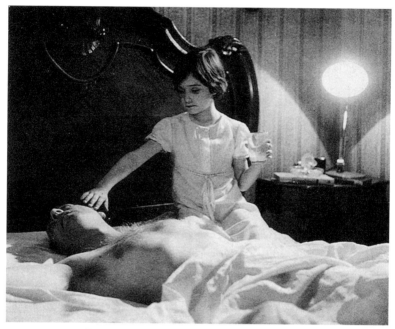

「까마귀 기르기」에서 아빠를 독살한 아나(아나 토렌트).

이라고 알려준 하얀 가루를 우유에 타서 아빠의 침대 머리맡에 놓아
둔다.

아빠가 죽었는지 확인하기 위해 계단을 내려오던 아나는 아빠의 신
음 소리와 함께 여자의 비명 소리를 듣게 된다. 이윽고 한 여인이 옷섶
을 풀어 헤친 채 황급히 방을 빠져나가는 것을 목격한다. 방에 들어가
아빠가 죽었음을 확인한 아나는 우유 잔을 부엌으로 가져와 깨끗이 씻
은 뒤 다른 컵과 위치를 바꿔놓는다. 다음 신에서 프랑코의 군복을 입
은 고위 군인들과 사제가 지켜보는 가운데 장례식이 진행되는데, 아
나는 다른 자매들과 달리 아빠의 시신에 입 맞추길 거부하여 하객을
당황하게 만든다. 이렇게 아나는 시종일관 아빠에 대한 반감을 용기
있게 표현한다.

아나가 아버지를 살해하는 이 시퀀스는 반反프랑코 정서의 스페인
영화에서 상징적인 장면이다. 내전과 프랑코의 억압을 감내하며 아픔
을 안고 살던 이전의 인물들과는 달리, 아나는 행동에 나서 결국 독재
자를 죽이기 때문이다. 그리고 그 살해 행위를,「벌집의 정령」에서 '프
랑코의 아이들'의 상징으로 떠오른 아나가 맡게 되는 것 또한 매우 의
미심장하다. 이것은 새로운 세대가 자신들에게 트라우마를 안겨준 대
상을 처단하는 적극적인 과거사 청산을 의미하기 때문이다.

그러나「까마귀 기르기」가 독재자의 죽음 이후 스페인의 정치 상황
에 대해 밝은 전망을 투사하고 있는 것은 아니다. 아버지가 죽은 뒤 아
이들의 교육을 맡기 위해 이모가 오는데, 그녀는 더 권위적이고 억압
적으로 아이들을 통제하기 때문이다. 식사 시간에도 아이들은 포크와
나이프를 쓰는 것에 일일이 간섭을 받고, 이모가 외출한 틈을 타 어른
놀이를 하던 아이들은 갑작스럽게 돌아온 그녀로부터 제지를 당한다.

「까마귀 기르기」에서 죽은 엄마의 환영과 함께 있는 아나.

이모는 아나의 아빠가 그랬듯 친구의 남편과 불륜의 관계를 맺는다. 우연히 아빠가 선물한 권총을 들고 거실에 들어갔던 아나는 남자와 포옹하고 있는 이모를 겨눈다. 일촉즉발의 상황에서 총을 빼앗긴 아나는 이모로부터 뺨을 얻어맞는다.

아나는 다시 이모를 독살할 작정으로 우유에 하얀 가루를 섞어 이모의 재봉틀 옆에 놓아둔다. 그리고 밤에 일어나 이모의 방으로 가 우유를 다 마셨음을 확인한 뒤 아버지를 살해할 때 그랬듯 우유 컵을 가져다 부엌에서 잘 씻고 컵들을 섞어놓는다. 방학이 끝나 학교에 등교해야 하는 날 아침, 죽었으리라고 생각했던 이모는 여느 때와 마찬가지로 아이들의 방으로 와 아침 인사를 하고 학교에 가라며 아이들을 깨운다. 아나는 놀라지만 이내 다른 아이들과 마찬가지로 교복을 차려입고서 활기찬 마드리드의 아침 길을 걸어 학교에 등교한다. 긴 엔딩 신에서 아이들은 대량 소비사회의 도래를 알리는 마드리드 거리의 간판들 앞을 걸어간다. 경쾌한 리듬의 「너는 왜 떠나니?¿Por qué te vas?」 배경음악은 개학을 맞아 학교에 가는 아이들의 모습과 함께 스페인에 새 시대가 도래했음을 알리는 듯하다.

이렇듯 엔딩 신은 다소 희망적으로 읽힐 수도 있지만 아버지가 죽은 뒤 또 다른 독재자로 이모가 나타난다는 사실은 프랑코 사망 이후 스페인 사회의 미래를 걱정스럽게 바라보는 사우라의 시각을 드러낸다. 즉 독재에서 해방된 스페인 사회가 민주주의 사회가 되지 못하고 또 다른 독재자의 출현을 맞을지도 모른다는 우려와 불안감이 서려 있는 것이다. 그러나 적어도 어린 아나가 아버지를 독살하려고 시도하는 것은 억센 남성성으로 상징되는 가부장적인 프랑코 체제에 정면으로 맞서는 과거 청산의 의지를 보여준다고 볼 수 있다. 아나의 엄마는 남편의 부정不貞을 그저 감내하기만 했었지만 아나는 스스로 아버지를 죽이고 이모를 죽이려 한다. 아나 아버지의 죽음이 독극물 때문이든 심장마비 때문이든, 이모가 살았든 죽었든 이 문제는 중요하지 않다. 아나는 프랑코에 의해 트라우마를 입은 사람들의 대표자로서 억압자들을 처단하는 성스러운 의식을 치른 것이다. 이로써 과거에서 한결 자유로워진 아나는 언니, 동생과 함께 영화의 마지막 장면에서 밝은 모습으로 학교에 간다. 결국 「까마귀 기르기」는 프랑코의 죽음을 정서적으로 재확인하는 의식으로서 '프랑코의 아이들'에 의한 국부國父 살해와 이를 통한 과거 청산의 의미를 갖는 것으로 해석할 수 있다.

전통 스페인과 새로운 문화 사이의 갈등

사우라는 내전 또는 프랑코 시대의 억압이라는 구체적이고 직접적인 역사적 상처를 다루는 한편, 그의 또 다른 관심은 전통 스페인과 새로운 문화 사이의 갈등으로 향해 있었다. 사실 이러한 갈등과 위기는 종교적 도그마가 지배했던 프랑코 치하 스페인이 겪어야 했던 가장 심각한 문제였다. 프랑코는 "스페인은 다르다"를 외치며 유럽과 구별되는 스페인의 문화 정체성을 지키려고 했지만 경제적으로는 국제적인 개방화를 추구했기 때문에 1960년대 이래로 서구의 소비문화가 밀려들어오는 것을 막을 수 없었다. 따라서 '종교국가' 스페인에서 문화적 갈등의 문제는 심각한 것이었다.

사실 사우라의 모든 영화에서 이 문제가 말해지고 있다고 해도 과언이 아니다. 내전을 다루는 영화에서도 내전의 상처가 개인을 옭아매어 심리적·문화적으로 성장하지 못하게 함으로써 새로운 시대에 적응하지 못하고 정체되는 상황을 그려내기 때문이다. 사우라의 입장은 새로운 문화를 전적으로 지지하는 것은 아니지만 개인을 옭아매는 전통 스페인에 대해선 매우 부정적이다. 그는 「사냥」에 대해서 『뉴욕 타임스』와 가진 인터뷰에서 다음과 같이 말했다.

이 작품에서 내가 의도하는 바는 겉으로 발전한 것처럼 보이는 한 사회에 대한 탐구이다. 새로운 포장지 밑에서 여전히 중세인으로 남아 있는 스페인 사람들 속에는 오래된 터부와 도덕적 억압이 여전히 작동하고 있다. 이것이 현대 스페인 사람들의 위기이다.[13]

이러한 사우라의 문제의식이 가장 잘 드러나는 작품은 베를린 영화제에서 은곰상을 수상한 1967년 작 「페퍼민트 프라페Peppermint Frappé」이다. 사우라는 찰리 채플린의 딸, 제럴딘 채플린과 이 작품에서부터 함께 작업하기 시작하는데, 제럴딘은 이 작품 이래로 스페인에 거주하면서 「아나와 늑대들Ana y los lobos」(1973), 「까마귀 기르기」(1975), 「엘리사, 내 인생Elisa, vida mía」(1977) 등의 영화에 출연하며 그녀의 배우 경력에서 최고의 성가를 누린다.

「페퍼민트 프라페」의 주인공 훌리안(로페스 바스케스)은 중년의 미혼남으로 쿠엔카의 시골 마을에서 개인병원을 운영하고 있다. 그는 언제나 단정하게 옷을 입고 절제된 삶을 살고 있지만 혼자 있을 땐 패

---

13) Marvin D'Lugo, *The Films of Carlos Saura: The Practice of Seeing*, p. 68 재인용.

선 잡지에서 여성의 다리나 페티시적인 부위를 오려서 모으는 도착적인 성향을 보여준다. 어느 날 외국에서 돌아온 친구 파블로가 젊은 아내 엘레나(제럴딘 채플린)를 소개하는데, 엘레나는 그야말로 멋쟁이 신식 여성으로 그녀의 밝은 금발, 긴 속눈썹, 화려한 스타킹은 단번에 훌리안을 사로잡는다. 엘레나에게 반한 훌리안은 병원의 간호사인 시골 처녀 아나 — 제럴딘 채플린이 1인 2역을 연기한 — 를 엘레나처럼 꾸미게 하여 그녀를 통해 대리만족을 구한다. 그러나 아무리 노력해도 아나가 엘레나가 될 수 없음을 깨달은 훌리안은, 파블로와 엘레나 부부를 자신의 시골집에 초대하여 독약을 넣은 페퍼민트 프라페를 먹여 살해한다. 엘레나가 죽은 것을 확인한 뒤 그녀의 시신에서 입술의 루즈를 지우고 속눈썹을 떼어낸다. 이 광경을 다 지켜본 간호사 아나는 범죄의 뒷정리를 말끔히 한 뒤 엘레나처럼 꾸미고서 훌리안을 맞는다. 공범이 된 이들은 영화의 마지막 신에서 격렬하게 키스한다.

도착적인 성욕을 지닌 중년의 미혼남 훌리안은 성장이 멈춘 구시대적인 스페인 사람들을 상징한다. 쿠엔카라는 도시도 그렇거니와 영화 속에서 훌리안이 파블로 부부를 데려간 시골집은 사우라의 여러 영화에서처럼 전통 스페인에 대한 명징한 상징이다. 훌리안은 폐허가 된 이 집을 엘레나에게 보여주며 어릴 적 욕실의 구멍을 통해 손님방의 욕실을 훔쳐봤다고 고백한다. 그리고 어른들은 아이들이 자위행위를 할까 봐 열쇠 구멍을 통해 감시했다는 말을 들려준다. 결국 어른들의 비정상적인 감시와 억압이 아이들이 정상적으로 발육하는 것을 막았고, 그 결과 아이들은 어른이 돼서도 성적 미성숙의 단계에 머물게 된 것이다. 결혼도 하지 않고 잡지의 사진이나 오리고 페티시에 집착하는 훌리안의 존재가 이를 잘 보여준다. 결국 「페퍼민트 프라페」는 성

「페퍼민트 프라페」에서 훌리안(로페스 바스케스)의
성적 페티시가 된 엘레나(제럴딘 채플린).

적인 은유를 통해 전통 스페인의 부당한 억압과 이로 인한 당대 스페인 문화의 기형적 퇴행을 말하고 있다.

새로운 시대가 도래했음에도 이를 인정하지 않는 시대착오적인 전통 스페인의 억압을 다루는 사우라의 작업은 「희열의 정원El jardín de las delicias」(1970), 「아나와 늑대들」(1973), 「어머니의 100회 생신 Mamá cumple cien años」(1979)에서 계속된다. 이 작품들에서 스페인 사회를 상징하는 전통적 대가족은 평화로운 겉모습과는 달리 탐욕과 음모로 가득 차 있다. 「희열의 정원」에서 성공한 기업인 안토니오(로페스 바스케스)가 어느 날 교통사고를 당해 기억상실에 빠지자 그의 가족은 그의 재산을 차지하기 위해 암투를 벌인다. 「아나와 늑대들」에선 전통 스페인을 상징하는 대농장의 저택에서 완고한 홀어머니 아래 정신적으로나 육체적으로 건강하지 않은 세 아들이 살고 있다. 이 집에 가정교사로 들어온 젊은 여성 아나(제럴딘 채플린)가 집안의 질서에 균열을 일으키자 가모장은 아나를 해고하고 세 아들은 떠나가는 아나를 무참히 성폭행하고 머리를 자른 뒤 총으로 쏴 죽인다. 「어머니의 100회 생신」은 「아나와 늑대들」의 속편 격인데, 간질 증세가 더 심해진 가모장의 100회 생일을 맞아 자식과 손자들이 저택에 다시 모이고, 전편에서 죽은 것으로 되어 있던 아나도 다시 살아나 남편과 함께 파티에 초대되어 온다. 자손들의 목적은 떠들썩한 파티를 열어 어머니의 간질 증세를 악화시켜 죽게 만들고 저택을 개발업자에게 팔아 돈을 챙기려는 것이다. 그러나 모친 살해 계획은 아나에게 발각되고, 아나는 100세의 어머니를 구해낸다.

이렇듯 사우라가 보여주려고 한 것은, 새로운 시대의 패러다임에 적응하지 못하고 기형적인 모습으로 남겨진 전통 스페인의 흉상凶狀이다. 이 영화들에서 대가족은 언제나 스페인의 전통 사회를 상징한다. 다만, 프랑코가 죽기 3년 전에 만들어진 「아나와 늑대들」에서 새로운 시대와 세대를 상징하는 젊은 여성 아나가 무참히 살해되는 서사를 통해 비관적인 미래를 투사했던 그는, 프랑코가 죽은 뒤에 만들어진 「어머니의 100회 생신」에서 반대의 결말을 통해 민주화 시대 스페인에 대해 훨씬 밝은 전망을 보여주고 있다.

4장
역사적 트라우마의 영화적 재현
─ 빅토르 에리세

어른들은 깊은 상처를 입었기 때문에 부재하는 존재로 보였다.
― 빅토르 에리세

고전적 의미의 작가감독, 빅토르 에리세

현재 생존 감독 중에서 스페인 영화계뿐만 아니라 세계 영화계를 통틀어 빅토르 에리세Víctor Erice처럼 고전적 의미의 작가 개념에 잘 들어맞는 감독은 매우 드물다. 칩거와 은둔의 작가로 알려진 그는 10년에 한 편씩 오랜 시간에 걸쳐 정제되고 숙성된 작품만을 발표해왔다. 덕분에 지금까지 두 편의 장편 극영화를 만들었을 뿐인데도 그는 스페인 영화계 최고의 예술영화 감독으로 독보적인 위치에 올라 있다. 물론 그가 만든 「벌집의 정령El espíritu de la colmena」(1973)과 「남쪽El sur」(1983)은 스페인 영화사에서 최고의 걸작으로 꼽힌다.

에리세는 영화도 미술관에서 전시되어야 한다고 말했을 만큼 예술영화의 신봉자이지만 그렇다고 해서 사회와 분리된 예술을 지지하는 인물은 아니다. 그가 초기에 영화 잡지에 기고한 글에서 보면 그는 당대의 사회 현실을 고민하며 예술인의 적극적인 사회 참여를 주장하고 있다. 이러한 소신을 반영하듯 그의 첫 두 작품은 스페인의 사회적·역사적 맥락에 깊이 뿌리내리고 있다. 하지만 사우라의 영화가 그랬듯 직접적인 저항의 메시지를 담기보다는 역사로부터 상처 입은 사람들의 소외와 고독을 예술적 서정성으로 형상화하고 있다.

빅토르 에리세는 1940년 바스크 지방 비스카야의 카란사Carranza에서 태어났다. 얼마 지나지 않아 에리세의 집은 대도시 산세바스티안San Sebastián으로 이주했고, 그는 17세까지 그곳에 거주하며 고등학교 과정을 이수했다. 바스크는 독자적인 정체성으로 인해 내전과 프랑코 시대에 심한 박해를 받았던 지역으로 어릴 적 바스크에서 보낸 삶은 그에게 투철한 사회의식을 심어주었다. 대학 진학을 위해 마드리드로 간 그는 정치학을 공부한다. 그러나 그는 이내 영화에 관심을 갖기 시작하고, 1960년 국립영화학교Escuela Oficial de cine의 전신인 국립영화원IIEC에 진학하여 영화 연출을 공부한다. 그리고 단편영화를 만들며 당시 선각자적인 그룹이 주도하던 『우리 영화Nuestro cine』에 영화 비평을 게재한다. 『우리 영화』는 프랑코 치하의 스페인에서 국가적 현실과 사회 문제를 고민하는, 현실 참여적 성격이 강한 영화 잡지였다. 1961년 이 잡지에 기고한 글에서 에리세는 다음과 같이 쓰고 있다.

각각의 작품은 그것이 생산되는 역사적 상황을 반영해야 한다. 좋건 나쁘건 특정한 상황 속에서 그것이 태어났으므로 그 속에 존재의 이유가 있는 것이다. 영화는 이렇게 사회적 산물이 된다.[1]

---

1) Carmen Arocena, *Víctor Erice*, Madrid: Cátedra, 1996, p. 18 재인용.

스물한 살에 쓴 글이라 다소 단순해 보이긴 하지만 에리세는 젊은 시절부터 영화가 사회적 콘텍스트 속에서 분리될 수 없다고 확실하게 믿고 있는 듯 보인다. 이것은 1962년부터 국립영화학교로 이름을 바꾼 국립영화원IIEC의 지배적인 분위기이기도 했다. 그래서 에리세는 이 기관을 중심으로 전개된 '스페인 신영화nuevo cine español'의 흐름에서 보라우José Luis Borau, 피카소Miguel Picazo 등과 함께 대표적인 감독이 될 수 있었다.

그가 만든 첫 장편영화는 1973년에 나온 「벌집의 정령」으로 내전 직후 공화파 지식인들이 겪던 역사적 트라우마를 시적으로 표현한 것이다. 이 영화는 놀랍도록 서정적인 신들을 담고 있어 많은 비평가로부터 가장 아름다운 스페인 영화로 손꼽힌다. 프랑코 체제의 끝이 보이면서 검열도 다소 완화되던 시점에 개봉된 「벌집의 정령」에서 그는 프랑코 정권의 폭력을 고발하는 대신 내전이 남긴 트라우마의 재현에 집중한다. 오히려 이 영화에서 폭력은 최소한으로 절제되어 있어 정치적 메시지는 명징하지 않다.

1983년에 발표된 「남쪽」에서도 트라우마의 시적 재현이라는 그의 목표는 바뀌지 않았다. 여기에서도 프랑코 반란파에 대한 직접적인 비판은 거의 등장하지 않지만 내전의 트라우마는 영화의 모든 신에 짙게 드리워져 있다. 에리세가 작가감독으로 세계적인 명성을 얻을 수 있었던 배경에는 이렇듯 그의 영화가 재현하고 있는 스페인의 역사적·사회적 의미가 관객의 절대적 공감을 모을 수 있었던 점이 크게 작용한 것으로 보인다. 많은 사람이 동의하듯, 한 국가의 문화적 특정성에 충실할수록 세계의 관객들에게 소구할 수 있는 여지는 더욱 커지기 때문이다.

정령으로서의 트라우마 ─「벌집의 정령」

에리세의 대표작「벌집의 정령」은 동족상잔의 내전이 남긴 역사적 트라우마를, 영화를 본 충격으로 심리적 상처를 앓는 아이와의 비유를 통해 예술적으로 형상화한 수작이다.

「벌집의 정령」에서 트라우마를 나타내는 방식은 부재absence라는 의미를 형상화하는 것이다. 정지하거나 텅 비어 있음을 통해 오히려 전쟁의 존재는 명징하게 드러난다. 카스티야 고원의 황무지 평원 속에 섬처럼 고립된 마을은 외부 세상과의 단절을 의미한다. 이 마을을 밖의 세상과 이어주는 것은 평원을 따라 길게 뻗은 철길뿐이다. 황토색 필터를 장착한 에리세의 카메라는 마을 사람들의 삶을 같은 일을 반복하는 벌집 속의 벌처럼 무의미한 일상으로 재현한다. 전쟁 직후의 황폐한 시골 마을에서 가족 모두가 자신의 세계 속에 매몰된 이 가정의 모습은 내전의 트라우마 자체를 형상화하는 것이다.

가장인 페르난도(페르난도 페르난 고메스)는 벌을 키우며 '죽음의 안식과도 같은 삶'을 살아가고 있다. 그의 지적이고 정치적인 배경은 빛바랜 사진들 중에서 미겔 데 우나무노Miguel de Unamuno와 같이 찍은 사진으로 유추된다. 내전 전 우나무노 등의 문인들과 어울릴 정도로 지성인이었던 그가 벌을 키우며 살아가는 현재의 삶은 전쟁의 패배자로서 국가 내의 망명을 의미한다. 부재하는 듯 살아가는 또 다른 인물인 아내 테레사는 이중적으로 존재감이 없다. 그녀는 남편과 마찬가지로 현실에 대해 아무런 연결점이 없는 그림자에 불과할 뿐만 아니라 부재하는 인물에게 편지를 쓰고 있다.

우리가 외부에서 받는 소식들은 거의 없을 뿐만 아니라 혼란스럽답니다. 당신과 함께 행복했던 시절로 돌아갈 수 없다는 것을 알지만 다시 당신을 볼 수 있는 날이 오도록 신에게 기도한답니다. 전쟁의 와중에서 우리가 헤어진 이후로도, 남편과 아이들과 함께 살아남기 위해 애쓰고 있는 이 시골구석에서도 계속 그 소원을 빌고 있어요.

이 영화에서 가족 사이에는 대화가 부재한다. 깊은 밤까지 서재에서 책을 쓰다 잠이 드는 남편과 벽을 향해 누운 아내 사이에는 전혀 대화가 없고 가족이 모두 모인 식사 시간에도 정적이 흐를 뿐이다. 집안의 가장인 페르난도는 늘 혼자이고 그는 아내와 딸들 누구와도 소통하지 못한다. 어머니와 딸 사이에도 대화가 없는 것은 마찬가지다. 제법 대화가 이어지는 유일한 신은 아빠와 아이들이 버섯을 따는 장면뿐인데, 여기에도 엄마는 가족과 함께 있지 않으며 독버섯은 죽음을 연상시키며 불길한 느낌을 전해준다.

모든 인물은 그 자신의 벌집 속에 갇혀 있는데, 그것은 이들이 살고 있는 집의 육각형 커튼과 창문틀로 명징하게 표현된다. 페르난도는, 벌통 속에서 잠도 자지 않고 쉴 새 없이 부질없는 움직임을 반복하는 벌의 삶을 묘사하는데, 이 집 식구들의 삶이야말로 벌통 속의 벌과 다를 바 없다. 여러 신에서 카메라는 인물들을 벌집 모양 창문을 배경으로 잡음으로써 이들이 곧 벌이라는 것을 집착적으로 각인시킨다. 부부는 존재하지만 존재하지 않는 것과 같으며, 살아 있지만 이들의 삶은 죽은 자의 삶과 다를 바가 없다. 에리세는 한 인터뷰에서 이들이 내전 후의 어른들을 형상화한 것임을 설명한다.

「벌집의 정령」에서 벌집 모양의 격자 창문 옆에서
벌의 움직임을 관찰하는 아나(아나 토렌트).

나처럼 내전 직후에 태어난 사람들에게 어른들은 그저 진공의 인물 또는 부재하는 인물로 보였다. 그들은 그곳에 있었지만 있는 것이 아니었다. 왜 그들은 그곳에 없었을까. 그것은 그들이 표현할 수 있는 자신들의 모든 수단을 다 빼앗긴 채로, 자기 자신의 내면 속에 침잠해서 살고 있었기 때문이다. 꿈이 깨진 뒤 그들은 집으로 돌아왔고 그들의 아이들이 있었다. 그들은 깊은 상처를 입었기 때문에 부재하는 존재였다.[2]

이러한 부모 세대의 적막 속에서 어린 두 딸 아나와 이사벨은 밝고 명랑한 아이들의 세계를 보여준다. 활기찬 음악을 배경으로 아이들의 크레파스 그림으로 시작한 이 영화에서 동네 아이들은 영화 프린트를 실은 차가 도착하자 "영화가 왔다"고 소리치며 차를 에워싼다. 이윽고 동네 마을회관에서 영화가 상영되는데, 아이들은 물론 어른들까지 영화를 보기 위해 몰려든다. 이들은 마을회관의 조악한 스크린에 이동 영사기로 상영하는 「프랑켄슈타인 박사」를 본다. 프랑켄슈타인 박사가 만든 괴물에 친근감을 보이던 영화 속의 아이처럼, 아나 역시 괴물에게 연민을 갖는다. 그러다 괴물이 마을 사람들에 의해 죽임을 당한 결말을 보고 큰 충격을 받는다.

아나는 언니 이사벨로부터 괴물이란 사실은 '정령'으로서 마을 외딴 곳에 산다는 말을 듣고는 들판 한가운데 버려진 집으로 '정령'을 찾아 나선다. 마침 이 버려진 집에 반反프랑코 투쟁을 벌이던 공화파 패

---

2) Luis O. Arata, "I am Ana: The play of the imagination in The Spirit of the Beehive," in Linda C. Ehrlich(ed.), *An Open Window: The Cinema of Víctor Erice*, London: The Scarecrow Press, 2000, p. 99.

잔병 한 명이 숨어든다. 그를 정령으로 믿은 아나는 먹을 것과 아버지의 옷을 가져다주지만 그는 군경대Guardia Civil와 전투 끝에 사살된다. 페르난도는 딸 아나가 패잔병에게 가져다준 옷과 주머니 시계 때문에 영문도 모른 채 군경대에 불려간다. 그리고 아나를 미행한 끝에 그것들을 가져다준 사람이 자신의 딸 아나였다는 것을 알게 된다. 한편 자신이 도와주던 '정령'이 핏자국만 남긴 채 사라져버린 것에 충격을 받은 데다 아버지의 추궁에 겁이 난 아나는 숲 속으로 도망쳐 부모의 애를 태운다. 마을 사람들의 대대적인 수색 작업 끝에 결국 숲 속에 쓰러진 채 발견된 아나는 집으로 옮겨져 치료를 받는다. 영화는 침대에서 일어난 아나가 창문을 열고 달빛 속에서 다시 '정령'을 부르는 주문을 말하는 것으로 끝을 맺는다.

「벌집의 정령」은 내전 자체에는 관심을 두지 않는다. 여기에는 두 개의 스페인 사이의 대결이 없다. 패자 쪽 시각과 승자 쪽 시각 사이의 변증법적 시각도 없다. 이런 점에서 에리세가 당시의 권력체인 군경대의 대장을 보통 사람 같은 무신경한 인물로 그려놓은 것은 의미심장하다. 페르난도가 군경대에 불려왔을 때 군경대장은 침착하게 면도를 하고 있는데, 평범한 장면임에도 면도날은 페르난도의 혐의 —— 공화파 패잔병을 보호해주었다는 —— 와 관련하여 위협적인 뉘앙스를 풍긴다. 그러나 그는 일반적인 군경대장의 거친 이미지와 달리 매우 절제된 행동을 보이며 페르난도에게 아무런 해를 가하지 않는다.

이렇게 이데올로기적 판단을 피해가지만 이 영화에도 전쟁의 이미지를 떠올리게 하는 상징적인 장면이 있다. 도망자와 군경대 사이의 총격전 장면이 그것이다. 매우 느리고 정적인 이 영화에서 이 장면은 총성과 번쩍이는 섬광을 포함하고 있다. 그렇지만 이 장면 역시 극도

로 절제되어 있으며, 이데올로기적 자극을 피하는 영화답게 숨어 있
는 도망자가 군경대에게 어떻게 살해되는지를 생략하여 감정적인 자
극을 자제한다.

극복되지 못한 트라우마 ──「남쪽」

「남쪽」은 시간이 흘러 1950년대를 배경으로 한다. 이 영화는 에스
트레야(이시아르 보야인)라는 10대 소녀를 내레이터로 등장시켜 소녀
의 기억을 따라간다. 주인공 에스트레야의 가족은 1942년 그녀가 태
어난 이후 이리저리 옮겨 다니며 살았고, 여덟 살이 되던 해에 북쪽의
작은 도시로 옮겨온 상황이다. 「벌집의 정령」에서 아나의 마을을 둘러
싸고 있던 끝없는 평원처럼 에스트레야의 집 또한 외진 곳에 고립되어
있다. 내레이터는 이 집이 도시의 외곽에 있고 아버지는 집과 도시를
연결해주는 길을 '국경'이라고 불렀다고 전해준다. 말할 것도 없이 이
러한 집의 위치는 전쟁이 끝난 후 마음을 잡지 못하고 망명자와 같은
삶을 살고 있는 가족의 심리적 상황을 말해주는 것이다.

아버지 아구스틴(오메로 안토누티)은 도시의 병원에서 의사 일을 하
며 살아가고 있다. 그 역시 「벌집의 정령」의 페르난도와 마찬가지로
자신만의 세계에 침잠해 있어 거의 존재하지 않는 것과 마찬가지이
다. 그는 마치 그림자처럼 시내를 떠돌며 카페에 앉아 커피를 마시고
술을 마신다. 해직교사인 아내가 집에서 기다리고 있지만 그는 혼자
도시를 배회한다. 부부는 거의 대화하지 않는다. 영화의 첫 신에서 그
렇듯 아내는 집 나간 남편을 애절하게 찾을 뿐이다. 영화 내내 부부는

한 번도 정답게 대화하는 모습을 보여주지 않는다.

유일한 소통의 가능성은 딸과 아버지 사이에 있다. 에스트레야가 태어나기 직전 아버지는 진자를 아내의 배 위에 흔들어보고는 딸이 확실하고 이름은 에스트레야라고 하면서 태어날 딸과 초자연적인 힘이 통하고 있음을 보여준다. 실제로 어린 에스트레야는 아빠가 진자를 사용해 수맥을 찾는 곳에서 아빠의 조수 역할을 하며 아빠로부터 진자 기술을 배우려고 한다. 에스트레야가 신비로움에 싸여 있는 아빠의 존재와 번민을 알게 된 것은 자신의 첫 영성체 수여식을 위해 남쪽으로부터 할머니와 아빠의 유모 밀라그로스가 왔을 때이다. 에스트레야와 한 방에서 자게 된 밀라그로스는 아빠의 과거에 대해 들려준다.

밀라그로스 엄청나게 많은 사람이 그저 생각이 다르다는 이유로 죽었지. 그건 맞아. 네 할아버지 쪽이 더 나빴지. 네 아빠가 자신과 반대로 생각하는 것을 참을 수 없었어. 할아버지는 조용히 있으라고 했지만 네 아빠는 입 닫고 있지를 못했어. 그 반대였지. 그래서 두 사람은 앙숙이 된 거야. 서로 존중하지도 않고 말이지. 그러던 어느 날 네 아빠가 집을 나간 거야. 할아버지는 아들이 왜 집을 나갔는지 몰랐지. 그렇게 오늘까지 지내온 거야. 둘 다 출구 없는 터널 속으로 들어간 거지.

에스트레야 어쨌든 할아버지가 나쁜 쪽이죠?

밀라그로스 나쁜 쪽, 좋은 쪽이라…… 공화국, 즉 전쟁 전에는 할아버지가 나쁜 쪽이었지. 네 아빠는 좋은 쪽이었고. 하지만 프랑코가 이긴 후에는 할아버지가 성자가 되었고, 네 아빠는 악마가 된 거야. 이 세상일들이 어떻게 돌아가는지 알겠지? 말뿐이야. 그냥 말일 뿐인 거지.

에스트레야 그런데 왜 아빠는 감옥에 가야 했던 거죠?

밀라그로스 전쟁에서 이긴 쪽은 항상 그렇게 하는 거야.

역사적·사회적 의식에 충실하면서도 직접적인 언술을 피하는 에리세의 영화에서 밀라그로스의 이야기는 상당히 이례적인 것이다 — 말 없는 에리세의 영화에서 그녀는 유일하게 말이 많은 인물이다. 이로써 아버지가 북쪽으로 이주해온 것이 결국 국내로 망명한 것임이 밝혀진다. 아구스틴은 「벌집의 정령」의 페르난도와 마찬가지로 내전 이후 전쟁의 패배자로 수감되었다 풀려난 뒤 트라우마를 안고 살아가는 위축된 공화파이다.

딸의 영성체 수여식 날 할머니가 예쁘게 에스트레야를 치장해주는 장면에서 아구스틴은 사냥을 한다며 총을 쏘고 있다. 딸을 가톨릭 전통으로 키우는 것에 대한 그의 분노를 표현한 것인데, 딸은 아빠가 자신의 영성체 수여식에 와주길 바라고 있다. 그는 결국 마지막 순간 성당에 나타났고, 집에서 열린 파티에서 딸의 손을 잡고 파소도블레에 맞춰 정겹게 춤을 춘다. 언제나 자신의 세계에 갇혀 번민하며 딸에 대한 사랑을 표현하지 않던 그가 딸과 함께 흥겨운 시간을 보낸 유일한 장면이다. 인간 사이의 불소통과 고독을 말하는 에리세의 영화에서 유일한 소통의 순간이기도 하다.

가늘게 이어지던 아빠와 딸 사이의 소통과 사랑이 결정적인 위기에 봉착하는 것은 아빠의 마음속에 다른 여자가 있다는 것을 알게 된 순간이다. 아빠의 서재에서 다른 여자의 얼굴 그림과 함께 이레네 리오스라는 이름이 수없이 씌어 있는 종이를 본 에스트레야는 그녀의 존재에 대해 의문을 갖는다. 그러다 어느 날 시내 극장 앞에 아빠의 오토바이가 세워져 있고, 극장 간판 그림에 이레네 리오스라는 이름이 새겨져 있는 것을 본다. 그 순간 카메라는 영화 안을 비추는데, 객석에 앉은 아구스틴은 변심한 이레네 리오스가 옛 남자에게 살해되는 장면을 지켜보고 있다. 영화가 끝나기를 기다린 에스트레야는, 극장에서 나온 아빠가 카페로 들어가고 구석 자리에 앉아 누군가에게 편지를 쓰는 것을 본다. 영화를 본 뒤 이레네 리오스에게 보내는 편지를 쓰던 아구스틴은 딸이 창밖에서 문을 두드리자 그제야 딸을 알아보고는 황급히 밖으로 나간다.

이 시퀀스를 통해 마침내 아구스틴의 비밀이 밝혀지고 그의 고독과 은둔, 가족과의 불소통의 이유가 밝혀진다. 그리고 이 경험은 그동안 아빠의 사랑을 갈구해왔던 에스트레야에게도 큰 충격이 된다. 에스트레야가 이레네 리오스 출연 영화의 광고지를 촛불에 태우고는 촛불을 끄는 장면에서 아빠를 향한 마음의 문이 닫혔음이 말해진다. 남쪽의 옛 애인에게 편지를 보냈던 아구스틴은 며칠 뒤 답장을 받는다. 피아노 조율사의 불협음을 들으면서 그는, 이제 와서 뭘 어쩌자는 것인지 이해할 수 없다며 과거로 돌아가고 싶지 않다는 옛 애인의 차가운 편지를 읽는다. 이것은 마치 「벌집의 정령」에서 옛 애인에게 편지를 썼던 테레사가 받았을 답장과 ── 실제로 편지는 옛 애인에게 도달하지도 못했지만 ── 유사하다. 충격을 받은 그는 집을 나가 기찻길 옆의 허름한 여관에서 하룻밤을 지샌 뒤 초췌한 모습으로 새벽에 돌아온다.

어떻게 보면 아구스틴의 고독이 한 여인으로부터 비롯된 것이라는 점에서 내전의 트라우마를 형상화했다는 이 작품의 의도가 훼손된 것일 수도 있다. 그러나 영화는 아구스틴과 옛 애인의 이별과 고통이 내전과 관련이 있음을 내비친다. 편지에서 언급된 8년 전의 시간이란 내전과 내전 직후로서 공화파를 지지하던 아구스틴이 전쟁에서 패배하여 감옥에 갔던 격동의 기간이기 때문이다. 전쟁의 풍파 속에서 두 연인의 사랑 또한 엇나간 것으로 보인다. 1942년 에스트레야의 탄생은 아구스틴이 외도를 끝내고 가정으로 돌아온 것을 의미했다. 그러나 과거에 집착하는 그는 새로운 생활에 정착하지 못하고 끝없이 방황한다.

역사의 트라우마를 지닌 지식인의 아픔이 과거의 여인에 대한 연정으로 비유적으로 표현된 것은 현대 스페인 문학과 영화에서 자주 있는 일이다. 예를 들어 사우라의 「사촌 앙헬리카」에서도 40대 독신 남성 루이스의 트라우마는 어릴 적 애틋한 기억으로 간직된 사촌 앙헬리카에 대한 그리움으로 형상화된다. 또한 민주화 시대 스페인 문학의 새로운 기수로 떠오른 안토니오 무뇨스 몰리나Antonio Muñoz Mollina의 『폴란드 기수El jinete polaco』에서도 프랑코 정권이 들어선 뒤 해외를 떠도는 통역사인 주인공의 외로움은 옛 애인에 대한 그리움으로 표현된다.

옛 애인에게서 냉정한 답장을 받은 뒤 상심한 아구스틴은 딸에게 호텔에서 점심을 사주며 술을 마신다. 마침 호텔 옆방에선 결혼식 피로연이 진행되고 거기서 예전에 딸의 영성체 수여식에서 딸과 함께 추었던 '파소도블레'가 흘러나온다. 과거의 향수에 젖은 아구스틴은 에스트레야에게 그 음악을 기억하느냐고 물어보지만 그녀는 기억하지 못한다고 답한다. 아빠는 딸에게 좀더 있어줄 것을 부탁하지만 에스트레야는 수업에 가야 한다며 아빠를 홀로 둔 채 자리를 떠난다. 아빠의 여자를 알게 된 이후 에스트레야는 이미 아빠에 대한 마음의 문을 닫았기 때문이다. 호텔을 떠나기 전 에스트레야는 결혼식 피로연에서 파소도블레를 추는 커플을 한참 동안 지켜보다 자리를 떠난다. 이것이 부녀의 마지막 이별 장면이 된다.

그날 밤 아구스틴은 집에 돌아오지 않았고, 에스트레야는 아빠 침대 베갯머리에 남겨둔 진자를 발견하고는 이번엔 아빠가 영원히 돌아오지 않을 것임을 직감한다. 결국 아구스틴은 마을 강가에서 자살한 사체로 발견된다. 엎드려 죽어 있는 아구스틴의 사체 옆으로 자살에 쓴 총과 함께 에스트레야의 빨간색 자전거가 놓여 있어 아구스틴의 자살에는 딸도 연관되어 있음이 암시된다.

사실 아구스틴의 죽음은 서사의 전개상 필연적인 것이다. 과거의 트라우마에서 벗어나지 못하는 그는 이미 죽은 사람과 다름없었기 때문이다. 이것은 에리세 감독이 자신의 부모 세대를 '진공의 사람들' '부재하는 사람들'이라고 표현하며 "살아 있지만 살아 있는 것 같지 않았다"고 말하는 것과 같은 맥락이다. 상처를 치유할 만한 아무런 방편을 찾지 못한 그는 자살하는 길을 택할 수밖에 없다.

하지만 영화의 결말은 비관적이지만은 않다. 아버지의 분신이라고 할 수 있는 딸 에스트레야는 아버지가 남긴 소지품에서 전화국 영수증을 발견하는데, 이로부터 아버지가 자살 직전 남쪽의 누군가에게 전화를 걸었음을 알게 된다. 번호가 적힌 영수증을 간직한 채 에스트레야는 남쪽으로의 여행을 결심한다. 영화는 남쪽으로 가기 위해 그녀가 가방을 싸는 것으로 끝을 맺는다. 이로써 영화는 근원적인 문제의 해결을 위해 새로운 세대가 한 걸음을 내디뎠음을 의미하고 「벌집의 정령」에 비해 희망적인 상황으로 끝을 맺는다.

사실 이 영화는 원래 북쪽과 남쪽의 두 부분을 모두 포함하는 상당히 방대한 스케일의 서사로 기획되었다. 그러나 감독 에리세와 제작자 엘리아스 케레헤타Elías Querejeta의 불화로 인해 북쪽을 배경으로

「남쪽」에서 에스트레야는 아버지가 남기고 간 진자를 발견하고는
아버지가 돌아오지 않을 것임을 직감한다.

하는 절반만 완성이 된 것이다.[3] 하지만 영화는 형식적으로나 서사 면에서 전혀 미완성작이라는 느낌을 주지 않으며 이 자체로 완결성을 지닌다는 것이 비평가들의 한결같은 평가였다. 북쪽에서 보이는 것만으로도 이미 영화의 메시지는 충분히 전달되기 때문이다.

이미지의 의미를 즉각적으로 밝히지 않고 해석의 여운을 남겨놓는 것이 에리세 영화의 문법이라고 한다면, 오히려 남쪽이 시각적으로 보이지 않은 채 종결된 것이 영화의 의미가 풍성해지는 데 도움이 되었다고 볼 수도 있다. 다만 이 영화에서 남쪽은 트라우마의 역사를 간직한 곳인데, 새로운 세대인 에스트레야가 그곳을 방문하여 아버지가 얽힌 과거의 역사를 파헤친다는 것은 본격적인 역사 청산의 의미를 지니기 때문에, 만약 「남쪽」이 원래 계획대로 촬영되었다면 에리세의 과거 청산이 어떤 것을 의미하는지 볼 수 있었던 기회를 놓쳤다는 아쉬움은 남아 있다.

'프랑코의 아이들'

에리세의 영화는 아이들의 시각에서 출발한다. 유아기는 '미지의 땅'이자 신화적인 공간으로 어른들이 이해할 수 없는 정신 작용이 일어나는 곳이다. 에리세가 출생한 해인 1940년을 배경으로 하고 있는 「벌집의 정령」은 1940년에 여섯 살인 아나가 주인공이다. 이 영화는

---

3) Peter William Evans & Robin Fiddian, "A narrative of Star-Cross'd lovers," in Linda C. Ehrlich(ed.), *An Open Window: The Cinema of Víctor Erice*, London: The Scarecrow Press, 2000, p. 141.

"옛날 옛적에" 하는 말로 시작하고 처음 들리는 말은 "영화가 도착하고 있다"이다. 이러한 시작은 영화에 대한 어린 아나의 믿음을 반영하는데, 이 믿음은 어찌나 순수한지 아나는 영화 「프랑켄슈타인 박사」와 현실을 혼동하게 된다.

아나는 프랑켄슈타인 박사가 만든 괴물이 여자 아이를 죽이고 뒤에 사람들이 괴물을 죽이는 영화의 서사를 이해하지 못한다. 그래서 언니 이사벨에게 다음과 같이 물어본다.

아나 왜 괴물은 여자아이를 죽였고 사람들은 괴물을 죽였지?

이사벨 사람들이 괴물을 죽이지도 않았고 괴물이 아이를 죽이지도 않았어.

아나 어떻게 죽지 않았다는 것을 알지?

이사벨 왜냐하면 영화는 거짓말이거든. 속임수인 거지. 게다가 난 그가 살아 있는 걸 봤어.

아나 어디서?

이사벨 마을 근처 내가 아는 곳에서. 사람들은 그를 볼 수가 없어. 밤에만 나타나거든.

아나 유령이야?

이사벨 아냐. 정령espíritu이야.

아나 루이사 아줌마가 이야기해준 것이구나.

이사벨 그래, 하지만 정령에겐 몸이 없어. 그래서 사람들이 그를 죽일 수 없는 거야.

아나 하지만 영화에선 몸이 있었잖아. 팔도 있고 다리도 있고 다 있었어.

이사벨 그건 거리로 나오기 위해서 옷이 입혀졌기 때문이야.

아나 밤에만 나온다면서 어떻게 그와 이야기를 했지?

이사벨 그가 정령이라고 말했잖아. 네가 그의 친구가 된다면 언제든지 이야기할 수 있어. 눈을 감고 그를 부르는 거야. "나는 아나야" "나는 아나야."

보통의 어른들과 달리, 영화 속 아이처럼 프랑켄슈타인 박사의 괴물에게 연민을 느꼈던 아나에게 괴물이 아이를 죽이지 않았다는 것 그리고 정령으로서 마을 근처에 살고 있다는 언니의 이야기는 안도감과 함께 희망을 주는 것이었다. 그래서 아나는 언니와 함께 정령을 찾아 마을 주변에 버려진 외딴집으로 간다. 그리고 그곳에서 놀랍게도 부상을 입은 채 피신해 있는 공화국 패잔병을 만나게 되고 그를 프랑켄슈타인 박사가 만든 정령으로 믿어버린다. 그래서 그에게 사과를 건네고 먹을 것을 가져다주고 심지어 아빠의 외투까지 가져다준다.

아나가 프랑켄슈타인 박사가 만든 괴물 — 혹은 정령 — 에게 연민을 느끼는 것은 역사적 상황 속에서 매우 의미심장하다. 프랑켄슈타인 박사는 이미 음성학적으로 스페인의 통치자 프랑코를 연상시키고 그가 만든 괴물은 프랑코에 의해 만들어진 스페인 사람들을 의미하기 때문이다. 자신의 의지와 상관없이 괴기스럽게 창조된, 슬픈 운명의 괴물처럼 전후의 스페인 사람들 역시 프랑코에 의해 역사적 트라우마를 입고 괴기스러운 존재로 살아가고 있다고 에리세는 말하고 있다.

실제로 「벌집의 정령」과 「남쪽」에 등장하는 어른들은 모두 트라우마를 지닌 고독한 존재들이다. 「벌집의 정령」의 아버지 페르난도가 등장하는 첫 신에서 그는 마을회관에서 상영되는 「프랑켄슈타인 박사」 영화가 소개된 직후에 벌 투구를 쓴 클로즈업으로 등장함으로써 그가 괴기스러운 프랑켄슈타인 박사의 괴물과 등치되는 존재임을 확인시킨다. 또한 침대에서 정령의 존재에 대해 이야기하던 아이들이 "나는 아나야" "나는 아나야"라고 부르는 순간 무거운 발걸음 소리와 함께 다음 신에 나타남으로써 그가 곧 정령이라는 것이 말해진다. 「남쪽」에서는 아버지 아구스틴이 옛사랑을 못 잊어 방황하는 것으로 그의 트라우마가 표현된다. 그는 도립병원의 의사로 살아가고는 있지만 집에선 혼자 앉아 옛사랑의 이름을 쓰고, 밤에는 술을 마시러 돌아다닌다.

이렇게 트라우마에 시달리는 에리세의 인물들이 역사적인 존재와 연결되는 결정적인 시퀀스는 「벌집의 정령」에서 외딴집에 피신해 있던 공화국 패잔병이 군경대에게 사살되는 에피소드이다. 물론 이 공화국 패잔병은 에리세 영화의 남성 주인공들과 심정적으로 연결될 수 있다. 사살된 공화파 패잔병의 시신은 영화가 상영되던 마을회관의 스크린 바로 밑에 놓이고, 이 순간 카메라는 틸트다운하여 스크린을 비춘 후 패잔병의 시신으로 내려온다. 이로써 영화 속에서 사람들에게 살해당한 프랑켄슈타인 박사의 괴물과 공화파 패잔병 사이의 상징적 동일시는 명확해진다. 영화와 현실을 혼동한 아나의 세계가 현실에서 실제로 재현된 것이다. 이로써 어린 아나는 내전에서 상처를 입은 어른들처럼 상처 입은 개인이 되고 아나의 상처는 부모 세대의 트라우마가 된다.

정령이라고 믿었던 병사가 핏자국만 남긴 채 사라진 뒤 아나는 아빠로부터 도망간다. 산속을 헤매던 아나는 연못가에 도달하여 연못을 들여다보는데, 이 순간 아나의 얼굴과 프랑켄슈타인 박사가 만든 괴물의 얼굴이 중첩된다. 물론 이것은 아나의 환상인데 여기에서 괴물은 괴기스럽다기보다는 창백한 피부에 슬픈 얼굴을 하고 있다. 아나와 괴물은 모두 상처받은 존재들이라는 점이 부각되는 것이다. 이 사건 이후 아나는 기절하게 되고 어른들에게 발견되어 집으로 돌아온다. 아나를 진찰한 의사는 엄마 테레사에게 다음과 같이 말한다.

아나는 아직 아이입니다. 강한 정신적 충격을 겪었어요. 하지만 지나갈 것입니다. 조금씩 조금씩 잊어갈 것입니다. 중요한 것은 아나가 살아 있다는 것입니다. 살아 있다는 거예요.

말할 것도 없이 아나의 상태는 내전의 트라우마를 안고 사는 부모 세대의 증상을 의미한다. 이로써 아나는 '프랑코의 아이들'로서 상징적인 인물이 된다. 중요한 사실은 살아 있다는 것이라는 의사의 말은 트라우마를 안고 있지만 그래도 삶을 영위하고 있는 프랑코 치하의 스페인 사람들에 대한 에리세의 말이기도 하다. 실제로 아나를 둘러싼 어른들의 세계 역시 아나의 상태와 크게 다를 바 없다. 그들 역시 죽은 듯이 살아가고 있을 뿐이다.

그런 점에서 마지막 결말은 다소 희망적으로 읽힐 수 있다. 엔딩 신 직전의 신에서 엄마 테레사는 책을 읽다 책상에 엎드려 자는 남편에게 다가가 담요로 덮어주고 그의 안경을 벗겨준다. 이것은 이 영화에서 시종일관 서로 무관심하던 부부가 유일하게 애정을 발휘하는 대목이다. 이어진 엔딩 신에서 물을 한 컵 마신 아나는 침대에서 일어나 문을 열고 테라스로 나가서 '나는 아나야' '나는 아나야'라는 말을 떠올리며 정령을 부른다. 그러자 멀리서 기차 소리가 들린다. 이렇게 아직 정령에 집착하는 아나는 마음의 병으로부터 회복된 것이 아니다. 그러나 마지막 순간 테라스에서 등을 돌리고 집으로 들어옴으로써 일상으로 돌아와 회복될 것이라는 여운을 남긴다.

「남쪽」에서도 딸 에스트레야는 아버지의 트라우마를 물려받은 존재로 등장한다. 그래서 아버지만큼은 아니지만 딸 에스트레야의 삶도 쓸쓸해 보인다. 그녀는 영화 속 어느 누구와도 진정으로 소통하지 못한다. 엄마와의 관계도 겉돌고 있으며, 남자 친구가 전화하며 쫓아다니지만 그녀는 관심을 보이지 않는다. 어린 시절엔 그저 아빠만을 따라다니며 아빠의 사랑을 구하려는 모습을 보인다. 그래서 아빠의 정신적 외도는, 엄마뿐만 아니라 딸에게도 큰 충격이 된다.

이 사건 이후 에스트레야는 아빠와 정신적으로 분리되고 더 이상 트라우마를 지닌 주체로 나오지 않는다. 게다가 아빠의 비밀을 해결하기 위해 아빠가 죽기 전 걸었던 전화번호를 간직한 채 남쪽으로 향하는 적극적인 모습을 보여준다. 그렇다고 해서 '프랑코의 아이들'의 트라우마가 해결되었다는 의미는 아니다. 에리세, 사우라의 영화에서 아이로 등장하는 '프랑코의 아이들'은 정신적으로 성장하거나 독립되지 못한 어른들의 메타포이기 때문이다. 이 영화들에서 어른들이 여전히 과거의 상처에서 벗어나지 못하고 있는 이상 역사적 트라우마는 해결되지 못하고 있음이 말해진다. 다만 정신적인 상처로부터 헤어나오지 못하고 있는 「벌집의 정령」의 아나 그리고 「까마귀 기르기」의 아나에 비해 「남쪽」의 에스트레야는 좀더 건강하게 살아 있는 존재로 등장함으로써 미래에 대해서는 훨씬 희망적인 전망을 드리우고 있다.

제3부
민주화 시대의 도래와 새로운
감수성의 출현

José Luis Garci
Asignatura pendiente
Solos en la madrugada
Volver a empezar

Pedro Almodóvar
Pepi, Luci, Bom y otras chicas del montón
Laberinto de pasiones
Entre tinieblas
¿Qué he hecho yo para merecer esto?
Matador
La ley del deseo
Mujeres al bordo de un ataque de nervios
¡Atame!
Tacones lejanos
Kika
La flor de mi secreto
Carne trémula
Todo sobre mi madre
Hable con ella
La mala educatión
Volver
La piel que habito

5장
스페인 전환기의 정서와 감수성
—호세 루이스 가르시

> 모든 것에 — 유년기, 청년기, 섹스, 사랑,
> 정치에…… — 너무 늦게 도달한 우리들에게.
> —「미결 과목」

전환기의 정치적 상황과 스페인 영화

이미 오래전부터 병상에 누워 있던 프랑코가 결국 1975년 11월에 사망하자 스페인 대중은 자신의 정치적 성향에 따라 상이한 반응을 보였다. 프랑코 체제에 비판적이었던 좌파 성향의 대중은 억압의 종말과 자유의 도래에 환호를 보냈지만 보수적 성향의 대중은 보다 복잡한 심리 상태에 놓인다. 프랑코를 심정적으로 지지해왔던 사람들은 영도자의 죽음을 슬퍼했지만 이들도 이미, 1960년대 말부터 밀어닥친 범세계적인 자유주의 물결과 스페인 사회의 급속한 자본주의화와 함께 프랑코 정권의 이데올로기가 시효를 다했음을 인지하고 있었다. 따라서 프랑코의 퇴장이 가져올 스페인 사회의 본격적인 유럽화에 대해 내심 기대감도 갖고 있었다. 결국 정도의 차이는 있었겠지만 모든 스페인인이 크고 작은 기대 속에 프랑코의 죽음을 맞았다고 할 수 있다.

그러나 프랑코 사망 직후의 스페인 사회는 불안과 혼란이 지배했다. 국왕은 민주주의로의 전환을 선언했고 구체적인 일정까지 밝혔지만 거리에서는 연일 좌·우파의 시위가 벌어졌고 과열된 시위대는 유혈 충돌을 빚기도 했다. 이것은 당시의 정치적 상황에 대한 불만족의 표현이기도 했지만 오래된 원한의 발현이기도 했다. 내전의 패배 이후로 프랑코 정권하에서 탄압 속에 살아온 좌파로서는 응당 묻힌 진실이 밝혀지고 정의가 회복되는 상황으로 이어져야 했다.

영화계의 양상을 보면, 프랑코의 사망 직후 내전을 패자의 입장에서 조명하는 움직임이 생겨났다. 내전을 공화파의 입장에서 조명한 영화들이 쏟아지게 되는데, 감독들이 역사를 복원하고자 하는 마당에 극영화가 아닌 다큐멘터리를 선호한 것은 당연했다. 이렇게 프랑코 사망 직후 내전을 다큐멘터리로 조명한 작품은 바실리오 마르틴 파티노Basilio Martín Patino의 「전쟁 이후를 위한 노래Canciones para después de una guerra」(1976)와 「두목Caudillo」(1976), 디에고 산티얀Diego Santillán 감독의 「왜 우리는 전쟁에서 패했는가?¿Por qué perdimos la guerra?」(1977), 하이메 카미노Jaime Camino 감독의 「오래된 기억La vieja memoria」(1977), 곤살로 에랄데Gonzalo Herralde 감독의 「민족, 프랑코의 정령Raza, el espíritu de Franco」(1977), 「희망과 사기 사이에서: 스페인 1931~39 Entre la esperanza y el fraude: España 1931~39」(1977), 「스페인은 알아야 한다España debe saber」(1977) 등이다. 이 영화들은 크고 작은 사회적 반향을 일으켰다. 우파 비평가들은 이 영화들이 내전을 주관적인 시각을 통해 왜곡하고 있다고 비난했다. 극우파 시민들 또한 이 영화들에 불쾌감을 드러냈는데, 「오래된 기억」의 경우 마드리드의 우파 극장주들은 상영을 거부했다. 한편, 마드리드의 한 극장에서는 극우파 단체가 극장에 난입해 오물을 투척하고 스크린을 찢는 소동을 벌이기도 했다.

해결되지 않은 과거의 원한이 표면화될 기미를 보이자 국왕을 비롯한 당시의 우파 정치인들은 과거를 거론하지 않는 것이 제2의 내전을 피하고 스페인 사회를 안정시키는 길이라고 보았으며 좌파 정치인들도 민주주의로의 이행에 대한 약속을 믿고서 여기에 동의하게 되었다. 이렇게 해서 1977년 훗날 '망각협정'으로 불리게 된 사면법이 합의되고 발효되었다. 물론 이 해에는 40년 만에 스페인에서 자유총선거가 실시되었고, 1978년에는 민주주의 헌법이 선포되었다. 이 과정을 통해 프랑코의 잔당이라고 할 수 있을 민주중도연합Unión de Centro Democrático, UCD이 정권을 잡았다.

따라서 표면적으로는 스페인의 정치적 전환기가 큰 소동 없이 진행된 듯하지만 좌파 지성인들—정치인이 아닌—의 입장에서 보자면 국왕을 중심으로 우파들이 주도한 정치적 전환에 좌파는 들러리를 선 것에 불과했다. 그리하여 프랑코가 사라지면 민주화의 낙원이 펼쳐질 것을 꿈꾸며 독재시대를 감내했던 좌파 지식인들에게 전환기는 '환멸'을 가져왔다. 우파 지식인들 역시 정도는 덜했지만 독재자가 사라지고 어수선한 사회 분위기는 낯선 것이었다. 스페인 전환기 문화의 연구자 테레사 빌라로스는 이 시기가 정체성이 실종된, 모두에게 낯선 시기였다고 말한다.

반反프랑코 또는 친親프랑코의 금속판에 고통스럽게 새겨진 애처로운 스페인 정체성은 독재자의 죽음과 함께 사라져버렸다. 프랑코는 죽었고 이와 함께 프랑코 체제도 종언을 고했다. 하지만 이와 함께 우리의

정체성도 사라졌고 그것을 대체할 만한 것은 아무것도 없었다.[1]

이러한 상황 속에서 전환기의 정치적 상황과 '환멸'의 정서를 담은 영화들이 나오게 된다. 이런 흐름에 물꼬를 튼 작품은 하이메 차바리 Jaime Chavarri의 다큐멘터리 「환멸desencanto」(1976)이었다. 이 작품은 프랑코 시대의 시인 레오폴도 파네로Leopoldo Panero(1909~1962)의 삶에 대하여 그의 미망인과 세 자녀가 증언하는 다큐멘터리 형식을 취하고 있는데, 아버지를 따라 시인이 되거나 작가가 된 세 자녀는 아버지에 대한 기억 속에서 정권의 쇠락과 위선을 고발하고 있다. 이 작품은 작품 자체의 의미보다도 '환멸'이라는 말을 유행시키며 유명해졌다. 이 시기에 나온 또 다른 유명 작품은 구티에레스 아라곤Gutiérrez Aragón 감독의 「검은 무리Camada negra」(1977)로서 이 작품은 스페인의 이름으로 전환기 좌파 운동가들을 살해하는 테러 무리를 다루고 있어 당시 사회에 파장을 불러일으켰다. 엘로이 데 라 이글레시아Eloy de la Iglesia 감독의 「하원의원El diputado」(1978) 역시 이 시기에 큰 반향을 불러일으킨 작품으로 동성애 좌파 운동가의 정치적 열정과 성적 욕망 사이의 괴리를 다루고 있다.

그러나 정치적 전환기의 시대 분위기를 가장 잘 표현한 수작은 단연 호세 루이스 가르시José Luis Garci의 두 작품 「미결 과목Asignatura pendiente」(1977)과 「새벽에 홀로이Solos en la madrugada」(1978), 그리고 페르난도 콜로모Fernando Colomo의 「종이호랑이Tigres de papel」

---

1) Teresa M. Vilarós, *El mono del desencanto: una crítica cultural de la transición española 1973~1993*, Madrid: Siglo XXI, 1998.

「종이호랑이」에서 전환기의 정치적
상황에 대해 이야기하는 젊은 지식인들.

(1977)이다. 이 작품들은 모두 깨어진 남녀 관계를 통해 이 시기 지식인의 정서적 공허함을 다룬다는 공통점이 있다. 남녀 관계가 정치적 상황에 대한 메타포로 작동하는 것은 에리세나 사우라의 작품에서도 자주 등장하던 것이다. 「종이호랑이」의 주인공인 카르멘과 후안은 이혼한 부부로서 그들 사이엔 네 살짜리 아들이 있다. 그들은 별거 중임에도 좌파 성향의 친구들과 함께 어울려 마리화나를 피우고 당시의 정치와 사회에 대해 논쟁을 벌이곤 한다. 그들은 자유주의를 추구하는 지식인인 양 허세를 부리지만 그들 사이에는 복잡한 애정 관계가 생겨나고 그들 역시 질투, 욕망, 충동에 지배를 받는 '종이호랑이'에 불과하다는 것을 깨닫게 된다. 저예산으로 제작된 이 영화는 조악한 화면과 지루한 논쟁 신에도 불구하고 상업적으로 큰 성공을 거두었는데, 그만큼 당시 스페인인들의 복잡한 심리 상태를 거울을 보여주듯 적실하게 표현한 부분이 관객들의 호응을 불러온 것으로 보인다. 하지만 「종이호랑이」보다 더 큰 공감을 불러일으키며 전환기 영화의 상징으로 남게 된 것은 호세 루이스 가르시의 작품이었다.

상실감과 환멸의 정서

호세 루이스 가르시는 프랑코 말기부터 영화를 만들기 시작했으며, 프랑코가 죽은 직후부터 본격적으로 장편영화를 만들었기 때문에 그의 예술가적 정서는 스페인 전환기에 형성되었다고 볼 수 있다. 스페인에서도 가장 목가적인 지역인 아스투리아스 출신인 그는 정치적 격변기를 겪은 스페인 사람들의 정서적 동요를 서정적인 톤으로 애잔하게 그려냄으로써 당시 스페인 대중의 큰 공감을 불러일으켰고, 이 덕분에 손꼽히는 예술영화 감독으로 남을 수 있게 되었다.

전환기라는 정치적 격변기를 배경으로 하는 그의 영화에는 당시 군중의 집회 모습이나 거리 풍경이 자주 등장한다. 그러나 그의 영화는 직접적으로 정치적 이슈를 말하지 않는다. 오히려 그의 영화는 오래된 연인 한 쌍을 등장시켜 그들의 러브스토리를 따라가거나 한 커플이 겪는 정신적 갈등과 방황을 보여준다. 그런데 이 흔한 사랑 이야기는 당시의 정치적 상황과 맞물려 사회적 함의를 지닌다.

이러한 상황에서 만들어진 호세 루이스 가르시의 영화는 역사적 맥락에 충실하지만 그렇다고 해서 다큐멘터리적으로 당시의 상황을 보여주지 않는다. 오히려 그보다는 남녀 사이의 통속적인 멜로드라마 서사를 통해 전환기에 스페인 사람들이 지녔던 정서와 희망 그리고 상실감을 탁월하게 표현하여 동시대 관객들의 전폭적인 공감을 모을 수 있었다. 그중에서도 1977년에 개봉한 「미결 과목」, 1978년의 「새벽에 홀로이」는 스페인 전환기의 대표적인 작품으로 꼽힌다. 이 작품들은 남녀 주인공으로 호세 사크리스탄José Sacristán과 피오레야 팔토야노 Fiorella Faltoyano를 기용하고 있는데 이들은 「미결 과목」에선 각자의 가정을 지닌 예전의 연인으로, 「새벽에 홀로이」에선 이혼한 부부로 등장한다. 두 작품에서 인상적인 연기와 대사로 관객들의 공감을 불러일으킨 이들은 이후 많은 작품에 출연했으나 이 작품들에서만큼 깊은 인상을 주지 못했는데, 가르시 감독의 두 작품에서 두 배우의 이미지가 깊게 각인된 이유도 있을 것이다.

「미결 과목」은 프랑코의 사망을 전후로 한 1975년 가을, 겨울을 배경으로 어렸을 적 연인이었던 두 남녀가 유부남, 유부녀가 되어 다시 만나는 이야기를 그리고 있다. 주인공인 호세와 엘레나는 열여덟 살 즈음에 사귀던 사이로서 지금은 30대가 되어 있다. 호세는 인권변호사로 일하고 있고 엘레나는 가정주부이다. 프랑코 정권하에서 엄격하게 금지되었던 공산당 활동을 하며 감옥에 가기도 했던 호세는 바쁘게 활동하고 있지만 과거의 옛사랑을 못 잊어한다. 엘레나는 기업가인 남편을 내조하고 두 아이를 키우며 정숙한 현모양처의 역할에 충실하게 지내고 있다. 프랑코 정권 말기에 격화된 반정부 시위로 혼란스러운 거리에서 어느 날 호세는 거리를 지나는 엘레나를 우연히 보게 되고 둘은 반갑게 재회한다. 두 사람은 카페에 앉아 그동안 살아온 삶과 각자의 가족 이야기를 한다. 예전의 기억을 떠올리며 즐거워하던 그들은 호세의 제안으로 과거에 그들이 만났던 장소에 다시 가보기로 한다. 그곳에서 과거의 추억을 떠올리며 즐거운 시간을 보내는 중에 호세는 엘레나에게 다음과 같이 털어놓는다.

우리가 같이 자는 것은 마치 우리 것을 되찾는 일처럼 느껴져. 우리가 해야 했던 것을 하지 않았던 건 그땐 다른 시절이었기 때문이지. 모든 것이 달랐어. 우리는 너무나 많은 것을 빼앗겼어. 우리는 같이 자야 했을 많은 순간에 그렇게 하지 못했어. 우리에게 강요된 많은 책. 우리에게 강요된 많은 생각. 도대체 이게 뭐야! 이 모든 것 때문에 그들을 용서할 수 없어. 이건 마치 우리에게 뭔가가 남아 있는 느낌이야. 학기가 끝났지만 끝내지 못한 과목처럼 말이야. 아직 마치지 못한 것처럼 느껴져. 어쩌면 죽을 때까지 우린 이 과목을 통과하지 못할 것처럼 느껴지지.

영화의 제목이기도 한 '미결 과목'이란 호세의 말에서 보듯 두 사람이 성적인 관계를 갖는 것을 의미한다. 지금의 스페인처럼 성에 대한 억압이 없는 시절이라면 사랑했던 두 사람은 당연히 동침했을 텐데 그때는 혼전 관계가 죄악시되던 시절이었기 때문에 두 연인은 같이 자지 않았고, 이것이 '미결 과목'으로 지금까지 남아 있다는 말이다. 물론 이것은 프랑코 체제의 보수적 세뇌 교육 탓인데, 프랑코 시대에 청년기를 보낸 두 사람은 이제 와서 상실감을 느끼고 있는 것이다.

호세의 말에 한참 동안 침묵하던 엘레나는 "그럼 언제 미결 과목을 해결할까"라고 말을 건넨다. 이렇게 해서 두 사람은 호세의 친구이자 변호사 사무실 직원인 '트로츠키'의 아파트를 빌려 오래된 미결 과목을 해결한다. 레닌의 커다란 사진이 걸린 '트로츠키'의 침실에서 정사를 나누고 벌거벗은 채 담배를 피우는 두 사람의 투 숏은 전환기의 상징이자 스페인 영화사에서 빼놓을 수 없는 명장면이다. 레닌의 사진은 프랑코 독재 시절 노동인권변호사로 활동하며 투옥되기도 했던 호세의 정치적 신념을 나타낸다. 그 사진 아래에서 호세와 엘레나는 자신들의 불륜을 정치적인 저항 행위로서 정당화시키려 하고 있다.

현재를 살아가는 관객의 눈으로는 '미결 과목'에 대한 이들의 회한이 잘 이해되지 않겠지만 프랑코의 사망을 전후로 한 스페인 사회의 변화는 ― 특히 성적인 면에서 ― 너무나 극적이라서 프랑코 집권기에 청년기를 보낸 세대가 느끼는 상실감은 엄청난 것이었다. 프랑코의 억압 속에서 유럽의 자유주의 문화를 접해보지 못한 스페인 사람들은 민주화 시대가 되자 섹스, 술, 마약에 탐닉하며 되찾은 자유를 만끽하려고 했다. 그리하여 정치적 전환기는 문화적으론 자유방임의 시대였고, 이른바 '벗기기 시대'로 불렸다. 「미결 과목」에서도 이 시기에 유행했던 도발적이고 에로틱한 이미지들이 정치인들의 사진, 신문 기사 등과 함께 등장한다.

트로츠키의 아파트에서 미결 과목을 해결한 두 사람은 이제 지속적으로 만나며 정사를 갖는다. 호세는 아예 자신들만의 아파트를 장만해놓고 그곳에서 엘레나와 일주일에 두 번씩 밀회를 즐기면서 행복하게 이중생활을 영위한다. 어느 날 호세는 정사를 끝낸 침대에서 엘레나에게 "독재는 자전거 타기와 같아. 멈추면 쓰러지게 되어 있지. 사랑도 마찬가지야"라고 말한다. 독재와 사랑을 등치시키는 호세의 말은 병상에 있는 프랑코의 존재를 연상시키며 두 사람의 미래에 왠지 불길한 느낌을 드리운다.

결국 11월 20일 프랑코가 사망했다는 소식이 알려진다. 독재자의 사망 소식은 그동안 스페인 사람들의 무의식을 억압했던 두터운 철문의 마지막 빗장이 풀린 것처럼 보였고, 환호하는 사람들처럼 두 사람의 앞길에는 거칠 것이 없어 보였다. 크리스마스가 다가왔고, 복권 추첨 방송이 TV로 중계되는 가운데 호세와 엘레나는 아파트에서 만난다. 호세는 엘레나에게 목걸이를 선물했고 엘레나는 라이터를 선물한다.

비밀 관계를 시작한 이후 이제까지 호세와 엘레나 사이의 행복을 해칠 만한 일이 전혀 없었고, 둘의 관계는 마냥 순조롭게 진행되어왔으나 관객들은 그들에게 이별이 다가오고 있음을 서서히 감지하게 된다. 앞서 말했듯이 그들의 불륜 관계의 구실을 제공했던 프랑코가 사망한 것도 있고, 또한 당시의 스페인 국민들처럼 호세도 '환멸'의 정서를 느끼기 시작했기 때문이다. 어느 날 호세는 아내에게 "이날이 오면 달라질 거라고 오랜 세월 동안 생각해왔지. 하지만 모든 게 똑같잖아"라고 말한다. 물론 '이날'이란 프랑코가 사라진 민주화 시대를 의미한다.

실제로 호세와 엘레나의 관계는 조금씩 금이 가기 시작한다. 호세가 비밀 아파트에 와서도 전화통을 붙잡고 직장 일에만 매달리자 엘레나는 점점 소외감을 느낀다. 두 사람은 다시 예전에 만났던 곳에 가지만, 어릴 적 기억을 떠올리며 감회에 젖었던 지난번과 달리 두 사람 사이엔 어색한 침묵이 흐를 뿐이다. 겨울눈이 쌓여 있는 마을은 두 사람의 차가운 기운을 말해주는 듯하다.

호세는 직장에서도 '환멸'을 경험한다. 그동안 자신이 온 힘을 기울여 변호하던 노동운동가가 결국 사형을 선고받은 것이다. 실망한 호세는 직장 동료 트로츠키와 함께 새벽까지 술을 마신다. 이 와중에 호세는 엘레나가 선물한 라이터를 잃어버린다. 거나하게 취한 두 사람은 거리의 큰 간판 밑에서 오줌을 누는데, 그 간판에는 스페인 전환기의 환멸을 표현한 "프랑코 밑에서 더 행복했네Con Franco vivíamos mejor"라는 말이 씌어져 있다.

그날 저녁, 엘레나가 기다리는 아파트에 호세는 약속 시간보다 세 시간이나 늦게 나타난다. 호세는 연신 미안하다며 엘레나에게 일상적인 키스를 하지만 엘레나는 냉랭하다. 음악을 틀지만 엘레나는 이내 그 음악을 꺼버린다. 두 사람 모두 이별의 시간이 왔음을 감지한다. 호세는 엘레나에게 라이터를 잃어버렸다고 털어놓는다. 그리고 결국 이런 식으로 관계를 지속해나갈 수 없겠다며 어렵게 입을 뗀다. 엘레나는 헤어져야 한다는 호세의 말에 동의하며 호세보다 침착하게 두 사람의 만남을 회고한다. 두 사람의 대화는 다음과 같이 끝을 맺는다.

엘레나 당신이 나를 이렇게 봐주기를 얼마나 기다렸는지 알아? 당신은 한 번도 나를 서른두 살의 불륜녀로 보지 않았어. 당신에게 나는 언제나 열다섯 살 먹은 그 시절의 소녀였지. 하지만 호세, 나를 봐. 나는 서른두 살이고 두 아이의 엄마고 한 남자의 ─ 지루한 사람이지만 ─ 아내야. 〔……〕 나 역시 과거를 보는 게 즐거웠어. 미래에 대해 볼 것이 없었으니까. 하지만 세상은 변했지. 희망이 보이기 시작하잖아. 〔……〕 처음엔 로버트 레드퍼드의 카네이션을 그리워하겠지. 하지만 다 지나갈 거야. 당신은 미래에 대한 두려움이 있어?

호세 있지, 있고말고. 모든 사람이 다 그럴걸. 하지만 싸워나가야겠지. 그게 유일한 해결책이니까.

엘레나 누구에게? 당신에게? 나에게?

호세 당신, 나, 우리 둘, 그리고 모든 사람에게.

이렇게 해서 과거를 찾아 떠났던 두 사람의 여정은 결말을 맺는다. '미결 과목'을 해결했으니 헤어지는 것이 논리적으로도 맞다. 이 영화의 결말은 멜로드라마에 어울리는 통속적인 엔딩인 것 같지만 두 사람의 마지막 대화엔 희망이라는 말이 나오고 있다. 이제 과거의 숙제를 정리하고 미래를 향해 싸워나가자는 것이 이 영화가 말하는 정치적 메시지이다. 엔딩 신 이후에 길게 이어지는 이 영화의 헌사는 유명한데, 가르시 감독은 프랑코 시대에 청년기를 보낸 자신의 동세대에게 이 영화를 바치고 있다.

다음 해에 발표된 「새벽에 홀로이」 역시 「미결 과목」과 비슷한 스타일, 우수적인 음악, 전환기 세대의 애환과 상실감을 드러내고 있다. 가르시 감독은 프랑코가 사라진 뒤 오랜 독재로 인해 스스로 미래를 개척할 독립심을 상실한 세대가 불안과 불확실성에 휩싸여 있던 상황을

'새벽에 홀로이'라는 말로 표현한 것이다. 아버지 역할로서 프랑코의 죽음은 상반되는 두 가지 감정을 불러왔다. 처음엔 억압이 끝났다는 안도와 행복감, 두번째는 기댈 곳이 없다는 두려움과 외로움이다. 이 영화의 주인공인 호세는 새벽 1시에 시작하는 「새벽에 홀로이」의 진행자로서 30대의 이혼남이다. 그가 진행하는 「새벽에 홀로이」는 당시 전환기의 냉소적이고 패배주의적인 분위기가 지배하던 스페인 사회를 반영하고 있다. 영화의 제목에서 '새벽'이란 어두운 밤과 같은 프랑코 시대가 끝나고 밝은 민주화 시대가 오기 전 전환기의 시간을 의미한다. 이러한 정치적 전환기에서 호세의 세대는 홀로 서 있다. 그는 좌파에 동조하는 지식인으로서 이 프로그램의 청취자들을 "친애하는 무능력자들Queridos inútiles"이라고 부르는데, 이는 자신을 포함하여 이 시기를 주도적으로 이끌지 못하는 좌파 세력을 자조적으로 풍자하는 말이다. 그의 프로그램이 인기가 높은 것은 이러한 좌파 대중에게 공감을 주고 있기 때문이다.

그 자신이 무능력한 좌파 지식인이라는 것을 증명하듯이 그의 가족은 깨져 있다. 아이들은 전 부인 엘레나가 맡아서 키우고 있고 그는 주말마다 아이들을 만난다. 그의 가족이 헤어진 이유는 그가 가장의 역할을 잘하지 못했기 때문이다. 엘레나가 그에 대해 말하는 것으로 유추해보건대 그는 집안일과 아이 키우는 일을 아내에게 맡겨놓고 새벽마다 술에 취해 집에 들어오곤 했던 구시대적인 가장이었다. 호세는 전 부인 엘레나에게 새로운 남자가 생긴 것에 질투심을 느끼고 있다. 엘레나에게 새 남자에 대해서 묻자 그녀는 다음과 같이 설명한다. "그는 당신처럼 지성적인 사람은 아니지만 더 착하고 더 다정해." 지성적인 것이 남자에게 가장 중요한 덕목으로 알고 있었던 호세에겐 충격적인 말이 된다. 실제로 호세는 뛰어난 언변으로 타인을 사로잡지만 혼자 사는 집을 제대로 정리하거나 청소할 줄도 모르는 사람이다.

어느 날 호세는 인류학자인 마이테를 만나는데, 그녀는 성적으로나 자신의 일에 대해 자유주의적이고 진취적인 여성으로 호세와의 관계를 주도적으로 이끌어간다. 호세에게 호감을 지닌 그녀는 적극적으로 호세에게 접근하고, 그녀는 호세를 침대로 유혹한다. 그러나 호세는 '프랑코의 아이들'로 그녀와의 관계에서 성적으로 무능함을 드러낸다. 한번은 호세가 예고 없이 마이테의 아파트를 방문했고, 그녀가 건장한 남자와 함께 있는 것을 보게 된다. 질투심에 불타는 호세에게 마이테는 "민주주의도 뭐도 당신을 바꾸지 못했군. 프랑코가 죽어서 정말 안됐네. 이젠 변명도 필요 없어"라고 말한다.

구시대의 남자 호세는 새 시대의 여자 마이테를 감당할 준비가 되어 있지 않은 것이다. 방송국에선 프로그램의 폐지와 함께 그에게 런던에서 일할 기회를 제안한다. 그러나 아이들과 떨어져 살며 느낄 고독을 감당할 자신이 없는 그는 마드리드에 남기로 결정한다. 마지막 방송에서 호세는 청취자들에게 38년 동안의 억압의 세월을 떨치고 자유를 만끽하라고 말한다.

우리는 아빠가 없지만 뭐 어때요. 우린 고아예요. 우리는 신나게도 보호받지 않아요. 세상과 대면해야 합니다…… 비록 계속해서 장애인이긴 하지만 지금부터 싸워야 할 가치가 있는 것을 위해, 자유를 위해, 행복을 위해, 그 무엇을 위해 싸워야 합니다. 〔……〕 오늘 「새벽에 홀로이」는 끝납니다. 하지만 우리의 불결한 과거에 대한 향수와 기억은 영원히 남을 것입니다. 오늘은 작별의 시간입니다. 롤라는 런던으로 갑니다. 우리는 1979년에 있고, 이 방송이 시작된 후 38년의 아름다운 시간이 지났습니다. 우리는 이제 성인이 되었습니다. 우리는 고아입니다. 무언가를 해야 합니다. 자, 우리 다 같이 삶을 바꾸어갑시다.

이것은 비록 형식은 청취자에게 하는 말이지만 사실상 호세 자신의 다짐이기도 하다. 그는 이제 외로움을 이기고 새로운 시대의 새로운 정체성을 갖기로 결심한 것이다. 스스로를 쓸데없고, 장애인이고 '조루의 왕'이라고 불렀던 그는 이제 정치적이고 감정적인 면에서 새로운 세대의 권위를 찾게 된 것이다. 영화는 마지막으로 날이 밝은 텅 빈 마드리드의 거리를 비춘다. 이것은 새로운 시대의 도래를 의미하는 것이다.

새로운 출발을 위하여

가르시 영화의 남자 주인공들은 프랑코 시대를 견뎌온 다양한 삶의 방식을 보여준다. 내전 직후 멕시코를 거쳐 미국으로 망명한 작가로부터(「다시 시작하기Volver a empezar」), 정권에 투쟁한 인권변호사(「미결 과목」), 그리고 억압을 견디며 살아온 방송인(「새벽에 홀로이」) 등이 그들이다. 실제로 많은 작가가 제2공화국 망명 정부가 자리 잡은 멕시코로 갔다가 미국으로 건너가 미국 대학의 교수로 자리를 잡았고, 프랑코 치하에서 많은 인권변호사가 공산당과 연계하여 반反정권 투쟁을 벌이다 체포되어 투옥되기도 했으며 또한 많은 직업인이 독재가 끝나기만을 바라며 묵묵히 살아왔던 것이다. 이렇게 프랑코 치하에서의 전형적인 반프랑코 지식인들의 삶을 보여주는 가르시 영화의 남자 주인공들은 이념적으로 사우라나 에리세의 영화 속에 등장하는 남성 인물들과 같은 성향에 속한다.

「다시 시작하기」는 스페인 내전 때 멕시코를 거쳐 미국으로 망명한 유명한 작가이자 버클리 대학교의 스페인 문학 교수인 안토니오 알바하라Antonio Albajara의 이야기를 다룬다. 그는 스톡홀름에서 열린 노벨상 수상식에 참석했다가 고향인 아스투리아스의 히혼Gijón을 찾는다. 암에 걸려 몇 달밖에 살지 못한다는 진단을 들은 그에게 40년 만의 고향 방문은 마지막 추억 여행이다. 그는 낡고 허름한 호텔에 짐을 풀고 유년기와 청년기의 기억이 서린 고향의 이곳저곳을 돌아본다. 그의 방문 소식을 듣고 스페인 국왕이 직접 마드리드의 왕궁으로 초대하겠다는 전화를 했지만 그는 정중히 사양하며 조용하고 조촐한 시간을 보내고자 한다. 젊은 시절 히혼의 프로 축구 팀 스포르팅 히혼의 미드필더로 뛰기도 했던 그는 스타디움을 찾아 팀 관계자들과 얘기하며 과거의 추억에 젖는다.

그러나 그의 마음을 가장 애절하게 만든 것은 옛 친구들과의 재회이다. 옛 친구에게 서로 뿔뿔이 흩어진 가족사를 얘기하다 자신이 암에 걸려 몇 달밖에 살지 못한다는 사실을 고백하는 장면은, 영화학자 피터 베사스에 따르면 스페인 영화사에서 가장 감동적인 신 중의 하나이다.[2] 또한 그는 청년 시절의 여자 친구를 찾는다. 시내의 상점에서 일하던 엘레나는 한참 만에 안토니오를 알아본다. 둘은 예전에 그들이 찾았던 시내의 거리와 교외를 같이 돌아보며 과거로의 여행에 동행

---

[2] Peter Besas, *Behind the Spanish Lens: Spanish Cinema under Fascism and Democracy*, Denver: Arden Press, 1985.

「다시 시작하기」에서 40년 만에 고향을 방문하여
어린 시절의 여자 친구 엘레나를 만난 알바하라 교수.

알바하라는 다시 만난 여자 친구와
고향 마을의 곳곳을 둘러보는 추억 여행을 한다.

한다. 「미결 과목」의 연인들처럼 그들 역시 팔짱을 끼고 과거의 로맨스를 되돌려보고자 한다.

가르시는 이 영화가 감상주의 일변도로 흐르는 것을 경계하여 등장인물의 눈에 눈물을 보이지 않게 한다. 호텔에서 또다시 보지 못할 것을 예감한 두 친구가 작별의 포옹을 하는 장면에서나 공항에서 헤어지는 장면에서도 감독은 눈물을 절제한다. 그래서 영화도 작별로 끝나는 것이 아니라 안토니오가 샌프란시스코의 버클리 대학교로 돌아와 다시 강단에 서고 수업을 마친 뒤 교문을 나서는 것으로 끝이 난다.

「다시 시작하기」는 영화의 제목처럼 가르시 감독 개인의 필모그래피에서뿐만 아니라 스페인 영화사에서 전환기 정서의 마지막을 고하는 작품이었다. 이 영화의 주인공인 알바하라 교수에게 고향인 히혼에서의 기억은 이제는 돌이킬 수 없는 과거에 불과하거니와 알바하라 교수 역시 과거의 인물인 것이며 그가 곧 죽는다는 설정은 전환기의 마지막이 임박했고 새로운 정체성의 시대가 도래했다는 의미이다. 「다시 시작하기」는 스페인 영화사상 처음으로 아카데미상 외국어 영화상을 수상했는데, 당시 많은 스페인 평론가가 말했듯 이 영화 한 편에 주어진 상이라기보다는 성공적으로 민주화 이행을 마치고 새 시대를 맞는 스페인에 대한 세계인들의 찬사와 격려였다.[3] 이 작품을 끝으로 더 이상 전환기의 상실과 불안을 그린 작품은 스페인 영화사에서 자취를 감추게 된다. 대신 새로운 방식으로 구시대의 문화 패러다임과 작별을 고하는 작품들이 대거 등장하게 된다.

---

3) Alberto Moyano, "El Oscar de Garcí fue más un premio a la nueva España democrática que a su película," *Diariovasco*, 2012. 3. 19.

6장
과격한 단절
─페드로 알모도바르

너의 엉덩이와 나의 신체 불구가 이 나라의 문화를 구성하는 거야.
─「날 묶어줘」

보이는 걸 너무 믿지 말라니까.
─「마타도르」

'새로운 스페인'의 아이콘, 페드로 알모도바르

페드로 알모도바르Pedro Almodóvar(1949~)는 스페인에서 단순히 영화감독이 아니라 하나의 문화 현상으로 받아들여지고 있다. 그와 그의 영화에 대해 현재까지 전 세계적으로 수많은 논문과 수십 권의 연구서가 출판되었고, 2003년엔 스페인의 카스티야 라만차 대학교에서 알모도바르 국제 심포지엄까지 열렸다. 아직 생존해 있는 감독에 대해 이렇게 많은 학문적 연구가 행해진 것은 매우 이례적인 일이라고 할 수 있다. 알모도바르와 그의 영화가 스페인 사회에 끼친 영향이 그만큼 막대하다는 것을 의미한다.

알모도바르의 영화를 이해하기 위해서는, 스페인 역사에서 이른바 '전환기La Transición'라고 불리는 시기의 스페인 사회의 변동을 알아야 한다. 전환기는 통상 1973년, 프랑코의 오른팔이었던 카레로 블랑코

Carrero Blanco 수상이 바스크 무장독립운동조직 에타ETA에 의해 암살됨으로써 프랑코의 권력 누수가 본격화된 시점부터 1982년 사회노동당PSOE의 집권까지의 기간을 일컫는다. 이 기간에 스페인은 독재국가에서 민주국가로 재탄생한다. 크고 작은 정치적 격변과 사회적 혼란이 없었던 것은 아니지만 국왕의 영도 아래 좌·우파 정치인들이 평화로운 민주화 이행에 합의하여 순차적으로 진행됨으로써 스페인의 민주화 과정은 비교적 모범적인 것으로 평가된다.

그러다 보니 스페인의 '전환기'는 보통 정치적인 민주화 과정으로 떠올려지지만 사회·문화적으로도 엄청난 변화의 기간이었다. 조금 과장해서 말하면 이 기간에 유럽에서 가장 보수적인 종교국가 스페인이 유럽에서 가장 자유방임적이고 개방적인 국가로 재탄생한 것이다. 이러한 과정에서 중요한 역할을 수행한 것이 1970년대 말 마드리드에서 젊은 예술가들을 중심으로 일어난, '모비다La movida'라고 하는 언더그라운드 문화운동이다.

모비다는 새롭고 발랄한 감수성을 지닌 젊은 대중 예술가들이 마드리드의 밤을 휘저으며 근엄한 도시 마드리드의 사회 분위기를 바꾸어놓은 청년 저항문화였다. 화가, 사진작가, 영화감독, 패션 디자이너, 가수 등이 활발하게 활동하며 새로운 감수성의 예술 세계를 펼쳤다. 여기에는 술, 마리화나, 동성애, 복장 전도 등이 빠지지 않았다. 물론 1970년대 말의 마드리드 모비다에는 1968년 혁명 이후 서구에 불어닥친 청년 좌파 문화운동 — 히피, 펑크, 게이·레즈비언 해방운동, 반전운동 — 의 영향이 절대적이었다. 그러나 시기적으로 늦은 탓인지 위반과 전복의 강도는 더했다. 게다가 오랜 독재에서 해방된 당시 스페인 사회의 분위기와 맞물려 환호적이고 축제적이었다.

프랑코 체제하에서 공식 문화의 중심지였던 마드리드에서 모비다 문화가 유행할 수 있었던 데는 마드리드 초대 민선 시장 엔리케 티에르노 갈반Enrique Tierno Galván의 지원과 노력이 큰 힘이 되었다. 프랑코 집권 시절 반정부 운동을 벌이다 마드리드 대학교의 교수직에서 해직되기도 했던 그는 사회노동당 소속으로 1979년 마드리드 초대 민선 시장에 당선되었는데, 자유주의 성향의 시민들로부터 '노교수님viejo profesor'이라는 애칭으로 불리며 존경을 받았다. 그는 스페인의 진정한 민주화를 위해서는 자유롭고 대중적인 문화의 활성화가 필수적이라고 보았고, 프랑코 치하에서 고사된 시민문화를 부활시키는 데 진력했다. 이에 따라 군경대의 시민 감시가 줄어들었고 벼룩시장 등 거리의 문화가 꽃피게 되었는데, 모비다도 이러한 분위기에서 출현한 것이었다. 이 무렵 창간된 『마드리드의 달La luna de Madrid』이라는 잡지와 TV 프로그램 「황금시대Edad de oro」가 모비다 문화의 선전지 역할을 했다.

알모도바르는 '모비다' 문화의 대표적인 인물이다. 그는 1949년 9월 25일 라만차 지방의 작은 마을에서 태어났다. 이베리아 반도의 중남부에 위치해 있는 라만차 지방은 『돈키호테』의 무대가 되었던 곳으로 척박한 토지로 인해 스페인에서도 가장 소득이 낮은 지역 중 하나이고 보수적인 문화가 지배하는 곳이다. 이러한 시골 마을의 보잘것없는 집안에서 태어나 중등교육밖에 받지 못한 알모도바르의 성장 배경은 스페인의 중심 엘리트 문화와는 거리가 멀었다. 하지만 이렇게 주변적인 지리적·사회적·문화적 환경이 그로 하여금 훗날 지배 엘리트 문화를 풍자하고 조롱하는 대중적인 영화작가로서 자신을 정체성화하는 데 결정적인 작용을 한 것으로 보인다.

'모비다' 시절 자신의 영화에 출연한 알모도바르.
(Courtesy of El Deseo S. A.)

그는 고향 마을에서 예수회 신부들이 운영하는 수도원 학교에서 중등교육을 받았다. 역시 가톨릭 수도원에서 중등교육을 받은 루이스 부뉴엘이 훗날 자신의 영화에서 가톨릭 사제들을 신랄하게 풍자했던 것과 마찬가지로 알모도바르 역시 여러 영화에서 사제들을 희화화했고, 「나쁜 교육La mala educación」이라는 제목의 영화까지 만들어 가톨릭 신부들의 비도덕성을 비판한다.

마드리드로 상경하여 전화국 교환수로 일하며 취미로 단편영화를 찍던 그는 모비다 언더그라운드 문화에 심취해 있었고, 곧 모비다의 주역으로 떠오른다. 그는 영화 촬영 외에도 파티 디푸사Patti Diphusa라는 필명으로 『마드리드의 달』을 비롯한 언더그라운드 잡지에 코믹 포르노 콩트를 기고했고, 독립극단 '불량배들Los goliardos'에서 활동하기도 했으며, '알모도바르와 맥나마라'라는 펑크 록 그룹을 결성하여 여장 남자 가수로 활동하는 등 다양한 활동을 벌이며 모비다를 이끌었다. 그의 첫번째 상업영화인 「페피, 루시, 봄 그리고 시시껄렁한 여자아이들Pepi, Luci, Bom y otras chicas del montón」(1980)과 두번째 영화 「열정의 미로Laberinto de pasiones」(1982)는 당시의 모비다에 대한 기록물로서 모비다의 실제 모습을 고스란히 반영하고 있다. 가령 「페피, 루시, 봄 그리고 시시껄렁한 여자아이들」에 등장하는 봄과 그녀의 친구들은 실제의 언더그라운드 록 밴드의 멤버들이었고, 그들이 부르는 저속한 노래들 역시 당시 유행하던 음악이다. 「열정의 미로」에서도 주인공 리사는 젊은이들이 모인 무대에서 모비다의 유행 음악들을 부른다. 한 장면에서 알모도바르는 그의 파트너 맥나마라와 함께 여장 남자 가수로 등장하여 마약을 찬양하는 코믹한 노래를 부른다.

알모도바르는 모비다가 유행하던 1970년대 말 1980년대 초반에 대해 "마드리드가 세계인들의 입을 떡 벌어지게 만든, 광란적이고 즐겁고 창조적이고 열정의 밤으로 가득 찬 시대였다"[1]고 자랑스럽게 회고한다. 그러나 이러한 모비다 문화운동에 대해 스페인 기성세대가 거부감을 지닌 것은 당연했다. 1980년 첫 장편 「페피, 루시, 봄 그리고 시시껄렁한 여자아이들」이 나왔을 때 대부분의 스페인 비평가는 알모도바르의 영화에 혹평을 퍼부었다. 스페인의 보수 성향 일간지 『ABC』에는 다음과 같은 평이 실렸다.

> 「페피, 루시, 봄 그리고 시시껄렁한 여자아이들」은 무엇보다도 한 부류의 젊은 층을 지배하고 있는 '반미학'의 한 예로서 더럽고 상스러운 것을 추앙하는 저질성feísmo을 제시하고 부추기는 것이다. 〔……〕「페피, 루시, 봄 그리고 시시껄렁한 여자아이들」에는 아무것도 새로운 것이 없다. 있다면 불결한 단어들의 남용과 거침없는 사용의 전통을 상스러운 희극적 구조로 각색한 것뿐이다.[2]

이러한 비평은 스페인의 보수적 기성세대가 새로운 세대에 대해 지닌 반감의 표현이었다. 스페인의 1980년대는 문화의 주인공들이 완전히 바뀌는 시기였고, 프랑코 독재 시대에 순응하거나 저항문화의 패러다임 속에서 성장한 기성세대는 새로운 스페인 문화의 주인공들이 아니었다. 그들 사이에서는 오히려 '환멸desencanto'이라는 정서가 지배적이었는데, 프랑코 사망 이후 안정적인 민주화 시대를 기대했던

---

1) "Vuelve *Entre tinieblas*," *El País* 8, agosto, 1996.
2) Pedro Crespo, *ABC*, 1980.
   www.clubcultura.com/clubcine/clubcineastas/Almodóvar에서 재인용.

이들에게 전환기 시대 스페인 사회의 혼돈과 불안정, 문화의 황폐화는 매우 실망스러운 것이었다. 그래서 "프랑코 아래에서 더 행복했네"라고 하는 자조 섞인 탄식이 유행하게 되었다. 따라서 민주주의 시대 초기에 불어닥쳤던 정치적·역사적 열정은 점차 냉소적인 소비문화로 바뀌어갔다.

기성세대의 냉소적인 분위기 속에서도 모비다의 불길은 젊은 세대를 중심으로 계속 번져갔는데, 마드리드에서 시작되어 곧 바르셀로나로 전파되었다. 지리적으로 유럽에 가까운 바르셀로나가 수도인 마드리드 중심의 공식 문화에 대비되는 자유롭고 유럽적인 문화의 중심지였음을 감안한다면 모비다의 전파 경로는 이례적인 것이었다. 곧이어 모비다는 스페인 전역의 대도시에 전파됨으로써 전국적으로 유행하게 되었다.

언더그라운드 문화였던 모비다가 표면으로 부상하며 스페인 사회의 분위기를 변화시키고 문화의 토양을 바꿀 수 있었던 것은 당시 스페인의 정치·사회적 상황과 맞아떨어졌기 때문이다. 첫째로 민주화 이후 이완된 사회 분위기 속에서 번져나가기 시작한 일반 대중의 향락주의적·세속적 삶의 양식은 모비다가 일반 대중에까지 수용될 수 있는 사회적 토양을 제공했다. 둘째로 1982년 집권한 사회노동당 정부의 공식적 인정과 지원이 모비다에 결정적인 도움이 되었다. 이미 우파의 집권 시기에서부터 사회노동당 소속 마드리드 시장의 지원을 받았던 모비다는 사회노동당이 중앙정부를 장악함으로써 더 큰 힘을 얻게 되었다. 당시 스페인 사회의 가장 큰 문제점 중의 하나로 문화의 황폐화를 꼽고 있던 사회노동당 정부는 모비다에서 스페인 문화를 일신할 수 있는 가능성을 발견하고 지원하기 시작했다. 이의 일환으로 스페인 문화부는 알모도바르에게 제작비의 50퍼센트를 지원하기로 결정했고, 1986년에 개봉된 「마타도르Matador」에 알모도바르는 당시로서는 거액인 1억 2천만 페세타(약 7억 원) 정도의 제작비를 투입할 수 있었다. 그 후로도 문화부의 지원이 계속되며 알모도바르는 스페인 사회노동당 정부의 '계관감독'으로 자리를 굳힐 수 있었다.

생성 초기 언더그라운드 문화의 성격이 강했던 모비다가 이렇게까지 영향력 있는 문화가 될 수 있었던 데는 당시 스페인의 사회적 상황이 중요하게 작용했다고 보인다. 프랑코 사망 직후의 무절제한 방종으로 인해 '환멸'을 경험한 스페인 대중은 진정으로 새로운 문화를 갈구하고 있었고, 그렇기 때문에 이럴 때 나타난 모비다 문화에 대해 수용의 폭이 클 수밖에 없었다. 이 점에 대해 모레이라스 메노르는 "소비, 유럽화에 대한 강렬한 열망 그리고 유럽과의 새로운 관계가 가져온 후기산업화 과정이 스페인으로 하여금 멀티미디어, 멀티내셔널한 포스트모던 문화가 제공하는 새로운 문화 정체성을 아무런 주저 없이 받아들이게 만들었다"[3]라고 말한다. 당시 스페인의 문화적 토양에 비한다면 상당히 전위적이고 파격적인 표현 양식의 모비다가 언더그라운드를 넘어 공식적인 문화 담론의 장으로 나올 수 있었던 것에는 이렇게 사회·문화적 조건이 유리하게 작용했던 것이다.

이렇듯 알모도바르의 영화는 당시의 우호적인 사회·정치적 배경을 등에 업고서 근엄한 행정도시 마드리드의 이미지를 바꾸어놓았다. 마드리드에 대한 알모도바르의 애정을 보여주듯 그의 영화는 좀처럼 마

---

3) Cristina Moreiras Menor, *Cultura herida: Literatura y cine en la España democrática*, Madrid: Ediciones Libertarias, 2002, p. 91.

드리드를 벗어나지 않으며 마드리드의 유명한 거리들, 건물들, 카페들을 카메라에 담는다. 어떠한 도시 공간이라도 상관없다는 식이 아니라 설정 숏을 통해 라스트로La Lastro, 카스테야나 거리Paseo de la Castellana, 그란비아 거리Calle de Gran Vía, 알칼라 문Puerta de Alcalá, 유럽의 문Puerta de Europa, 서쪽 공원Parque del oeste 등 마드리드의 랜드마크 공간들을 확실하게 각인시킨다. 이것은 마드리드에 대한 알모도바르의 오마주라고 할 만하다. 마드리드의 삶이 싫어 시골로 내려가는 인물도 있다. 「내가 무엇을 했다고 이런 꼴을 당해야 하나?¿Qué he hecho yo para merecer esto?」(1984)의 할머니와 「날 묶어줘!¡Atame!」(1989)의 납치범 리키가 그들인데, 하지만 이미 폐허가 된 마을은 이들의 안식처가 될 수 없다. 결국 시골로 떠나는 것은 과거로의 퇴행적인 여행이며 카니발의 축제와 같은 마드리드는 민주화 이래로 새롭게 태어난 스페인을 의미한다.4)

알모도바르의 마드리드는 삶의 원기로 충만해 있고, 모든 종류의 욕망이 자연스럽게 발현되고 소비되는 곳이다. 예를 들어 알모도바르가 '욕망El Deseo'이라는 이름의 독립 프로덕션을 세워 제작한 「욕망의 법칙La ley del deseo」(1987)은 동성애를 주제로 내세워 스페인 사회의 변화된 가치와 새로운 문화 정체성을 보여주고 있다. 무더운 여름밤 마드리드의 거리를 걷던 티나(카르멘 마우라)의 가족은 물을 뿌리는 청소차를 발견한다. 티나는 물 호스를 자신의 몸에다 뿌려달라고

---

4) 반면, 프랑코 시대의 영화에선 당시의 이촌향도離村向都 현상을 억제하려는 듯 산업화된 도시는 타락한 악의 소굴이고 농촌은 순수의 공간으로 그려진다. 마드리드로 이주한 한 시골 출신 가족이 도시의 쓴맛을 본 후 다시 고향으로 돌아가는 서사를 담은 후안 안토니오 니에베스 콘데의 「고랑Surcos」(1951)이 대표적이다.

하며 욕망에 찬 자신의 더운 몸을 식힌다. 이 영화가 보여주는 마드리드의 이미지는 이전의 어느 영화보다도 화려하고 감각적인데, 이에 대해 감독은 "마드리드는 오래되고 낡은 도시이지만 삶으로 가득 차 있다. 끝없이 이어지는 개축 공사는 이 도시의 삶의 의욕을 나타낸다. 내 영화의 등장인물들처럼 마드리드는 미래가 계속 유혹하기 때문에 과거를 간직하는 것에 만족하지 못한다"라고 말한다.[5]

이렇듯 알모도바르의 영화는 프랑코 사후 새롭게 태어난 스페인의 대표적 아이콘으로 자리 잡게 되었다. 1988년 스페인의 대표적 시사주간지 『변화 16 Cambio 16』이 그해의 인물로 알모도바르를 선정했던 것은 그가 영화계뿐만 아니라 스페인 사회 전체에 끼친 엄청난 영향을 인정한 덕분이다. 마르샤 킨더는 스페인의 경우 특이한 것은 국가성을 재정립하는 과정에서 매스미디어가 결정적인 역할을 한 것이고, 이 역할 수행을 가장 극적으로 보여준 것이 1980년대와 1990년대 초 알모도바르의 영화라고 말한다.[6]

결국 모비다에서 출발한 알모도바르는 사회노동당의 지원, 이완된 사회 분위기, 포스트모던 감수성의 유행, 유럽화에 대한 대중의 갈망 등 시류에 따른 우호적인 조건을 등에 업고서 '새로운 스페인'의 대표적인 인물로 부상할 수 있었다. 이로써 그의 영화는 스페인 문화를 선도하고 이끄는 입장에 놓이게 되었고, 1980년대 이후 스페인의 문화에서 탈정치화, 세속화가 가속화되는 데 상당한 영향을 주었다. 알모도바르 영화의 토대라고 할 수 있는 차이와 복수성은 1980년대 이후

---

5) Nuria Vidal, *El cine de Pedro Almodóvar*, Barcelona : Destino, 1989, p. 205.

6) Marsha Kinder(ed.), *Refiguring Spain: Cinema, Media and Representation*, London : Duke University Press, 1997, p. 3.

스페인 문화의 기본적 자질이 되었다.

모비다의 불꽃은 1980년대 이후 사그라들었지만 짧은 시간 동안 스페인 문화의 기질을 결정하는 데 중대한 역할을 했고, 이후에도 알모도바르의 영화를 통해 지속적으로 스페인 문화에 영감을 주게 되었다. 알모도바르는 자신의 영화를 보지 않고서는 1980년대의 스페인을 이해할 수 없다고 했는데, 그의 영화가 포스트모던한 도시적 감수성이 스페인의 전통적인 삶의 양식과 병존하면서 빚어지는 1980년대 스페인 사회의 정신분열증적 양상을 잘 드러내고 있기 때문이다.

포스트모던 작가로서 알모도바르

알모도바르는 스페인 영화계에서 일찍이 볼 수 없었던 새로운 영화감독의 모델을 제공했다. 우선 그는 영화감독이기 이전에 이미 '대중 종합 예술가'였다. 앞서 말한 것처럼 단편영화 감독, 록 가수, 코믹 콩트 작가, 재담꾼으로 1970년대 말 1980년대 초 스페인 언더그라운드 문화계에서 잘 알려진 인물이었다. 게다가 고졸의 학력으로 예술 창작을 스스로 독학했다는 점에서 이전 스페인 영화계의 고전적 작가 모델인 고뇌하는 지식인으로서의 영화감독과 확연히 달랐다. 예를 들어 10년에 한 편씩 영화를 만들며 은둔 생활을 하는 에리세와 달리 알모도바르는 거의 1년에 한 편씩 새 작품을 내놓았고 인터뷰를 마다하지 않으며 늘 문화계의 중심에 있었다. 알모도바르의 모델은 앤디 워홀이었다. 워홀이 그랬던 것처럼 알모도바르 역시 자신을 스스로 문화적으로 브랜드화하며 시시콜콜한 언행이 모두 문화 상품이 되도록 했다. 이러한 전략에 대해 스페인 영화 전문가 마빈 드루고는 다음과 같이 설명한다.

작가로서 알모도바르의 전략은 예술, 글쓰기, 카메오 출연 등을 통해 미디어에서 유명인이 되는 것이었다. 〔……〕 앤디 워홀과 마찬가지로 알모도바르는 새로운 문화적 패러다임의 다재다능한 기획자로 보였다. 예를 들면 작가, 공연자, 영화감독, 배우 그리고 반문화의 개혁자로서 한마디로 말해 유명세를 탄 작가였다. 앤디가 1980년대 초 마드리드에 왔을 때 알모도바르의 단편영화 상영회에 왔던 적이 있다. 코믹 도서, 대중음악, 지저분한scatological 유머, 요란한 색감 등 대중문화에서 영감 받은 작품을 통해 획득한 알모도바르의 작가성은 고급 예술적 영화를 통해 작가성을 획득한 에리세, 사우라의 경우와 반대되는 것이다.[7]

알모도바르의 초기 작품은 이러한 성향과 맞물려 있다. 즉 작품 자체가 독립적인 존재로서 음미되는 것이 아니라 작가의 다른 활동 그리고 언변들과 이미 공명하고 있는 것이다. 「페피, 루시, 봄 그리고 시시껄렁한 여자아이들」「열정의 미로」「어둠 속에서Entre tinieblas」 등 알모도바르의 초기 영화는 그가 여장 남자 가수와 저질 콩트 작가로서 평소에 활동하고 보여주었던 것을 카메라로 담은 것에 지나지 않는다. 이 영화들에서 화제를 몰고 온 충격적인 신들 — 집단 오럴 섹스, 오줌 세례, 근친상간, 수녀의 마약 복용 등 — 은 위반을 통해 사회적 저항을 말하려고 했던 모비다 시절 알모도바르의 의도를 반영한

7) Marvin D'Lugo, *Pedro Almodóvar*, Urbana : University of Illinois Press, 2006, p. 7.

것이다.

실제로 알모도바르의 영화는 많은 면에서 포스트모더니즘의 미학을 보여주고 있다. 우선, 눈에 보이는 이미지에서 그의 영화는 포스트모더니즘의 키치적 감수성을 기반으로 한다. 성스럽고 교양 있는 대상을 복제적으로 패러디하고, 추하고 상스럽고 싸구려로 여겨지던 것을 과시적으로 전시하는 키치의 미학처럼 알모도바르의 영화는 촌스럽게 보이는 원색을 주조主潮로 하여 조악한 유머와 패러디로 넘쳐난다. 다만 팝아트의 감수성이 유행함에 따라 빨강·파랑·노랑 등 원색의 미장센은 촌스러움을 넘어 현대적인 느낌을 주는 것은 사실이다. 하지만 팝아트가 그렇듯 그의 영화에 등장하는 키치적 물건들과 원색의 미장센은 복제된 모조품의 이미지를 짙게 풍긴다.

아마도 전형적인 알모도바르의 공간을 가장 잘 보여주는 것은 「신경쇠약 직전의 여자들Mujeres al bordo de un ataque de nervios」에 나오는 페파의 펜트하우스일 것이다. 언더그라운드 독립영화에서 출발하여 스페인을 대표하는 주류 영화감독으로 자리 잡은 알모도바르의 위상을 말해주듯이 1980년대 중반 이후 그의 영화에는 모던한 마드리드가 자주 등장한다. 마드리드 중심가에 자리 잡은 페파의 펜트하우스는 원색으로 꾸며진 팝아트적인 공간이다. 이 집의 테라스 너머로는 그란비아Gran Vía의 랜드마크 빌딩들이 보이는데, 이것은 원래의 풍경이 아닌 복제한 모형들로서 첫눈에 봐도 복제품이라는 것을 쉽게 알수 있다. 재미있는 사실은 이 테라스의 한쪽에서 페파가 닭과 오리 등가축을 키우고 있다는 것이다. 마드리드 도심의 최고급 펜트하우스에가축이 걸어 다니는 것은 전혀 어울리지 않는 엉뚱한 상상인데, 이 역시 고상하고 세련된 것을 우스꽝스럽게 희화화하는 포스트모더니즘

「신경쇠약 직전의 여자들」에서 페파의 펜트하우스. 테라스 너머로 그란비아의
랜드마크 빌딩들의 모형이 보인다. (Courtesy of El Deseo S. A.)

「어둠 속에서」의 원장 수녀는 대중문화 스타의 사진으로 도배된
집무실에서 마약을 흡입한다. (Courtesy of El Deseo S. A.)

의 미학과 맞닿아 있다.

　이 외에도 키치적 소품들은 알모도바르 영화에 자주 등장하는데, 대중문화 스타의 사진으로 가득 찬「어둠 속에서」의 원장 수녀 방은 이런 미학을 잘 보여주는 공간이다. 이 방에서 원장 수녀는 책상 위에 있던 곰 인형의 바닥을 뜯고 거기서 마약을 꺼낸다.「욕망의 법칙」에서 주인공 가족이 소원을 비는 제단에는 예수상과 함께 대중문화의 상징물이라고 할 수 있을 마릴린 먼로의 인형이 전시되어 있다.「신경쇠약 직전의 여자들」에서 페파가 부동산 사무실에 들르는데, 업자는 아파트 모형 옆으로 슈퍼맨 인형을 제작하고 있다. 이 영화에 등장하는 '맘보 택시' 역시 조악하고 우스꽝스런 치장으로 가득 차 있다.「날 묶어줘!」에서 크레딧 신 직후에 등장하는 여러 조각의 예수의 성심聖心 그림 역시 키치적 감수성을 보여주는 작품이다. 성모의 성심과 예수의 성심은 앤디 워홀의 인물화처럼 여섯 개의 조각으로 복제되어 있는데, 특히 이 그림에서 예수는 여성적인 얼굴로 변형되어 있다. 또한 여러 영화에 삽입되는 할리우드 영화의 클립들은 그의 영화가 미국 대중문화와 맺고 있는 친연성親緣性을 잘 설명해준다. 이렇듯 알모도바르 영화의 공간에는 주제와 별 상관이 없는 키치적 소품들이 가득 차 있고, 긴박한 순간에도 카메라는 가끔씩 이 소품들을 클로즈업하며 딴전을 부린다.

　알모도바르 영화와 포스트모더니즘을 연결시켜주는 또 하나의 중요한 면은 그의 영화가 할리우드 영화의 장르적 규범을 이리저리 모아놓은 혼성모방의 성격을 지닌다는 점이다. 실험영화의 성격이 강했던 초기 영화 이후 알모도바르는「내가 무엇을 했다고 이런 꼴을 당해야 하나?」「마타도르」에서부터 영화 자체의 문법을 따르는 영화를 만들기 시작한 것으로 보인다. 그 당시 유행 영화 장르였던 스릴러, 멜로드라마, 누아르 영화의 문법을 따르기 시작한 것이다. 이러한 경향은 최근의 영화에 이르기까지 계속 이어지는데, 이로써 그는 상품으로서의 영화를 인식하고 전 세계적인 흥행을 염두에 두는 듯했다. 그러나「내가 무엇을 했다고 이런 꼴을 당해야 하나?」「마타도르」등의 작품에서부터「키카Kika」에 이르기까지의 작품에는 유럽 예술영화의 장르나 할리우드의 유행 장르를 차용하려는 의식과 함께 이런 장르들을 패러디하고 조롱하려는 알모도바르 특유의 장난기도 작용하고 있다.

이를테면「내가 무엇을 했다고 이런 꼴을 당해야 하나?」에는 마드리드의 노동자 계급 아파트를 배경으로, 하루 열여섯 시간의 노동을 하며 살아가는 가정주부 글로리아의 모성애를 다소의 신파조로 표현하고 있어 형식적으로 보자면 네오리얼리즘적 요소와 멜로드라마적 요소를 쉽게 발견할 수 있다. 프랑코 시대에 노동자 계급을 위한 주택 정책으로 마드리드의 콘셉시온 지구Barrio de concepción에 대규모로 건설된 소형 아파트 단지와 프랑코 시대 산업 성장의 상징인 M30 도로를 배경으로 한 노동자 계급 가족의 삶을 보여주는「내가 무엇을 했다고 이런 꼴을 당해야 하나?」의 세팅은 상당히 네오리얼리즘적이다.

좁은 아파트에서 택시 운전수인 남편과 두 아들 그리고 시어머니와 함께 살고 있는 글로리아(카르멘 마우라)는 파출부 일까지 해서 가족을 부양하고 있다. 독일에서 자가용 운전수로 일하다 돌아온 남편은 자신의 상전이었던 독일인 가수를 잊지 못하고 가정에선 무뚝뚝하기 짝이 없다.[8] 시어머니는 추운 도시 생활을 혐오하며 고향으로 내려갈

---

8) 프랑코 시기의 스페인은 1950~1960년대 빈곤을 타파하기 위해 독일과 스위스 등으로 많은

날만을 손꼽아 기다리며 살고 있다. 용돈을 받지 못하는 두 아들은 마약 매매를 하거나 동성애 매춘을 해서 돈을 벌어오고 있다. 어느 날 폭군처럼 명령하는 남편과 말다툼을 벌이던 글로리아는 우발적인 폭력으로 그를 죽게 만든다. 경찰은 수사를 벌이지만 범인을 밝혀내지 못하고 결국 마지막 장면에서 시어머니는 큰아들과 함께 고향 마을로 떠나고 입양을 보냈던 작은아들이 돌아와 새로운 가정을 이룬다.

언뜻 보면 전형적인 노동자 계급의 가족 드라마 같지만 이 영화를 찬찬히 들여다보면 오히려 이런 장르의 형식만 따랐을 뿐 관객은 황당한 스토리 전개에 경악하게 된다. 예를 들자면 글로리아의 옆집에 사는 매춘부 크리스탈은 네오리얼리즘적으로 보면 착취당하는 성 노동자이지만 이 영화 속의 그녀는 정말 즐겁고 행복하다. 어느 날 노출증 고객을 맞은 그녀는 고객이 관객을 필요로 하자 마침 시장에 다녀오던 글로리아에게 그냥 앉아 있기만 하면 된다며 그녀를 노출 쇼의 관객으로 끌어들인다. 장바구니를 든 글로리아가 고객의 노출 쇼와 성행위를 지켜보는 장면은 부조화의 절정이다. 또한 다른 층에 사는 소녀 후아니는 신비한 영적 힘을 발휘하여 사람들을 골탕 먹이고 또 글로리아를 돕는다. 물론 이런 초자연적 마법은 네오리얼리즘과는 정반대의 것이다.

한편 멜로드라마적 서사로 보면, 가난 때문에 큰아들은 마약 매매, 작은아들은 동성애 매춘 일을 하는 것은 황당한 설정이다. 글로리아가 경제적으로 부양할 수 없게 된 작은아들을 부잣집에 입양시키는

수의 노동 이민을 보냈다. 독일에서 자가용 운전수로 일한 글로리아의 남편 역시 이때 이민을 갔던 것이다. 이러한 역사적 사실의 환기는 물론 이 영화의 네오리얼리즘적 함의를 짙게 풍기는 것이다.

에피소드는 빈곤층의 비극을 보여주는 멜로드라마의 전형적인 서사 구도라고 할 수 있다. 그러나 글로리아가 입양 보낸 사람은 게이 치과의사이다. 치과의사가 게이인 것을 알면서도 작은아들을 그 집에 입양 보내고 그에게서 받은 돈으로 평소에 사고 싶어 하던 전기 고대기를 산다. 아들을 돈 받고 팔아먹은 것이다. 그런데도 마지막 장면에서 글로리아는 돌아온 아들과 감격스럽게 포옹하며 전형적인 멜로드라마의 장면을 연출한다. 이렇듯 「내가 무엇을 했다고 이런 꼴을 당해야 하나?」는 형식적으로는 네오리얼리즘과 멜로드라마의 코드를 차용하고 있지만 오히려 이런 장르를 조롱하고 희화화하려는 의도를 담고 있다.

섹스의 절정에서 머리핀으로 파트너를 찔러 죽이는 여자 변호사와, 역시 같은 '취미'를 지닌 전직 투우사를 둘러싼 연쇄살인 사건을 다루고 있는 「마타도르」는 할리우드 영화 「원초적 본능Basic Instinct」과 상당히 유사한 누아르 또는 스릴러 장르에 속한다. 은퇴한 투우사인 디에고 몬테스(나초 마르티네스)는 소를 죽일 때의 희열감을 잊지 못해 섹스의 절정에 달한 여성들을 죽이고 있다. 몬테스의 제자인 앙헬(안토니오 반데라스)은 엄격한 가톨릭 집안에서 자란 유약한 젊은이로서 자신의 부족한 남성성에 콤플렉스를 느끼며 남성적인 그의 스승 몬테스를 흠모하고 있다. 스승으로부터 게이가 아니냐는 말을 들은 앙헬은 자신의 이성애적 숫기를 증명하기 위해 스승의 여자 친구이자 이웃에 사는 에바를 성폭행하려다 실패한다. 그는 경찰서에서 자신의 성폭행 미수를 털어놓으며 충동적으로 연쇄살인범이 자신이라고 자백한다. 앙헬의 변호를 맡은 여자 변호사 마리아 카르데날(아숨타 세르나)은 앙헬의 스승 디에고에게 관심을 갖고 접근한다. 결국 마지막 장면에서 만난 두 사람은 자신들의 운명을 깨닫고는 섹스의 절정에서 상대방을 찔러 죽인다.

그의 이전 영화들에 비해 「마타도르」는 주요 등장인물의 숫자가 줄었고, 서사도 소수의 핵심 인물을 중심으로 압축적으로 전개됨으로써 할리우드 장르영화와의 유사성을 보인다. 그러나 이 영화에서 앙헬의 존재와 그의 터무니없는 '초능력'은 사건의 진지한 진행에 찬물을 끼얹는다. 오푸스데이opus dei 종파의 광신도 홀어머니의 억압 속에서 자란 앙헬은 게이 콤플렉스를 앓고 있고, 게이가 아닌 것을 증명하려는 목적으로 성폭행하려 들고, 경찰서에 가서는 자신이 연쇄살인범이라고까지 거짓 자백을 한다. 자신이 살인도 할 수 있는 담력을 지녔다는 것을 말하기 위해서다. 마지막 시퀀스에서 초능력을 발휘해 마리아와 디에고가 있는 곳에 경찰을 인도하는 장면은 코믹함을 자아낸다. 정신과 의사로부터 심리 치료를 받던 앙헬은 마리아와 디에고가 외딴집에서 만나는 장면을 경찰에게 구술하여 그들을 마지막 살인 의식이 벌어진 곳으로 데려간 것이다. 결국 「마타도르」는 희극성이 더해진 이상한 호러물이라고 할 수 있다.

물론 이러한 작품들에 삽입된 영화 클립, 알모도바르 자신 또는 그의 어머니가 등장하는 장면들 그리고 서사와 무관한 TV 광고는 서사의 긴박한 흐름을 차단할 뿐 아니라 진지하고 심각한 톤이 유지되는 것을 방해한다. 「날 묶어줘!」에 삽입된 TV 클립에는 느닷없이 광고가 등장하여 "왜 독일 사람들은 은퇴 후에 베니돔에서 휴가를 보내는데, 스페인 사람들은 은퇴 후에 지하철역에서 구걸을 해야 할까요?"라고 물으며 해변의 독일 사람과 구걸하는 스페인 할머니를 보여준다. 이에 대한 대답은 "독일 사람들은 열여덟 살에 이미 미래를 생각하는데,

스페인 사람들은…… 스페인 사람들은 이미 다 늦었을 때 은퇴 후를 생각합니다”라고 주어지며 화면은 나치 제복을 갖춰 입은 독일 소녀와 탱고 바에서 춤추는 스페인 사람들을 대비시킨다.

한편 알모도바르 감독 자신의 카메오 출연이나 그의 어머니의 출연이 서사와 전혀 관련이 없다고는 할 수 없으나 전체 서사의 톤을 끊는 것은 분명하다. 「페피, 루시, 봄 그리고 시시껄렁한 여자아이들」에서 알모도바르는 파티에 모인 젊은이들의 리더로서 ‘발기 대회Erecciones Generales’를 코믹하게 진행한다. 「열정의 미로」에선 맥나마라와 함께 글램록Glam rock 공연을 벌인다. 「내가 무엇을 했다고 이런 꼴을 당해야 하나?」의 TV 신에서 경기복 차림으로 나타난 알모도바르는 1940년대에 유행했던 「La bien pagá(비싼 여자)」라는 노래를 열정적으로 립싱크하며 스칼렛 오하라로 분장한 여장 남자 가수 파니 맥나마라에게 구애한다. 글로리아의 시어머니는 이 노래를 우스꽝스럽게 따라 하며 ‘우리 시절에 정말 아름다운 노래였지’ 하고 회상한다. 옛 시절을 떠올리게 하는 아름다운 노래를 조잡하고 우스꽝스러운 상황 속에서 재현하는 키치적인 미학을 보여준다. 「마타도르」에서 ‘갈라진 스페인 España dividida’이라는 이름의 패션쇼에 호스트로 등장한 알모도바르는 왜 패션쇼의 이름을 이렇게 붙였냐는 리포터의 질문에 “스페인은 늘 두 개로 갈라져 있었죠. 부러워하는 쪽envidioso과 비관용적인 쪽 intolerante으로요”라고 설명한다. ‘갈라진 스페인’은 내전을 몰고 온 전통주의와 자유주의 사이의 대립을 일컫는 매우 심각한 문제의 상투적인 표현인데, 여기에 대해 알모도바르는 양쪽을 조롱하는 듯한 수사를 쓴 것이다. 리포터가 다시 자신은 어느 쪽에 속하느냐고 묻자 “저는 양쪽 다에 속하지요”라고 하며 계속 빈정거리는 톤을 유지한다. 게

다가 결혼이 필요하다고 생각하느냐는 리포터의 질문에 "필요하지요. 그렇지 않으면 웨딩드레스가 사라질 테니까요"라고 대답한다.

「내가 무엇을 했다고 이런 꼴을 당해야 하나?」에서는 알모도바르의 어머니가 처음 등장하는데, 주인공 글로리아와 반갑게 인사하고 고향 마을 소식을 전한다. 「날 묶어줘!」에서는 주인공 마리나의 엄마로 등장하여 그녀와 전화로 대화하고 파티에서 춤도 춘다. 「키카」에서 TV 대담 프로그램의 진행자로 나온 알모도바르의 어머니는 영화에서 연쇄살인범으로 의심받는 미국 작가와 인터뷰를 진행한다. 스튜디오에 들어온 파리를 쫓느라 우스꽝스런 장면을 연출한 작가에게 알모도바르의 어머니는 방송국에서 일하는 아들이 자신을 출연시켜주었다고 자랑한다. 그리고 작가의 미국 이름을 잘 읽지 못해 더듬거린다.

그러나 후반기로 갈수록 알모도바르의 영화에는, 알모도바르 자신이나 그의 어머니의 출연이 줄어들고, TV 광고나 영화 클립이 삽입된다고 하더라도 그것이 영화 서사의 흐름을 끊는 독립적이고 분열적인 요소로 등장한다기보다는 서사의 흐름을 이어주는 역할을 하게 된다. 「그녀와 말하세요Hable con ella」에서 삽입된 '줄어든 애인'이라는 제목의 무성영화가 대표적이다. 이미 존재하는 다른 영화에서 따왔던 과거의 경우와 달리 알모도바르가 직접 제작한 이 무성영화는 약을 먹고 사이즈가 줄어든 애인이 여성이 잠든 사이 그녀의 질 속으로 들어가는 이야기이다. 이것은 「그녀와 말하세요」의 베니그노가 코마에 빠진 알리시아를 성적으로 범하는 것을 메타포적으로 말하는 것으로 영화의 서사에서 매우 중요한 부분을 이룬다.

한편 알모도바르의 영화에서 스페인적인 것이 고안되고 소비되는 방식은 포스트모던 시대 현대 대중문화에서 국가 정체성이 창조되고 소비되는 전형적인 양상을 보여준다. 실상 그가 세계적으로 유명해진 이유는 스페인적인 것을 잘 활용하고 있는 덕분이기도 하다. 그의 영화는 세계 시장에서 스페인적인 문화 상품으로서 어필했고 팔려나갔기 때문이다. 스페인 영화사에서 영화 작업 속에 스페인적인 정체성을 주요 소재로 삼은 작가감독은 알모도바르가 처음은 아니다. 플라멩코, 집시, 투우사 등의 스페인적 정체성의 기표들을 의문시하고 해체하는 작업을 했던 카를로스 사우라가 대표적이다. 그러나 영화학자 마크 앨린슨에 따르면 알모도바르는 이전의 어떤 스페인 감독도 하지 못했던 것을 했다. 말하자면 스페인적 정체성을 소유해버리는 것이다.[9] 다시 말해 스페인적 정체성이 허구적인 개념에 불과하다는 것을 사우라를 비롯한 선배 감독들이 말했다면, 알모도바르는 외국의 관객들에게 자신의 영화가 보여주는 바를 스페인적인 것으로 알고 즐기라는 메시지를 던진다는 점이다. 그래서 사우라 등 선배 감독들이 국제적으로 각인된, 스페인 문화 정체성의 표피적 이미지에 고민했던 반면, 알모도바르는 이를 천연덕스럽게 활용하며 스페인적인 것을 무미건조한 외국 문화와 달리 역동적인 것으로 이상화한다.[10]

예를 들면 문화적 의식인 투우(「마타도르」 「그녀와 말하세요」), 스페인 전통음악인 플라멩코(「내 비밀의 꽃La flor de mi secreto」), 세비야나(「귀향Volver」), 사르수엘라(「페피, 루시, 봄 그리고 시시껄렁한 여자아이들」), 스페인을 대표하는 스포츠인 축구(「라이브 플레시」), 스페인

---

9) Mark Allinson, *A Spanish Labyrinth: The Films of Pedro Almodóvar*, London : I. B. Tauris, 2001.

10) Paul Julian Smith, *Desire unlimited: The Cinema of Pedro Almodóvar*, London : Verso, 1994, p. 76.

의 전통 요리인 바칼라오(「페피, 루시, 봄 그리고 시시껄렁한 여자아이들」)와 가스파초(「페피, 루시, 봄 그리고 시시껄렁한 여자아이들」 「마타도르」 「신경쇠약 직전의 여자들」), 스페인 도시의 랜드마크 건축물인 바르셀로나의 성가족 성당(「내 어머니의 모든 것Todo sobre mi madre」), 마드리드의 알칼라 문과 유럽의 문(「라이브 플레시」) 등이 그것이다. 이러한 표피적 이미지들은 알모도바르 영화의 축제적 성격을 강화시키고 있다. 이렇게 그의 영화에는 스페인 문화의 기표들이 넘쳐나고 이를 통해 국가적 정체성이 일시적으로 재구성되고 있다.

과거의 스페인 문화 전통에 대한 반감과 가톨릭에 대한 공격

프랑코 시대의 스페인 사회는 가톨릭과 문화적 보수주의로 특징지어진다. 프랑코는 "스페인은 (유럽과) 다르다"를 외치며 '국가 가톨릭주의nacionalcatolicismo'라고 불리는 시대착오적인 가톨릭 보수주의를 국가 통치의 이념적 기반으로 삼았다. 그래서 가톨릭 교리와 가톨릭이 지지하는 보수적 가부장주의는 프랑코 시대 스페인 사회에서 극에 달했다. 예를 들어 결혼한 여성은 남편의 허락이 없으면 은행 계좌를 갖거나, 장거리 여행을 하거나, 차를 살 수 없었다.

난데없이 중심 서사와 관계없는 엉뚱한 신이 등장하는 게 특징인 알모도바르의 영화에서 가톨릭 사제와 마초적 가부장에 대한 공격은 빈번하게 등장하고 있지만 「어둠 속에서」와 「나쁜 교육」은 각각 수녀원과 수도원을 배경으로 하고 있어 가톨릭에 대한 그의 비판이 가장 직접적으로 드러난 작품이다. 먼저 「어둠 속에서」는 패러디적인 수녀원

「어둠 속에서」의 수녀원에서 공연을 준비하고 있는 욜란다의 의상을 매만져주는 수녀. 수녀복과 팝가수 복장이 대비를 이룬다. (Courtesy of El Deseo S. A.)

이 등장하고 있다. 이 영화는 팝가수 욜란다(크리스티나 산체스 파스쿠알)가 마약을 구입하려는 도중 발생한 우발적인 총기 사건으로 인해 경찰에 쫓겨 마드리드의 한 수녀원으로 도피하면서 벌어지는 사건들을 다루고 있다. '미천한 구원자들Las redentoras humilladas'이라는 이름을 지닌 이 수녀원은 도시의 마약 중독자, 창녀, 살인자들에게 도피처를 제공한다. 브리지트 바르도, 에바 가드너, 지나 롤로브리지다 등 여배우의 사진을 자신의 방에 붙여놓고 마약을 복용하는 원장 수녀는 "불완전한 인간들 속에서 신은 위대함을 보여주십니다. 예수님은 성자들을 구하기 위해서가 아니라 죄인들을 구원하기 위해 십자가에서 돌아가신 것입니다"라고 말하며 자신의 종교관, 나아가 수녀원의 이념을 설명한다. 수녀들의 우스꽝스런 세례명 — '소똥' '길거리의 쥐' '길 잃은 자' '독사' — 역시 수녀원의 기본 이념인 '희생'과 '미천함'에서 비롯된 것으로 인간은 자신이 가장 미천한 사람이라는 것을 깨닫기 전에는 구원을 받을 수 없기 때문에 이러한 이름을 붙인 것이라고 원장 수녀는 설명한다. 따라서 호랑이를 키우거나 마약을 복용하는 등 전혀 종교적이지 않은 수녀들은 원장의 이념에 따라 '타락한' 여자들에게 자비를 베푼다.

알모도바르는 이 영화가 가톨릭에 대한 공격이 아니라고 주장하지만[11] 파격적인 종교관을 피력하는 원장 수녀의 존재는 새로운 시대의

---

11) Frédéric Strauss, *Pedro Almodóvar: Un cine visceral*, Madrid: El País, 1994, p. 33. 그럼에도 불구하고 알모도바르가 개인적으로 스페인의 가톨릭에 대해 반감을 품고 있는 것은 사실이다. 알모도바르는 살레지오 교파의 신부들에 의해 중등교육을 받았는데, 그곳에서 배운 유일한 것은 그레고리안 성가를 부르는 일이었고, 결국 그곳에서 신앙을 잃어버렸다고 술회한다(Kathleen Vernon & Barbara Morris, *Post-Franco, Postmodern: The Films of Pedro Almodóvar*, Westport: Greenwood Press, 1995, p. 22). 알모도바르는 아직도 이

도래에도 불구하고 도그마적인 태도에서 벗어나지 못하고 있는 스페인의 전통적 가톨리시즘에 대한 풍자로 읽힐 수 있다. 이 수녀원이 문을 닫게 되는 결말 또한 의미심장한 메시지를 함축하고 있다. 프랑코 시절부터 수녀원을 재정적으로 지원하던 후작이 병으로 죽자 그의 유언에도 불구하고 후작 부인이 지원을 하지 않기로 결심했기 때문에 영화의 마지막에 수도원은 문을 닫게 되고 수녀들은 뿔뿔이 흩어진다. 후작 부인이 지원을 거절한 이유는 남편의 억압에서 벗어나 자유롭게 세속적인 삶을 살아보고자 하는 욕망 때문이다. 부인은 후작에 대해 "남편으로서 아버지로서 그는 괴물이었어요"라고 말한다. 그리고 "그는 너무나 엄했기 때문에 이 파시스트가 죽자 나는 자유를 얻었어요. 이제 내 인생은 나의 것이에요. 〔……〕 나도 사는 것같이 살아보고 싶어요. 이제 날 아무도 통제할 수 없어요"라고 말하며 자유로운 삶에 대한 희망을 피력한다.

알모도바르는 2002년 「나쁜 교육」에서 더욱 신랄하게 가톨릭을 공격한다. 이 영화의 제목이 말하는 '나쁜 교육'이란 소년 이그나시오(가엘 가르시아 베르날)와 엔리케가 어릴 적 수도원에서 받은 교육을 말한다. 영화의 한 주인공 엔리케(펠레 마르티네스)가 영화를 만드는 감독이고, 알모도바르 역시 예수회 수도원 학교에 대해 나쁜 기억을 가지고 있다는 점에서 이 영화는 감독 자신의 자서전적인 성격을 지닌다고 할 수 있다. 영화에 등장하는 수도원 학교에서 신부들은 철저한 규율을 강조하며 억압적인 교육을 실시하는 한편 몇몇 신부는 소년들

독선적인 신부들을 혐오하며 그때의 경험을 「어둠 속에서」의 시나리오에 사용했다고 말한다(Frédéric Strauss, *Pedro Almodóvar: Un cine visceral*, p. 38).

을 성적으로 추행한다. 이그나시오와 엔리케는 교장인 마놀로 신부로부터 협박을 받고 성추행을 당한다. 마놀로 신부는 신부직을 버리고 결혼을 하고 사업가가 되었으나 동성애 욕망을 버리지 못하고 옛 제자들의 삶을 파탄으로 몰아넣는다.

가톨릭 사제가 소년을 성추행하는 이야기는 「욕망의 법칙」에서도 나오는데, 이 영화에서 성전환자인 티나(카르멘 마우라)는 수도원 학교에 다니던 어린 시절 노래를 잘 불러 신부로부터 사랑을 받았고 끝내는 성추행까지 당한 경험이 있다. 그녀는 자신의 의붓딸을 데리고 자신이 다니던 성당에 들어갔다가 오르간을 연주하고 있는 그 신부를 발견하고는 신부에게 자신의 어두운 과거에 대한 책임을 물으며 분노한다.

「마타도르」에서도 광신적 가톨릭에 대한 비판이 등장한다. 오푸스데이 종파의 독실한 신자인 앙헬의 어머니는 아들에게 극단적으로 보수적인 종교성을 강요함으로써 앙헬이 죄의식 콤플렉스에 빠지는 결과를 초래한다. 앙헬의 어머니는 '실리시오cilicio'라고 불리는 고행 도구—가시 달린 체인—를 다리에 차고서 장성한 아들이 혼자 있을 때 '불경한 짓'을 할까 봐 문틈으로 감시한다. 아들과 마주 앉은 저녁 식사 테이블에서 그녀의 기도에는 뭔가 음산한 기운이 느껴진다. 여기에 대해 알모도바르는 "(앙헬의 어머니는) 스페인의 종교교육에서 가장 큰 해악이 무엇인가를 보여준다. 우리는 모두 공포, 벌 받을 것에 대한 공포 속에서 자라났다"라고 설명한다.[12]

「그녀와 말하세요」에서도 중심 서사와 직접적 관련이 없음에도 가

---

12) Frédéric Strauss, *Pedro Almodóvar: Un cine visceral*, p. 57.

「욕망의 법칙」에서 동성애 커플이 절규하는 이 장면은
성화 「피에타」를 패러디한 것이다. (Courtesy of El Deseo S. A.)

톨릭 사제의 악행이 고발된다. 이 영화에서 여자 투우사 리디아가 옷을 입고 준비를 하는 동안 리디아의 애인과 친척들은 아프리카에 파견된 선교사들의 성범죄에 대한 이야기를 나눈다. 리디아의 언니가 선교사들이 수녀들을 강간했다는 기사를 말하자, 그녀의 애인 마르코(다리오 그란디네티)는 사실 선교사들이 처음엔 원주민 여자들을 강간했으나 AIDS에 대한 두려움으로 여자 동료들을 대상으로 삼은 것이라고 덧붙인다. 그러자 다시 소아남색pedofilia하는 신부도 있다는 것으로 화제가 옮겨간다.

이렇듯 가톨릭에 대한 알모도바르의 집요한 공격은 부뉴엘이나 사우라의 작품에서 등장하는 유사한 상황을 연상시키는데, 그만큼 가톨릭교회는 르네상스 시기 반종교개혁Contrarreforma 이래로 스페인 사회의 보수적 문화를 지지하는 확고한 기반이 되었기 때문이다. 따라서 이들 감독의 영화에 등장하는 가톨릭에 대한 비판은 가톨릭 종교 자체에 대한 반감 때문이라기보다 스페인의 보수적 문화 가치에 대한 불만에서 비롯된 것이라고 보아야 한다.

가부장적 남성성의 종언과 전통적 성 역할의 와해

알모도바르는 '여성의 감독'으로 불릴 정도로 그의 영화에는 주로 여성 인물들이 등장한다. 그의 필모그래피에는 남성보다는 여성이 주인공인 영화가 훨씬 많고 「신경쇠약 직전의 여자들」「귀향」 등은 대부분의 등장인물이 여성으로만 되어 있을 정도이다. 실제로 그는 카르멘 마우라, 세실리아 로스, 마리사 파레데스, 로시 데 팔마, 페넬로페 크루스 등의 여성 배우를 자신의 영화에 거듭 출연시키며 개인적인 애정을 드러낸다. 물론 영화에서도 주로 여성 인물들이 관객의 공감을 얻는다. 이에 비해 남성 인물들은 대부분의 경우 여성 중심의 서사에 사건을 제공하는 부차적인 역할에 불과한데, 이 경우에도 마초 타입의 남성성은 신랄한 공격의 대상이 된다.

특히 마초 타입의 가부장은 가톨릭 사제와 함께 극복되어야 할 과거의 유산으로 제시된다. 이런 인물들은 알모도바르의 여러 영화에 등장하는데, 폭압적이고 근친상간을 일삼는 가부장은 프랑코에 대한 지시성을 지닌다고 볼 수 있다. 「열정의 미로」에서 세탁소 집 주인은 성욕촉진제를 먹고 딸을 성폭행한다. 딸은 아버지의 마수에서 벗어나고자 하지만 아버지의 성폭행은 계속된다. 「내가 무엇을 했다고 이런 꼴을 당해야 하나?」에 등장하는 택시 운전수 남편은 돈은 쥐꼬리만큼 벌어 오면서도 살림살이를 아내에게 다 맡기고 집에서는 제왕처럼 군림한다. 독일에서 유명 여가수의 운전수로 일하다 돌아온 남편은 히틀러의 열렬한 팬으로 아직도 나치 시대의 행진곡을 애청하며 부인을 하녀처럼 다루는 '프랑코적'인 인물이다. 아내는 파출부 일로 돈을 벌어와야 하고, 아이들은 마약 밀매와 매춘을 한다. 「욕망의 법칙」에서 아버지는 어린 아들을 성적으로 유린하고 이로 인해 아내와 헤어진 뒤 아들을 딸로 성전환시킨다. 이렇게 성전환된 티나는 그 충격으로 정상적인 이성 관계를 맺지 못하며 살고 있다. 「귀향」에서는 아버지가 친딸인 라이문다를 성폭행하여 딸을 낳는 끔찍한 만행을 저지르는 바람에 집안은 풍비박산이 난다.

이렇게 거친 남성성과 주체할 수 없는 성욕을 보여주는 마초들은 오히려 사회적으로는 무능하고 비겁하다. 그래서 가부장은 가족을 해체시키고 아내와 아이들의 삶을 끔찍한 고통으로 몰아넣는다. 결국 이들은 감독의 애정을 입는 여성 주인공들이나 유연한 남성성을 지닌 새 시대 남성 인물들에 의해 제거된다. 스페인 영화를 오이디푸스 콤플렉스의 관점에서 분석한 『피의 영화Blood cinema』의 저자 마르샤 킨더는 스페인 영화의 중요한 특징을 '근친상간'과 '부친 살해'라고 규정하며 이것은 결국 '국가의 아버지'로 상상되던 프랑코에 대한 복수로 볼 수 있다고 설명한다.[13] 부친 살해는, 프로이트에 따르면 오이디푸스 콤플렉스에 대한 성공적인 극복과는 반대 방향으로 나가는 것으로 사회의 지배적 남성성의 측면에서 보았을 때는 퇴행을 의미한다.[14] 오이디푸스를 성공적으로 극복해야 이성애적 남성 주체로 사회화될 수 있기 때문이다. 알모도바르 영화에서 이성애적 남성 주체가 탈권위화되고 동성애나 주변적 남성성이 존중받는 것은 이런 맥락에서 이해될 수 있다.

많은 경우 알모도바르 영화의 서사는 가부장적 마초의 악행惡行과 이에 맞서는 여성 인물들의 투쟁으로 환원된다. 이때 여성들은 모성성을 기반으로 하거나 사회적 피해자라는 인식을 공유함으로써 서로 연대하게 되는데, 감독의 지지를 받고 있음을 의미하듯 이들의 복수가 법의 처벌을 받는 경우는 거의 없다. 「내가 무엇을 했다고 이런 꼴

---

13) Marsha Kinder, *Blood Cinema: The Reconstruction of National Identity in Spain*. Berkeley: University of California Press, 1993, pp. 197~275.

14) 물론 스페인 영화의 부친 살해는 프로이트가 『토템과 터부』에서 설명한 원시시대 아버지를 살해하는 것과는 다른 의미이다. 프로이트는 원시시대의 아버지 살해가 아들들로 하여금 죄의식을 불러와 죽은 아버지는 토템으로 숭배되며 더욱 강한 아버지로 부활하여 이것이 법이 되고 문명의 초석이 된다고 설명한다. 그러나 스페인 영화에서 부친 살해는 전혀 죄의식을 불러오지 않고 오히려 자식들에게 해방감을 줄 뿐이기 때문에 반反오이디푸스 서사로 읽힐 수 있다.

206

을 당해야 하나?」에서 주인공 글로리아는 택시 운전수 남편을 우발적
으로 살해하게 된다. 남편이 여느 때처럼 그녀가 자신의 말을 듣지 않
는다며 위협하자 그녀는 남편의 낭심을 걷어차고 햄이 붙은 다리뼈로
머리를 때려 남편을 살해한다. 「하이힐Tacones lejanos」에서도 주인공
레베카(빅토리아 아브릴)는 어렸을 적 엄마를 억압하는 의붓아버지를
없애고자 수면제를 먹여 교통사고로 그를 죽게 한다. 엄마는 그가 죽
은 뒤 자신의 꿈을 펼쳐 유명한 가수이자 영화배우가 되었다. 그 후 레
베카는 한때 엄마의 애인이기도 했던 마누엘과 결혼하는데, 그는 매
우 마초 스타일의 인물로 결혼한 뒤에도 부정不貞을 일삼는다. 결국 레
베카는 마누엘을 권총으로 살해하는데, 검찰의 수사망이 좁혀오자 병
에 걸려 죽게 된 엄마 베키가 딸의 살인 혐의를 뒤집어쓴다. 「귀향」 역
시 여성 인물이 남편 또는 아버지를 살해하는 서사로 귀결된다. 주인
공 라이문다(페넬로페 크루스)는 아버지의 근친상간 성폭행에 의해 딸
파울라를 낳은 기구한 상황에 처한 인물이다. 라이문다의 엄마 이레
네는 남편이 이웃 여자와 바람을 피우는 오두막에 불을 질러서 두 사
람을 죽이고는 마치 자신이 그 사고로 죽은 듯 이 세상에 없는 사람처
럼 살고 있다. 한편 직장에서 해고된, 술과 여자만 좋아하는 라이문다
의 남편은 어느 날 의붓딸 파울라를 성폭행하다 파울라가 휘두른 칼에
찔려 죽는다. 라이문다는 남편의 시체를 식당 냉장고에 보관했다가
이웃 여인들의 도움으로 시체를 옮겨 강가에 묻어버린다. 결국 라이
문다는 죽은 줄 알았던 엄마와 재회하고 과거의 비극적인 비밀을 듣게
된다.

알모도바르의 영화 중에서 처음으로 아카데미 영화상 후보에 오르
며 외국 비평가들의 극찬을 받은 「신경쇠약 직전의 여자들」은 지극히

「신경쇠약 직전의 여자들」에서 얽히고설킨 인연으로 페파의 아파트에 모인 사람들.
(Courtesy of El Deseo S. A.)

무책임하고 마초적인 남자 한 명 때문에 피해를 당한 여자들에 대한 이야기이다. 「내가 무엇을 했다고 이런 꼴을 당해야 하나?」에서 영세민 아파트에 살며 남편에게 억압당하는 가정주부 역을 연기했던 카르멘 마우라는 「신경쇠약 직전의 여자들」에서 마드리드의 최고급 펜트하우스에 살고 있는 직업여성(성우)이다. 시간이 흘러 스페인 사회의 변화를 말해주듯 카르멘 마우라의 주거 공간은 엄청나게 현대적으로 바뀌었지만 여성의 삶의 조건은 변하지 않았다는 것을 말하려는 듯하다. 이야기는 페파가 자신을 버리려고 하는 동거인 이반에게 임신했다는 소식을 알리기 위해 필사적으로 그를 찾아다니는 동안 벌어지는 해프닝을 다루고 있다. 이 과정에서 페파는 이반과 전 애인인 루시아 사이에 이미 장성한 아들이 있다는 것과 그가 또 다른 여자와 곧 여행을 떠날 것이라는 사실을 알게 된다. 이내 페파의 아파트에는 페파의 친구, 그를 쫓는 경찰, 그리고 이반의 피해자들이 몰려오는데, 페파는 수면제를 섞은 가스파초를 먹여 모두를 잠재운다. 그러나 루시아가 이반을 죽이기 위해 총을 들고 공항으로 달려가자 그녀를 추격한다. 그리고 위기의 순간 이반을 구해준다. 이반은 자신의 목숨을 구해준 페파에게 감사하며 다시 매달리려 하지만 페파는 의연하게 결별을 선언한다. 그리고 마드리드의 마천루를 바라보며 아기를 낳아 혼자 잘 키울 것을 다짐한다. 이렇게 영화의 서사는 페파가 가부장주의의 종속에서 벗어나 새로운 도시, 새로운 문화 질서 속에서 독립된 개체로 재탄생하는 과정을 보여준다. 페파가 자식을 키우며 혼자 살기로 하는 그녀의 아파트는 여성 해방의 공간으로 작용하는데, 변두리의 서민 아파트에서 멀리 떨어져 있는 도심의 펜트하우스는 새로운 문화 정체성을 상징하고 여기에서 미혼모 페파는 가모장의 위치를 차지하게 된다.

알모도바르의 영화가 가부장적 남성성을 부정적으로 다루고 있다고 해서 남성성이 모두 부정되는 것은 아니다. 그가 부정적으로 보는 것은 여성을 억압하고, 성적으로 학대하고, 거드름만 피우는 무능한 마초들이다. 오히려 진실한 사랑을 추구하는 건강한 남성성은 감독의 지지를 받는 경우가 많다. 대표적인 경우는 「날 묶어줘!」의 리키(안토니오 반데라스), 「라이브 플레시」의 빅토르(리베르토 라발) 같은 인물이다. 이런 경우, 감독은 '정치적인 올바름'에 구애받지 않고 남성 인물의 진실한 사랑에 찬사를 보낸다. 「날 묶어줘!」의 리키는 정신병원에서 지내다 나오자 예전에 하룻밤을 보냈던 포르노 배우의 집을 찾아가 뜻하지 않게 그녀를 감금하게 된다. 처음엔 필사적으로 저항하며 탈출을 위해 납치범을 공격하기도 했던 그녀는 점점 납치범의 진심을 알게 되고 그의 사랑에 감동한다. 마지막엔 스스로 "날 묶어줘!"라고 그의 포박에 동의하고 그와 행복한 가정을 이룰 꿈을 꾸게 된다. 납치범과 사랑에 빠진다는 서사는 '정치적 올바름'의 관점에서 보면 문제가 있다. 그러나 알모도바르는 진실한 사랑이 있다면 그런 것쯤은 전혀 문제가 되지 않는다는 생각을 가지고 있다.[15] 결국 알모도바르가 남녀 관계에서 구분하는 것은 진실한 사랑이냐, 동물적인 욕망이냐

---

15) 알모도바르의 영화 중에서 '정치적 올바름'의 관점에서 가장 논란이 일었던 작품은 「그녀와 말하세요」이다. 여기에서 감독은, 스토킹하던 여자가 식물인간 상태에 빠지자 간호사로 취업하여 그 여성을 성폭행하여 임신시킨 인물의 사랑을 진실하다는 이유로 두둔하는 듯한 입장을 취하고 있다. 이에 대해 많은 비판이 쏟아진 것은 당연했다(대표적으로 Anne Eaton, "Almodóvar's immoralism," in Anne Eaton(ed.), *Talk to her*, London: Routledge, 2009, pp. 11~26). 그러나 알모도바르는 인터뷰에서 자신은 '정치적 올바름'의 관점을 별로 신경 쓰지 않는다고 말했다(Frédéric Strauss(ed.), *Almodóvar on Almodóvar*, New York: Faber and Faber, 2006).

하는 것인데, 전자의 조건만 충족된다면 남성성 자체가 비판받을 이유는 없다는 것이다. 「라이브 플레시」의 빅토르의 경우도 비슷하다. 그 역시 클럽에서 만나 하룻밤을 즐긴 여자를 찾아갔다가 억울하게 살인 누명을 쓰고 감옥에 가게 된다. 출소 후 그는 다시 그녀를 찾아가고 우여곡절 끝에 그의 진심을 받아들인 그녀와 결합한다.

「날 묶어줘!」의 리키나 「라이브 플레시」의 빅토르의 특징은 건강한 남성성을 지니고 있지만 사회적으로는 매우 주변적인 인물이라는 것이다. 리키는 정신적으로 문제가 있어 정신병원에 오래 머물러야 했고 그의 가족은 물론 그의 고향 마을마저 폐허로 변해 있어 그를 돌봐줄 사람은 아무도 없다. 그가 납치한 마리나에게 얘기하듯이 그가 가진 것이라곤 5만 페세타(30만 원)가 전부이다. 빅토르 역시 마찬가지인데 성매매로 생업을 이어가던 미혼모의 아들로 태어난 그는 감옥에서 출소했을 때 어머니마저 죽은 상황이고 그가 살던 집은 폐허로 변해 있다. 그에게는 어머니가 유산으로 남긴 15만 페세타밖에는 없다. 이렇듯 두 사람은 철저하게 사회적으로 소외된 계층에 속해 있다. 게다가 이들은 전혀 가부장적이지 않고 여성들에게 헌신적이고 친절한 새로운 타입의 남성들이다.

전통적인 성 역할을 넘어서는 새로운 젠더 타입의 극단적인 모델로서 「그녀와 말하세요」의 베니그노(하비에르 카마라)를 꼽을 수 있다. 그는 병에 걸린 어머니를 수년간 간호한 데 이어 짝사랑하던 여자가 식물인간 상태에 빠지자 그녀를 헌신적으로 간호한다. 직업이 간호사인 그는 환자의 머리를 감기고 몸을 청결하게 유지하는 것은 물론 매일 마사지를 하고 피부까지 돌본다. 비록 코마 상태에 있지만 자신의 말을 알아들을 수 있다고 믿는 그는 그녀를 위해 발레와 영화를 보고 와서 다시 이야기해준다.

이렇게 남성성의 새로운 타입을 진열하던 알모도바르는 최근작 「내가 사는 피부La piel que habito」에 와서는 급기야 수술을 통해 남성을 여성으로 성전환하는 상상을 내보인다. 물론 「욕망의 법칙」에서도 나왔던 설정이지만 「내가 사는 피부」에서는 성전환이 서사의 중심을 차지한다. 저명한 성형외과 전문의 로베르토 박사(안토니오 반데라스)는 자신의 대저택에 비밀 수술실을 마련하고서 자신의 딸을 성폭행하여 죽음으로 몰아넣은 청년 비센테(잔 코르넷)를 죽은 자신의 아내를 모델로 하여 아름다운 여성 베라(엘레나 아나야)로 성전환시킨다. 이런 상상에는 인간의 젠더는 육체의 구조에 의해서만 결정될 뿐 남성성, 여성성의 본질은 없다는 전제가 기본으로 깔려 있다.

이렇듯 알모도바르의 영화는 마초적 이미지로 각인되던 전통 스페인 사회의 남성성을 허물고 새로운 남성성을 제시하거나, 또는 젠더 개념 자체를 넘어서는 새로운 인간상을 담아냄으로써 관객들에게 충격을 던져주었다. 물론 이러한 극한의 정치학이 호응을 얻을 수 있었던 것은 민주화 시대에 접어들어 빠른 속도로 변화한 스페인 사회의 문화적 환경이 결정적이었다. 이제 스페인 사회에서 '마초'는 더 이상 통용될 수 없는 인간형이 된 것이다.

알모도바르 영화의 과거 지시성

알모도바르는 여러 매체와의 인터뷰에서 "나는 프랑코를 모른다. 나의 영화는 반反프랑코주의적인 것이 아니다"라고 말하며 자신은 프랑코 세대와는 완전히 다른 새로운 인류이며, 자신의 영화는 과거와 단절된 완전히 새로운 것이라고 여러 번 주장했다.[16] 실제로 그의 영화에서 프랑코 정권에 대한 직접적인 비판이 등장하는 적은 거의 없다. 하지만 프랑코 시대의 문화 패러다임에 대한 그의 반감은 매우 날카롭고 집요하다. 앞서 살펴보았듯이 그의 영화에서 공격의 대상이 되고 있는 가톨릭·가부장적 남성성은 그 자체에 대한 비판이라기보다는 과거의 전통과 문화 정체성에 대한 거부라고 이해될 수 있다.

알모도바르 영화의 공격 대상 중에서 가장 뚜렷하게 정치적인 의미로 해석될 수 있는 것은 경찰에 대한 희화화이다. 외형상 스릴러 장르의 형식을 선호하는 알모도바르의 영화에는 경찰이 매우 자주 등장한다. 이때 경찰은 뚜렷하게 과거의 권력층을 지시하고 있고 그렇기 때문에 반드시 타도되어야 할 대상이다. 그들은 언제나 마초 스타일이고 권위적이지만 무능하기 이를 데 없다. 「페피, 루시, 봄 그리고 시시껄렁한 여자아이들」에서 루시의 남편인 경찰은 가정주부 루시를 혁대로 때리며 학대하는 폭압적인 인물이다. 어느 날 신문을 보던 그는 "지나친 민주주의가 이 나라를 어디로 끌고 갈지 모르겠군" 하면서 한탄한다. 그러던 그는 옆집에 살던 페피가 테라스에서 마리화나를 키우고 있는 것을 보자 그녀의 집에 찾아가 체포하겠다고 위협하여 성폭행한다. 이에 페피는 봄(알라스카)의 밴드 단원들을 찾아가 경찰관에게 복수해줄 것을 부탁한다. 봄과 밴드 단원은 골목에서 기다리고 있다 경찰관과 똑같이 생긴 사람을 폭행하는데, 그는 경찰관이 아니라 그의 쌍둥이 동생이었다. 그는 폭행당하는 와중에도 남성 심벌을 걱

---

16) Jean-Max Méjean, *Pedro Almodóvar*, Barcelona: Manon Tropo, 2007, p. 21.

정하며 "고환 터진다!"고 소리 지른다. 「내가 무엇을 했다고 이런 꼴을 당해야 하나?」의 경찰은 검도장에서 청소부 글로리아를 유혹하지만 그의 호기로운 유혹과는 달리 남자다운 성적 능력을 발휘하지 못한다. 그는 후에 글로리아가 저지른 살인 사건을 맡게 되지만 전혀 단서를 잡지 못하고 오히려 살인범인 그녀에게 농락당한다. 「욕망의 법칙」의 경찰은 피의자의 방을 수색하다가 마약이 나오자 증거물로 삼기는커녕 그것을 흡입한다. 그는 말싸움을 벌이다 성전환을 한 티나의 뺨을 때리는데, 그러다 오히려 그녀의 펀치를 얻어맞고 기절한다. 「신경쇠약 직전의 여자들」에서 테러리스트 그룹에 대한 신고를 받고 출동한 경찰은 페파가 만들어놓은, 수면제 섞은 가스파초를 마시고는 곯아떨어진다. 「키카」의 경찰 역시 무능하고 게으르긴 마찬가지인데 다급한 목소리의 성폭행 신고가 들어오지만 게으른 그들은 장난 전화로 치부하고 출동을 미적거린다. 그러다 겨우 출동하게 된 그들은 눈앞의 성폭행범을 놓쳐버린다.

경찰과 하는 일이 비슷한 검사이지만 알모도바르의 영화에서 긍정적인 이미지로 등장하는 인물은 「하이힐」의 도밍게스 검사이다. 그는 주인공 레베카의 남편 마누엘이 살해된 사건을 맡고 있는데, 흥미롭게도 밤에는 레탈이라는 가명으로 클럽에서 노래하는 여장 남자 가수이다. 물론 검사가 밤에는 여장 남자 가수로 일한다는 설정은 알모도바르의 영화에서나 가능한 그만의 파격적인 발상으로 이런 예외적인 인물은 감독의 심정적 지지를 받는다. 알모도바르의 영화에서 여장 남자처럼 전통적인 젠더 체계를 허무는 존재가 부정적인 인물로 등장하는 경우는 거의 없기 때문이다. 레탈은 레베카를 좋아하여 그녀와 성관계를 갖지만 레베카는 레탈이 남편의 살인 사건을 수사하는 검사라는 사실을 알지 못한다 — 불가능한 가정이지만 알모도바르의 영화 세계에선 흔히 통용되는 방식이다. 결국 검사는 레베카가 범인이라는 심증에도 불구하고 죽어가는, 그녀의 어머니를 범인으로 결론 내린다.

알모도바르의 영화에서 무능하고 부패한 경찰이 프랑코 시대의 억압적 권력을 희화화하는 것은 분명하지만 그중에서도 「라이브 플레시」(1997)는 과거 정권에 대한 지시성이 가장 뚜렷한 예외적인 작품이다. 이 영화에서 경찰인 다비드(하비에르 바르뎀)는 동료 경찰 산초(페페 산초)의 아내와 내연의 관계이고 산초는 이 사실을 알고 있다. 순찰을 돌던 다비드와 산초는 신고를 받고 출동하여 인질극 상황에 직면하는데, 산초는 인질범 빅토르(리베르토 라발)와 몸싸움을 벌이던 과정에서 범인이 겨눈 것으로 위장하여 다비드에게 총을 쏘아 그를 하반신 불구로 만든다. 결국 이 사고로 주인공 빅토르는 억울하게 감옥에 가고 다비드는 자신이 구해준 엘레나(프란체스카 네리)와 결혼하게 된다. 이후 시간이 흘러 출옥한 빅토르가 억울함을 밝히기 위해 엘레나를 찾아감으로써 경찰 동료 사이의 원한과 복수의 사연이 밝혀진다.

「라이브 플레시」는 첫 장면부터 역사적인 상황과의 관계를 확실하게 설정한다. 이 영화의 배경은 1970년 1월로 스페인에 국가 비상사태가 선포된 상황이다. 아직 연말연시의 거리 장식이 걸려 있지만 비상사태하에서 개인의 자유는 제한된다고 설명되어 있다. 이러한 상황을 반영하듯이 마드리드의 밤거리는 텅 비어 있고, 주인공 빅토르는 시내버스 안에서 태어난다. 그리고 그는 마드리드 시장으로부터 '마드리드의 아들'이라는 칭호를 받는다.

어쩌면 '마드리드의 아들'은 프랑코 시대에 태어나 17세 때 마드리

「라이브 플레시」에서 출산이 임박한 산모를 태우기 위해 마드리드의 거리에서
시내버스를 세우고 있는 하숙집 주인. (Courtesy of El Deseo S. A.)

드로 상경하여 대도시의 뒷골목을 누비며 언더그라운드 문화운동을 주도했고, 새롭게 태어난 마드리드를 영화에 담아내어 이 도시의 상징적인 문화인으로 떠오른 알모도바르 자신을 말하는 것인지 모른다. 이렇게 감독의 분신과도 같은 존재로서 감독의 지지를 받는 주인공 빅토르는 비록 운 나쁘게 총격 사건의 누명을 쓰고 감옥에 가지만 그곳에서 열심히 운동하며 몸을 만든다. 그리고 출소하자 진실함과 건강함을 앞세우며 여자들에게 다가간다. 그리고 결국 첫 섹스 상대이기도 했던 여인의 사랑을 얻고 그녀와 결혼하여 아이를 낳는다.

영화의 엔딩 시퀀스에서 1996년 1월에 태어나는 이 아이는 아버지와 비슷하지만 좀더 호사스럽게 택시 안에서 태어난다. 하지만 비슷한 점은 오히려 차 밖에 있다. 개미 새끼 한 마리 없었던 1970년과 극적인 대비를 이루는 1996년 1월의 마드리드는 사람들로 북적인다. 여기서 주인공 빅토르는 새로 태어난 아이에게 다음과 같이 말한다.

26년 전 버스에서 태어난 아빠처럼 너는 택시에서 태어나는구나. 하지만 넌 운이 좋아. 사람들로 넘치잖아. 26년 전 아빠가 태어났을 땐 개미 새끼 한 마리 없었단다. 사람들은 두려움에 떨며 집 밖으로 나오지 못했지. 그렇지만 언젠가부터 스페인에는 두려움이 사라졌단다.

이 말은 명백하게 프랑코 시대를 지칭하는 말로서 독재 시대의 공포 정치와 억압에 대해 '사람들은 두려움에 떨며 밖에 나오지 못하던, 개미 새끼 한 마리 없던 밤'으로 표현하고 있다. 그런데 이제 민주화 시대가 도래했고 스페인에서는 두려움이 사라졌다는 것이다. 그리고 버스에서 태어난 아빠와 달리 아들은 택시에서 태어남으로써 그 자체가 경제적인 발전을 의미하는 것이기도 하다. 이렇듯 알모도바르의 영화는 과거를 분명히 의식하고 있으며, 민주화 시대의 '두려움 없는' 존재로서 자신에 대한 자부심을 표현하고 있다. 이렇게 알모도바르의 영화는 정치적인 맥락과 떼어놓고 해석할 수 없다.

알모도바르 영화의 섹슈얼리티와 젠더-수행성

프랑코 정권은 성에 대해 극단적으로 보수적인 도덕관을 국민들에게 강요했기 때문에 프랑코 시대 스페인 영화에서는 동성애는 물론 성적인 이슈들이 다뤄질 수 없었다. 민주화 시대가 되고 나서야 스페인 영화에서 동성애가 등장하기 시작했는데, 이런 점에서 알모도바르의 영화는 이성애 중심인 스페인 사회에 처음으로 새로운 성적인 모델들을 제시했다고 볼 수 있다. 그의 영화는 게이, 레즈비언, 트랜스 젠더, 복장 전도cross-dressing, 성전환 등 섹슈얼리티와 젠더에 관련된 이슈에서 인간 육체의 다양한 양상을 과시하고 있다. 1980년대에는 극단적으로 보수적인 성 윤리관을 강요했던 프랑코 정권이 물러간 지 얼마 되지 않았던 터라 여전히 스페인 사회는 이 문제에 대해 상당히 보수적이었다. 물론 프랑코의 사망 이후 문화적으로도 자유의 시대가 도래하여 극장가에는 노골적인 노출을 표방한 영화와 연극이 인기를 끌었고, 성인영화 전용관이 개장하여 관객들이 영화를 보기 위해 줄을 섰지만 동성애와 관련된 주제는 여전히 사회적으로 터부시되었다.

이런 상황 속에서 알모도바르는 극단적으로 자유로운 성적 수행을 실현하는 영화들을 들고 나왔다. 알모도바르가 활동을 시작한 초기에 스페인 비평계가 그의 영화에 대해 거부감을 가졌던 중요한 이유 중의 하나도 바로 이것이다. 예를 들어 알모도바르의 영화 중에서 동성애 주제가 가장 노골적으로 드러난 「욕망의 법칙」과 「나쁜 교육」에 대해 스페인 최고 권위의 고야상은 아무런 상도 수여하지 않았다. 이는 스페인 사회의 동성애 혐오증 때문이라는 것이 비평계의 중론이다.

리처드 다이어가 1990년 펴낸 책에 따르면, 동성애 재현에서 스페인보다 훨씬 오래된 역사를 지니는 서구의 영화에서 동성애는 '조직화의 정치학Institutional Politics' '대항의 정치학Confrontational Politics' '긍정의 정치학Affirmation Politics'의 단계를 거쳐왔다.[17] '조직화의 정치학'이란 동성애 조직을 건설하는 것과 이미 존재하는 개혁의 메커니즘을 통해 변화를 조장하려는 의도가 담긴 것이고, '대항의 정치학'이란 1960년대 말의 자유주의 운동에서 비롯된 것이고, '긍정의 정치학'은 1970년대의 게이, 레즈비언, 여성해방운동에서 영감을 받아 게이/레즈비언 정체성을 긍정하는 의도를 담고 있는 것이다. 이것은 시간 순서에 따른 단계이기도 하지만 재현 방식에 따른 구분이기도 한데, 가령 동성애를 주제로 한 영화로 유명한 「필라델피아Philadelphia」(1993)는 '대항의 정치학'에 속한다고 할 수 있고, 「결혼 피로연The Wedding Banquet」(1993)은 '긍정의 정치학'에 속한다고 할 수 있겠다.

그런데 이 세 단계는 구체적인 정치적 목표에서 약간의 차이가 있을 뿐 모두 동성애자의 확고한 정체성을 기본 전제로 한다. 앞서 언급한 「필라델피아」나 「결혼 피로연」은 확고한 동성애 정체성을 지닌 인물

---

17) Richard Dyer, *Now You See It: Studies on Lesbian and Gay Film*, New York: Routledge, 1990, pp. 211~86.

「그녀와 말하세요」에서 감옥을 찾아온 친구 마르코와 손을 맞추는 베니그노.
성적인 표현은 아니지만 동성애가 수행될 수 있음을 보여주는 신이다.
(Courtesy of El Deseo S. A.)

들을 등장시켜 동성애자에 대한 편견을 불식시키고 동성애자의 인권을 옹호하려는 의도를 보인다. 하지만 진보적인 의도에도 불구하고, 푸코가 『성의 역사Histoire de la sexualité』에서 설명한 대로 권력이 개입하여 개인의 성적 취향을 정체성화한 서구 동성애 역사를 따라가는 것이다. 이런 문제의식을 기반으로 1990년대 이래로 '퀴어'라는 개념이 대두되었다. 퀴어의 범위에 대해서는 정의할 수 없지만 정체성화된 것으로 여겨지고 있는 생물학적 성, 성차와 성적 욕구 사이의 어긋남을 파고드는 모든 행동 모델을 일컫는다. 성적 정체성의 모델에 저항하여 퀴어는 섹슈얼리티, 젠더, 욕망 사이의 불일치에 주목한다. 따라서 상황에 따라 변화하는 다양한 욕망의 발현 양상을 존중한다.

동성애와 관련된 주제가 영화에서 다뤄진 역사가 일천한 스페인에서 알모도바르의 영화는 리처드 다이어가 설명한, 확고한 동성애 정체성을 출발점으로 삼는 서구 영화의 단계를 훌쩍 뛰어넘는다. 그리고 섹슈얼리티와 젠더에서 서구의 가장 진보적인 퀴어 이론을 스크린에 담은 듯한 장면들을 연출해왔다. 그의 영화에서 동성애는 이성애와 마찬가지로 자연스러운 감정으로 누구나 가질 수 있고 또 상황에 따라 다르게 발현될 수 있는 성적 취향이다. 그 발현의 양상은 규정할 수 없을 정도로 다양하다.

그렇기 때문에 그의 영화는 다양한 성향의 동성애를 진열한다. 가령 여성적인 성향의 남성 동성애자가 있다고 하더라도 남성적인 외형을 유지하는 경우가 있는가 하면, 복장 전도를 통해 여성으로 치장하는 경우도 있고 성전환 수술을 통해 여성으로 바뀐 경우도 있다. 또는 복장 전도의 취향을 갖더라도 성적 취향은 이성애적으로 발현되는 경우도 있다. 또한 레즈비언 성향이라고 하더라도 남성 역할의 레즈비언(「페피, 루시, 봄 그리고 시시껄렁한 여자아이들」의 봄, 「키카」의 후아나)이 있는가 하면, 여성 역할의 레즈비언(「페피, 루시, 봄 그리고 시시껄렁한 여자아이들」의 루시)도 있다. 물론 서구 영화에서 볼 수 있는 전형적인 게이 모델(「욕망의 법칙」의 파블로, 후안, 「나쁜 교육」의 엔리케, 앙헬/후안)도 있다.

알모도바르의 영화에선 이들의 성적 취향이 중요할 뿐 정체성의 문제로 부각되지 않는다. 즉 자신이 동성애자라는 이유로 고민하는 사람은 아무도 없다. 본격적인 게이 모델의 경우에도 퀴어 이론의 관점에서 매우 진보적인 양상을 내보인다. 본격적인 동성애 영화인 「욕망의 법칙」에 등장하는 인물들을 보더라도 1970~1980년대 서구 동성애 영화의 주인공들과는 다른 양상을 발견하게 된다. 이 영화의 기본적인 갈등 구조인 삼각관계를 이루는 인물들은 서구의 '게이' 모델과 상당 부분 닮아 있다. 이들은 배타적인 동성애자들로서 동성애가 안정적인 정체성을 이루고 있는 듯하고, 알모도바르의 다른 동성애 취향의 인물들에서처럼 횡단적인 섹슈얼리티를 보여주지 않는다. 하지만 이 영화는 리처드 다이어가 설명한 '대항의 정치학'이나 '긍정의 정치학'의 메커니즘에서 완전히 벗어나 있다. 인물들은 동성애적 욕망에 휩싸여 있지만 마치 동성애자라는 정체성에는 아무 관심이 없는 듯 자신들의 욕망을 당연하게 받아들이고 욕망 충족을 위해 행동할 뿐이다. 마치 이성애자가 자신을 이성애자라고 특별히 생각조차 하지 않는 것처럼 이들도 동성애를 너무나 당연시한다. 따라서 가족 간의 갈등, 사회와의 갈등은 이들의 머릿속에 전혀 들어 있지 않으며[18] 따라

---

18) 세 명의 동성애자 중에서 그래도 유일하게 가정적인 갈등을 조금이라도 걱정하는 인물은

서 '긍정의 정치학'이 말하는 '의식의 고양'이니 '커밍아웃'이니 하는 것은 알모도바르의 영화에 전혀 해당 사항이 없다.

또한 알모도바르 영화 속의 인물들은 섹슈얼리티의 다양한 스펙트럼을 펼치는 것에 그치지 않고 스펙트럼을 횡단한다. 즉 동성애 취향의 인물들이 동성애에 머무르지 않고 이성애와 동성애를 넘나드는 양상을 보여준다는 것이다. 「페피, 루시, 봄 그리고 시시껄렁한 여자아이들」에서 록 가수 루시는 가정주부 봄과 연인 관계로 발전하는데, 루시는 남편을 떠나 봄과 레즈비언 관계를 갖다가 다시 남편에게 되돌아감으로써 동성애와 이성애를 횡단하는 모습을 보여준다. 한편 젊은이들의 '발기 대회'를 훔쳐보는 남자는 동성애적 기질 때문에 갈등하는 듯하지만 남자들을 훔쳐보면서 오히려 이성애적 욕망이 살아남을 느끼게 된다. 「열정의 미로」에서 티란 왕국의 왕자 리사(이마놀 아리아스)는 원래 동성애자로 자신을 인식하지만 섹시를 만나 이성애적 사랑에 빠진다. 「키카」에서 가정주부로 등장하는 후아나는 키카에게 자신의 레즈비언 욕망을 고백하지만 사촌 동생인 포르노 배우 폴 바소와의 관계를 언급한다. 또한 「하이힐」에 등장하는 여장 남자 가수 레탈(미겔 보세)은 도밍게스 검사와 동일 인물임이 밝혀지고, 「내 어머니의 모든 것」에 등장하는 트랜스 젠더 롤라는 성전환을 하기로 한 뒤에도 이성애 관계를 통해 수녀인 로사를 임신시킨다. 또한 이 영화에서 우마(마리사 파레데스)와 니나(칸델라 페냐)는 레즈비언 관계에 있다 결별하는데, 이후 니나는 이성애 관계를 통해 아이를 갖게 되고 우마

___

안토니오이다. 완고한 어머니를 신경 쓰는 안토니오는 그래서 파블로에게 여자 이름으로 편지를 써줄 것을 부탁한다. 하지만 안토니오 역시 파블로와의 관계를 통해 '거리낌 없는 동성애자'로 변모해가는 양상을 보여준다.

역시 과거에 남자와 관계를 가진 적이 있음을 고백한다. 이렇게 알모도바르 영화에 등장하는 많은 인물은 이성애와 동성애를 넘나드는 자유로운 성적 수행성을 과시한다.

또한 남녀라는 젠더 역시 다양한 수행의 양상을 띠게 되는데, 알모도바르의 영화에 무수히 등장하는 트랜스 젠더/베스티즘vestism이 대표적이다. 영어권에서 'drag' 또는 'queen'이라고 표현되는 여장女裝 동성애자는 이미 알모도바르가 모비다 시절 여장 남자 가수로 활동할 때 외형적으로 보여주던 것이다. 그런데 알모도바르의 트랜스 젠더/베스타이트vestite들은 매우 다양한 스펙트럼을 보여준다. 이를테면 영화의 배역으로 보았을 때 낮에는 남성, 밤에는 여성으로 행동하는 경우(「하이힐」의 레탈), 항상 여성 옷을 입고 행동하지만 생물학적으로는 남성을 유지하고 있는 경우(「내 어머니의 모든 것」의 롤라), 완전히 여성으로 성전환 수술을 받은 경우(「욕망의 법칙」의 티나, 「키카」의 수사나, 「내 어머니의 모든 것」의 아그라도, 「내가 사는 피부」의 비센테/베라)가 있다. 그리고 실제로 연기하는 배우로 보았을 때 생물학적 여성이 트랜스 젠더로 연기하는 경우(카르멘 마우라), 생물학적 남성이 트랜스 젠더로 연기하는 경우(미겔 보세)와 실제로 성전환 수술을 받은 배우가 여성을 연기하는 경우(비비아나 페르난데스)가 있다.

지금까지 본 것처럼 알모도바르의 영화는 젠더와 섹슈얼리티 측면에서 극단의 경험들이 모두 망라되고 또 그 경험들이 마구 뒤섞이고 있는 아나키즘적 수행의 양상을 전시한다. 이러한 '차이들'의 재현은 미리 규정된 남성/여성, 동성애/이성애의 엄격한 이분법을 만들며, 성적 수행과 관련하여 카테고리화할 수 없는 다양한 스펙트럼을 강조하는 것이다. 이는 1970~1980년대의 서구 레즈비언/게이 영화들이 투쟁의 기본 포지션으로 삼았던 권력, 섹슈얼리티, 지식, 계급이라는 정체성을 철저하게 탈안정화시키고 있는 셈이고, 오히려 법을 어기는 수행을 통해 집단적 젠더 정치학을 해체하는, 퀴어 이론이 제시하는 전략과 매우 닮아 있다.

　그렇다고 해서 알모도바르를 퀴어 영화의 진보적 감독으로 이해하는 것은 1980~1990년대 스페인이라는 특정한 시공간적 맥락을 경시하는 것이다. 1980년대 스페인 포스트모던 문화를 대표하는 인물인 알모도바르의 관심은 젠더와 섹슈얼리티의 영역에 국한되어 있었던 것이 아니라 일상의 모든 영역에서 과거의 전통 양식을 거부하고 해체하는 작업에 놓여 있었다. 이런 면에서 알모도바르 영화에서 섹슈얼리티 또는 젠더의 이탈은 원래의 영역을 넘어 좀더 확장된 의미를 부여받는데, 그것은 "상이한 재현 패러다임에 의거하여 전통적인 이분법의 대립 항들을 재구성"[19]하는 것이다. 알모도바르의 우스꽝스런 괴짜들은 단순히 섹슈얼리티와 젠더의 영역에서만 법을 어기는 것이 아니라 삶의 모든 영역에서 법을 어기고 있다. 하지만 이러한 위반적 수행의 목적은 개개의 법을 문제 삼는 것이라기보다는 현실의 패러다임 전체를 문제 삼는 '부정否定의 정치학'의 전략이라고 보아야 한다.

---

19) Alejandro Yarza, *Un caníbal en Madrid: La sensibilidad camp y el reciclaje de la historia en el cine de Pedro Almodóvar*, Madrid: Ediciones Libertarias, 1999, p. 89.

알모도바르와 스페인 영화의 새로운 스타일

알모도바르 영화의 중요성은, 사회·문화적인 변화를 반영하는 차원을 넘어 이를 주도한 문화 생산물이라는 위상을 갖는 것에 그치지 않는다. 스페인 영화사의 관점에서 보았을 때도 그의 영화는 스페인 영화사의 한 획을 긋는 이정표가 된다. 크게 보아 스페인 영화는 알모도바르 출현 이전과 이후로 나뉜다고 해도 과언이 아닐 만큼 알모도바르의 영화는 스페인 영화의 스타일과 체질을 바꾸어놓는 데 결정적인 영향을 끼쳤다.

프랑코 독재 시기의 엄격한 검열 아래 스페인 영화는 독재에 대한 항거, 내전에 대한 트라우마, 실존적 자유에 대한 갈망을 표현하며 베를랑가, 바르뎀, 사우라, 에리세 등이 이른바 '새로운 스페인 영화'라는 지성적 영화의 흐름을 만든 바 있다. 그러나 이러한 영화는 유럽의 비평가들로부터 호평을 받았고 유수의 영화제에서 큰 상을 수상했지만 유럽 시장에서는 물론 스페인 내에서도 그리 큰 상업적인 성공을 거두지는 못했다. 이 거장 감독들은 민주화 시대에도 지속적으로 작품 활동을 이어갔지만 몇몇 작품을 제외하곤 일반 관객들 사이에서 큰 반향을 일으키지 못했다.

이러한 와중에 나타난 알모도바르의 영화는 다소 거칠고 이데올로기적으로 급진적인 면이 있었지만 기본적으로 대중 지향적인 성격을 가지고 있었다. 그래서 언더그라운드 문화에서 출발한 초기 영화 단계를 지나자 대중의 관심을 모을 수 있었다. 좀 과장해서 말하면 알모도바르의 작품은 해외에서 상업적으로 의미 있는 성공을 거둔 최초의 스페인 영화였다. 초기에는 유럽의 예술 전용 극장에서 한정된 관객을 만났지만 점차 인기를 얻게 되어 「마타도르」에서부터는 10여 개국 이상에 배급되면서 상업적인 성공을 거두기 시작했다. 1988년에 발표되어 세계 유수의 영화제에서 수상하며 미국과 유럽 전역에 배급된 「신경쇠약 직전의 여자들」은 알모도바르를 세계적인 흥행 감독으로 올려놓았다. 그리하여 1989년의 「날 묶어줘!」부터는 그가 영화를 내놓을 때마다 세계의 주요 국가들에 수출되기에 이르렀다. 우리나라에서도 「날 묶어줘!」 이후 그의 모든 영화가 개봉관에서 관객을 만났다. 비非할리우드 감독으로서 영화를 만들 때마다 한국 시장에 개봉하는 감독이 매우 드물다는 점을 고려하면 그가 한국에서도 거장으로 대접받고 있으며, 상당한 고정 관객을 확보하고 있는 것을 알 수 있다.

이렇듯 1980년대 후반, 그의 영화가 해외에서 팔리는 유일한 스페인 영화의 자리를 차지하자 자연스럽게 알모도바르의 영화는 해외에서 스페인 영화에 대한 이미지를 대표하게 되었다. 알모도바르의 성공은 동시대 스페인 영화감독들에게 결정적인 참조reference가 되었고, 스페인 영화의 해외 진출에 커다란 힘이 되었다. 그 결과 해외 시장에서 '스페인 영화'라고 하는 전 세계인의 사랑을 받는 한 장르가 탄생하게 된 것이다. 실제로 세계의 관객들은 '스페인 영화'를 한 장르로 받아들이며 공통적인 스타일을 상상하게 되었다. 한 내셔널 시네마가 해외 관객들 사이에서 장르로 인식되는 것은 그리 바람직한 현상이라고 할 수는 없겠으나 어쨌든 마케팅에는 도움이 되는 일이었다. 장르처럼 인식되는 스페인 영화의 특징이란 스페인 영화 전문가 줄리언 스미스에 따르면 스타일 있는 에로티시즘, 정열과 고통의 혼합, 부조리한 유머 등이다.[20] 이것은 일찍이 알모도바르의 영화가 해외 관객들에게 제공하던 것들로 스페인 영화의 고유한 미학으로 자리를 잡게 되었다.

알모도바르 이후 스페인의 상업영화 감독들은 대부분 이러한 코드를 차용하고 있는데, 비가스 루나Bigas Luna, 비센테 아란다Vicente Aranda, 페르난도 트루에바Fernando Trueba 등이 대표적이다. 이들의 대표작인 「아만테스Amantes」(1991), 「하몽 하몽Jamón, Jamón」(1992), 「벨 에포크Belle époque」(1993) 등의 영화가 해외에서 큰 성공을 거두며 스페인 영화의 본격적인 부흥기를 열었다. 작품성 측면에서 그리 대단하다고 할 수 없는 「벨 에포크」가 1993년 오스카상에서 첸 카이거의 「패왕별희」를 물리치고 최우수 외국어 영화상을 거머쥔 데에는 이 시기 스페인 영화의 유행이 한몫했음에 틀림없다. 이 영화들은 알모도바르의 작품들이 보여준 대로 원색의 화려한 화면, 도발적인 에로티시즘, 그리고 스페인 전통문화의 요소들을 공통적으로 활용하고 있다.

알모도바르의 영화 역시 1990년대로 넘어가면서 초기의 거친 화면과 도발적 상황 설정이 순화되면서 세련된 미장센과 짜임새 있는 서사를 바탕으로 더욱 상품성을 갖추기 시작한다. 특유의 엉뚱함은 기발한 상상력으로 찬사를 받았지 아무도 미숙함으로 받아들이지 않았다. 「라이브 플레시」「내 어머니의 모든 것」「그녀와 말하세요」 등 1990년대 후반부터의 작품은 알모도바르의 영화가 원숙의 경지에 올랐음을 입증시키며 전 세계 관객을 감동시켰다. 비주류적인 취향 때문에 알모도바르의 영화에 상을 주기를 꺼리던 미국 아카데미도 「내 어머니의 모든 것」에 최우수 외국어 영화상, 「그녀와 말하세요」에 최우수 시

---

20) Paul Julian Smith, *Desire Unlimited: The Cinema of Pedro Almodóvar*, London : Verso, 2000, p. 138.

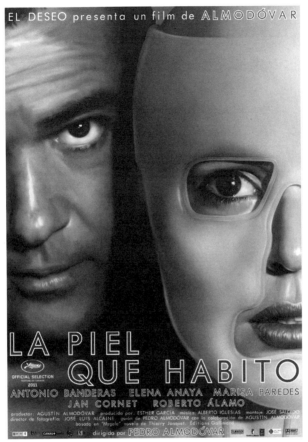

알모도바르의 열여덟번째 작품, 「내가 사는 피부」(2011).
그는 최근에도 2년에 한 편씩 여전히 흥행작을 만들어내고 있다.
(Courtesy of El Deseo S. A.)

나리오상을 주었다. 이로써 그는 할리우드도 인정한 세계적인 감독으로 자리매김했다. 그 후에도 알모도바르는 2년에 한 편씩 걸작을 발표하며 세계적으로 많은 팬을 확보하고 있다. 그러나 영화 전문가들은, 비록 기술적으로는 조악했으나 알모도바르의 초기 영화가 보여주었던 거침없는 도발성과 전복적인 메시지, 기상천외한 상상력이 최근의 영화에선 상당 부분 축소된 것에 다소 아쉬움을 표하고 있다.

그러나 2000년대의 스페인은 더 이상 다른 유럽 국가와 구별되는 독특한 문화 정체성을 지닌 국가가 아니다. 민주화 시대 초기에 짙게 드리웠던 프랑코 시대의 어두운 그림자도 이제는 다 사라졌다고 봐야 한다. 따라서 알모도바르의 영화에 뭔가 다른 '스페인적인 것'을 기대하는 것은 적절한 태도가 아니다. 게다가 초국적 스타 감독으로 많은 제작비를 들이는 알모도바르로서는 제작비 회수를 위해서라도 흥행에 상당한 신경을 써야 하는 상황에 놓여 있다. 이런 점에서 최근 그의 영화가 보여주는 다소의 '밋밋함'은 충분히 이해될 수 있다.

어찌됐든 세계적인 거장 감독인 알모도바르는 스페인 영화계뿐만 아니라 문화계의 상징적인 존재로서 스페인 예술의 세계화에 든든한 버팀목이 되고 있다. 비록 알모도바르의 영화와 직접적인 관련성은 없더라도 알레한드로 아메나바르, 훌리오 메뎀 등 세계적인 영화작가가 나오게 된 것도 스페인 문화의 체질을 바꾼 알모도바르의 활약이 훌륭한 자양분이 되었음은 부정하기 어렵다.

제4부
스페인적인 것의 재협상과
작가주의의 갈등

Carlos Saura
Bodas de sangre
Carmen
El amor brujo
Flamenco
Tango
Goya en Burdeos
Buñuel y la mesa del rey Salomón
Iberia
Fados

Juan José Bigas Luna
Las edades de Lulú
Jamón, Jamón
Huevos de oro
La teta y la luna

7장
민주화 시대의 도래와 스페인적인 것의 재협상
—카를로스 사우라 (2)

안 될 게 뭐야? 진부하면 어때?
—「카르멘」

민주화 시대의 도래와 스페인성에 대한 성찰

검열이라는 성가신 존재를 따돌려가며 프랑코 체제에 대한 비판을 예술적인 메타포로 표현하는 사우라의 작업은 민주화 시대에 이르자 더 이상 존립 근거가 없어진다. 그러자 사우라는 돌연 주제를 바꿔 스페인의 민속을 조명하는 작업에 착수한다. 사우라는 당시 스페인 국립 발레단의 예술감독이었던 안토니오 가데스Antonio Gades와 손잡고 플라멩코 3부작으로 불리는 「피의 결혼식Bodas de sangre」(1980), 「카르멘Carmen」(1983), 「마법의 사랑El amor brujo」(1986)을 만든다. 이 작품들에는 모두 안달루시아, 집시, 플라멩코 춤이 등장하고, 안토니오 가데스와 단원들이 출연한다.

이 작품들에서 사우라는 단순히 안달루시아 민속의 아름다움을 표현하는 것에 집중하지 않는다. 오히려 그 반대로 스페인성Spanishness

에 대한 신화적인 표현이라고 할 수 있는 '에스파뇰라다española'에 질문을 던지고 있다. 알다시피 19세기 초 유럽 낭만주의자들에 의해 — 결정적으로는 귀스타브 도레Gustave Doré의 그림과 프로스페르 메리메Prosper Mérimée의 소설로 — 신화화된 안달루시아의 민속성은 스페인성을 대표하는 이미지로 떠올랐는데, 프랑코 정권은 많은 스페인 작가를 동원하여 '에스파뇰라다'를 적극적으로 홍보했다.

사우라는 앞의 세 작품에서 안토니오 가데스와 그의 단원들을 출연시켜 안달루시아 춤과 음악의 진수를 보여주기도 하지만 또 한편 신화화된 스페인성의 허위와 그 해악에 대해 비판의 칼날을 들이댄다. 또한 실제 공연 모습을 담은 이 영화들에서 재현에 대한 댄스영화의 인습을 거부함으로써 전통적 댄스영화의 형식성을 뒤집고 있다. 그런 점에서 세 작품을 묶어주는 것은 안달루시아의 정형화된 민속성이 아니라 실제로 공연한다는 의미의 '수행performance'이다.

처음 가데스와 사우라를 결합시킬 계획을 세웠던 제작자 에밀리아노 피에드라Emiliano Piedra는, 다른 장르의 작품을 각색하지 않겠다는 사우라의 고집을 꺾기 위해 그를 오랫동안 설득해야 했다. 사우라가 가데스 극단의 플라멩코 공연을 영화화하기를 꺼렸던 것은 이미 스페인과 프랑스에서 커다란 성공을 거둔 그의 춤 공연이 외국인들 사이에서 스페인 문화의 전형성을 생산하고 있다고 생각했기 때문이다. 그러나 막상 그의 공연을 보고 난 뒤 사우라는 생각을 바꾸었다고 말한다.

가데스는 나를 위해 총 리허설을 보여주려고 했다. 그는 모든 춤을 지휘했고, 그가 춤을 맡은 부분은 다른 댄서가 추도록 했다. 발레를 위해 마련된 낡은 건물의 커다란 홀에서 — 사면의 거울, 크고 기다란 창문, 그리고 높은 천장 — 「피의 결혼식」의 리허설은 잊을 수 없는 스펙터클로 변했다. 나에게 그것은 발견이었다. 내가 막연히 상상만 하던 것을 가데스는 로르카의 연극에서 끄집어내어 성취하였다. 그 덕분에 모든 것은 쉽게 풀려갔다. 그는 가장 심오한 경지에서 로르카의 민중적 영혼을 표현했다. 그것은 스토리, 소박하고 단호한 춤 그리고 민중적 흥취의 음악이 경이롭고 엄격하게 결합한 것이었다.[1]

이렇게 해서 사우라는 안토니오 가데스, 에밀리아노 피에드라와 함께 춤을 영화화하기로 합의했다. 사우라는 가데스 무용단의 공연에다 무용단이 리허설 홀에 올 때까지 분장실에서 분장을 하고 옷을 갈아입는 장면을 집어넣었다. 여기에 춤에 입문하게 된 계기와 교육 과정을 말하는 가데스의 보이스오버가 삽입된다. 그는 순전히 배고픔 때문에 춤에 입문하게 되었다고 말한다. 어린 시절 공부하기를 원했으나 가난 때문에 여러 직업을 전전해야 했는데, 열한 살 때 호텔의 벨보이를 했고 열네 살에는 신문사에서 인쇄공으로 일했다. 그 밖에도 사이클 선수, 권투 선수를 하다 한 이웃의 권유로 무용학교에서 수업을 듣게 되었다. 그가 춤에 자질을 보이자 친구 한 명이 그를 무용가 필라르 로페스Pilar López에게 소개해주었고, 그녀에게 배운 뒤 파리로 건너가 춤을 비롯한 예술을 공부했다. 당시 유명한 플라멩코 댄서인 비센테 에스쿠데로Vicente Escudero와 얼굴 생김새, 체격이 닮았다는 이야기를

---

1) Carlos Saura & Antonio Gades, *Carmen: el sueño del amor absoluto*, Barcelona : Círculo de Lectores, 1984, pp. 49~50.

듣던 가데스를, 어느 날 에스쿠데로가 직접 보러 오는데 그때까지 아무도 인정하지 않던 에스쿠데로는 가데스의 춤을 본 뒤 감탄하여 죽을 때까지 가데스의 후원자로 남게 되었다고 들려준다.

이러한 장면을 삽입함으로써 영화는 다큐멘터리적인 성격을 지니게 되었다. 그리고 배우들이 분장하고, 음악과 춤 연습을 하고, 옷을 갈아입는 장면 등 공연을 만드는 과정이 들어감으로써 자기 반영적인 성격도 지니게 되었다. 그럼으로써 단순히 멋진 춤 공연 자체가 영화가 되는 단순한 구도를 벗어나게 되었고, 에스파뇰라다를 멋지게 전시하는 것으로 끝나는 댄스영화의 전형성도 극복할 수 있었다. 마빈 드루고는 이 영화에 대해 "안달루시아 주제를 탈신화화하는 의도와 춤과 무희들을 탈신화화하는 주제가 평행을 이루고 있다"고 설명한다.[2]

영화는 한 스태프가 분장실에 들어와 불을 켜는 것으로 시작한다. 그 뒤 단원들이 잡담을 건네며 분장실로 몰려 들어온다. 그들은 화장 거울에 자신들이 좋아하는 사진을 붙이고 담배를 피우고 아스피린이 있냐고 물어보는 등 매우 자연스러운 광경을 연출한다. 기타리스트들은 반음이 높지 않은지 작은 실랑이를 벌인다. 분장사는 그들이 기타를 연주하는 동안 그들의 얼굴에 베이스를 바른다. 안토니오 가데스는 단원들을 옆의 연습실로 불러 공연 연습을 시킨다. 그의 지휘에 따라 단원들은 여러 가지 기본적인 춤동작을 연습한다. 연습이 끝나자 무희들은 의상실로 몰려가 땀을 닦고 무대 의상을 입기 시작한다. 카메라는 그들이 농담을 하며 옷을 벗고 무대 의상을 입는 장면을 가감

---

2) Marvin D'Lugo, *The Films of Carlos Saura: The Practice of Seeing*, Princeton: Princeton University press, 1991, p. 195.

없이 담는다. 이렇게 무희들의 '아름답지 않은' 준비 과정을 드러내며 무희들을 한 명의 배우로서 탈신화화시킨다.

화려한 조명이 비추는 멋진 무대에서 펼쳐지는 공연이 아니라 연습실에서의 리허설 장면을 담은 「피의 결혼식」 공연 장면 역시, 그저 하나의 스펙터클로서 가데스 극단의 플라멩코 공연을 전시하지 않겠다는 사우라의 의도가 엿보이는 장치라고 할 수 있다. 무대에서의 공연이라면 관객은 한 면밖에 볼 수 없으나 연습실에서의 리허설은 다양한 위치와 여러 각도의 카메라 이동을 가능하게 한다. 이러한 장치를 통해 관객들은 이 공연의 내부를 들여다볼 수 있다.

리허설 장면에 이르자 그동안 극단을 지휘했던 안토니오 가데스는 지휘자의 역할에서 벗어나 「피의 결혼식」의 주연인 레오나르도를 맡는다. 그러나 이미 가데스의 다큐멘터리적 독백까지 들었던 관객은 가데스를 극중 인물로만 볼 수가 없다. 그의 공연을 보는 순간, 댄서이자 극단 지휘자인 가데스와 극중 인물 레오나르도를 번갈아 상상할 수밖에 없다. 이로써 「피의 결혼식」은 스펙터클과 공연 연습을 왔다 갔다 하는 자기 반영적 기제로서 작용하게 된다.

「피의 결혼식」은 관객과 비평가들의 좋은 평가를 받았고, 1980년 아카데미상 최우수 외국어 영화상 부문에 스페인 대표작으로 뽑혔다. 「피의 결혼식」이 망외의 성공을 거두자 사우라는 메리메가 소설로 쓰고, 비제Georges Bizet가 오페라로 만든 「카르멘」을 영화화하는 작업에 착수한다. 정형화된 스페인의 민속성에 대한 거부는 「피의 결혼식」에서 비교적 온건하게 표현되는 데 비해 「카르멘」에서는 매우 가시적으로 드러나고 있다. 유럽 낭만주의 작가들이 스페인의 민속적 이미지를 왜곡시켜놓은 것에 대해 문제의식을 지니고 있는 사우라에게 메리메의 『카르멘』이 스페인의 긍정적인 가치를 함축하고 있었던 반면, 메리메의 소설에 기반을 둔 비제의 오페라는 그러한 감성에 대한 배신이었다. '에스파뇰라다'는 메리메의 소설에서 온 것이 아니라 비제로부터 비롯되었는데, 메야크Henri Meihac와 알레비Ludovic Halevy가 쓴 오페라 시나리오에서 빌려온 것이기 때문이다. 날조된 스페인의 이미지를 만든 가장 대표적인 부분은 소설에 존재하지 않았던 투우사 에스카미요를 창조한 것이다. 집시 소녀와 투우사를 결합시킨 것은 이국적인 스페인이라는 전형적인 이미지로서 「카르멘」 이후 다양한 문화 상품을 통해 재생산되며 외국인의 인식 속에 각인되었다.

사우라와 가데스가 만든 플롯은 이렇게 만들어진 카르멘의 클리셰를 비판하고자 하는 것이다. 영화 「카르멘」에서 안무가 안토니오(안토니오 가데스)는 비제의 오페라를 플라멩코 버전으로 만드는 데 골몰한다. 세계적인 상품이 된 비제의 오페라를 활용하고자 하는 것이다. 이것은 이미 크레딧이 나타나기 전, 첫 시퀀스에서 발레의 주인공을 뽑는 오디션을 보고 있는 안토니오를 하이앵글 숏으로 잡은 장면에서 내포된다. 벽면에 걸린 커다란 거울에는 오디션을 보러 온 열두 명 정도의 젊은 여성 앞으로 그가 서 있는 것이 비춰진다. 이렇게 해서 한 프레임 안에 그의 강렬한 시선과 그 시선을 받는 댄서들의 반응이 배치된다. 그는 그 자신이 한 부분이기도 한 댄스를 보여주기 위해 스텝을 내딛는데 그럼으로써 그의 응시는 중단된다. 벽에 걸린 전면 거울은 안토니오가 공연자이자 감상자임을 보여준다. 이렇게 거울을 통해 발레 「카르멘」의 층위와 영화 「카르멘」의 층위가 혼란스럽게 교차함으로써 관객들은 거리를 두고서 스크린을 지켜보게 된다.

이 시퀀스의 마지막에 카메라는 크레딧으로 옮겨가고 크레딧을 통해 안토니오가 의도하는 공연의 예술적 모델이 드러난다. 이 순간 도레의 그림을 배경으로 비제의 오페라가 들리기 때문이다. 간단히 말해 안토니오의 계획은, 스페인과 스페인성을 코드화시킨 외국 예술의 논리를 추종하는 것이다. 이 점에서 그는 개인적인 인물이라기보다 사회적 무의식을 드러내는 인물이다.

비제의 오페라를 주의 깊게 들은 안토니오는 갑자기 그 음악의 볼륨을 높임으로써 기타리스트와 가수가 정통 세비야나 음악을 노래하고 있는 것을 방해한다. 기타리스트가 비제의 버전은 춤을 추기에 불가능하다고 말하지만 그는 포기하지 않고 동료에게 스텝을 보여주며 가능하다고 우긴다. 이에 기타리스트는 난감해하면서도 비제의 음악을 기타로 연주하는데, 이 장면은 스페인의 민속 예술가들이 외국인들의 기호에 맞추기 위해 자신들의 음악과 춤을 스스로 왜곡해야 하는, 문화적 식민화의 굴욕적인 상황을 나타내는 것이다. 유명 플라멩코 댄서 가데스의 '변절'은 — 비록 극 중이긴 하지만 — 스페인 관객들에겐 충격으로 다가온다. 비제의 음악에 맞추려는 가수, 음악가, 댄서들의 힘겨운 노력은 현대 스페인 민속예술의 애처로운 위치를 보여준다.

카르멘 역에 어울리는 댄서를 구하기 위해 돌아다니던 안토니오가 카르멘을 처음 보았을 때 그는 메리메의 소설에서 호세가 카르멘을 처음 봤을 때의 대사를 그대로 반복한다. 그리고 카르멘에게 메리메의 소설을 건네주며 영감을 얻을 것을 권한다. 이로써 안토니오는 외국 예술가들이 만든 카르멘 상을 철저하게 따르고자 한다.

비제의 오페라에 충실한 플라멩코 버전을 고집하는 그는 카르멘에게 비제의 「하바네라Habanera」 춤곡에 맞춰줄 것을 요구한다. 흥미롭게도 영화에서 안토니오와 카르멘은 사랑에 빠짐으로써 그들의 관계는 비제와 메리메의 작품에 등장했던 서사와 평행을 이룬다. 어느 날 안토니오의 아파트에 와서 그와 사랑을 나눴던 카르멘은 어떤 설명도 없이 갑작스레 떠나버린다. 그녀의 행동에 당황한 안토니오는 연습실로 가 전면 거울 앞에서 춤을 춘다. 그러자 홀연히 카르멘이 그 거울 속에서 나타난다. 베일을 쓰고 부채를 든 그녀는 프랑스 오페라의 클리셰와 같은 모습이다. 그녀는 머리에 꽃까지 꽂고 있다. "안 될 게 뭐야?¿por qué no?"라는 안토니오의 감탄에는 외국인이 만든 진부한 클리셰라도 받아들일 수 있다는 민족예술가의 굴종이 담겨 있다. 그의 말은, 그와 같은 예술가가 지조를 지켜가며 지성적인 세계에 사는 것이 간단치 않음을 아프게 드러내는 것이다.

단원들이 생일 파티에서 즐기는 시퀀스는 오르테가 이 가세트가 비판했던, 외국인들이 만든 이미지에 스페인 사람들이 나르시시즘적으로 매혹되는 것을 보여준다. 비제의 오페라 음악이 울려 퍼지는 가운데 단원들은 외국 사람들이 만든 클리셰를 모두 동원한다. 오페라에 등장하는, 베일을 쓰고 부채를 든 카르멘이 등장하여 흥을 돋운다. 무용단장 크리스티나 역시 등장인물의 복장을 입고서 엉덩이를 드러내며 즐거워한다. 급기야는 투우가 등장하는데 남자들은 소, 말, 피카도르, 마타도르 등을 연기하면서 진짜 투우를 하듯 '쇼'를 한다. 이 장면은 우스꽝스럽게 플라멩코와 결합하여 외국인들의 이국적인 볼거리로 전락한 투우에 대한 명백한 희화화이다.

마지막 시퀀스는 민속의 수행적 성격과 전시적 측면이 대비되는 흥미로운 예를 제공한다. 비제의 오페라에 등장하는 투우사가 옷을 갖춰 입은 신 다음으로 보통의 사람들이 스페인 전통 춤곡인 파소도블레에 맞춰 흥겹게 춤을 추고 있는 장면이 나온다. 이 무리에는 안토니오와 카르멘도 포함되어 있는데, 이들 역시 파소도블레에 맞춰 흥겹게 춤을 춘다. 이 장면은 스페인 대중 사이에서 자연스럽게 향유되는 민속성을 나타낸 것이다. 하지만 대중의 춤은 이에 어울리지 않는 투우사 무리의 등장과 함께 멈추게 된다. 이 신은 대중에 의해 향유되는 민속성과 외국인에 의해 만들어진 왜곡된 민속성이 대립하는 것을 보여 준다.

마지막 신에서 카르멘에게 사랑을 고백하던 안토니오는 카르멘이 자신의 사랑을 거부하자 비제의 오페라에서처럼 클라이맥스의 오페라 음악이 울려 퍼지는 가운데 그녀를 칼로 찔러 죽인다. 이 절정의 장면으로부터 카메라는 서서히 팬 이동하며, 안토니오와 카르멘의 장면에 전혀 신경 쓰지 않고 아무 일도 없었다는 듯 의자에 앉아 담배를 피우고 담소를 나누는 사람들을 비춘다. 이것은 외국인에 의해 날조된 스페인성이 스페인 대중의 일상과 아무런 관련이 없다는 것, 결국 그것은 진실로 스페인성이 아니라는 점을 의미한다. 이렇게 안토니오가 만들고자 했던, 비제의 오페라에 대한 플라멩코 버전은 스페인 대중에게 아무런 감동과 흥미를 주지 못하는 실패작이 되고 만다.

스페인 사람들이 예술 작품 속에서 자신들의 정체성을 형성해왔던 왜곡의 역사를 자각하도록 고안된 이런 신은 민주화 시대 사우라 영화의 반복된 패턴이다. 다른 전작들에서 보듯, 세계 속에서 스페인 사람들의 이미지를 만들어왔던 문화적 왜곡에 대한 사우라의 자각은 그가 단순히 흥미로운 유토피아를 추구하는 것을 허락하지 않았다. 마지막 장면에서 카메라가 텅 빈 무대를 비추는 부분은 스페인 사람들의 예술적 이미지가 이미 과거에 정형화된 것이 아니고 앞으로 새롭게 만들어

가야 하는 것임을 암시한다.

작위적인 스페인성에 대한 사우라의 비판적 관점에도 불구하고 「카르멘」은 그때까지 스페인 영화가 해외 시장에서 거둔 성공 기록을 경신했다. 해외의 관객들은 익숙한 카르멘 스토리와 비제의 음악, 여기에 안토니오 가데스 극단의 멋진 플라멩코 춤이 어우러진 스펙터클을 즐겼음에 틀림없다. 이렇듯 「카르멘」의 성공이 상업화된 에스파뇰라다에 힘입은 바 큼에도 비평가들은 이 작품을 스페인성을 팔아먹는 작품으로 보지 않았다. 이것은 앞서 분석한 대로 사우라의 「카르멘」이 외국인들에 의해 왜곡된 스페인성을 비판하는 의미를 포함하고 있기 때문이기도 하지만 스페인 학자 나바레테 카르데로가 지적하는 것처럼, 사우라가 프랑코 치하에서 보여준 지성적인 작업 덕분에 진보적인 감독이라는 명성을 얻었고, 이것이 그를 스페인성에 대한 상업적 활용의 혐의에서 벗어나게 한 점도 분명한 사실이다.[3]

「카르멘」이 대단한 성공을 거두자 제작자 피에드라는 다시 한 번 사우라와 가데스를 결합시키는 프로젝트에 착수하게 된다. 사우라가 「피의 결혼식」과 「카르멘」에서 표피적인 스페인 민속성을 거부하는 장치를 마련했음에도 국내외에서 성공을 거두자 안달루시아 민속성의 상품성을 인정하지 않을 수 없었다. 플라멩코를 비롯한 안달루시아의 민속성이 스페인 문화의 일부분에 불과하지만, 문화적 상품으로서의 중요성은 그것에다가 예술적 특권을 부여하지 않을 수 없도록 만들었던 것이다. 1984년 사우라는 "아마도 플라멩코는 극적이고 표현

3) José Luis Navarrete Cardero, *Historia de un género cinematográfico: la españolada*, Quiasmo, 2009.

적인 다양한 해석으로 각색되어왔기 때문에 스페인의 춤이라고 정의되고 알려지는 자리에 올랐으나 플라멩코는 우리나라에 존재하는 많은 종류의 춤들 중 하나일 뿐이다"라고 말하며 경계심을 드러냈다.[4] 여전히 그가 플라멩코의 중요성이 과장되었다고는 말하고 있으나 현실적으로 플라멩코가 스페인 문화를 대표하는 민속 상품으로 소비되고 있는 점은 분명하다.

그래서인지 세번째 작품 「마법의 사랑」(1986)에서는 스페인 민속성에 대한 비판적인 시각을 대부분 거두어들였다. 이 작품은 「카르멘」의 성공을 바탕으로 촬영 전부터 이미 외국에 수출되기로 계약이 되었다. 그래서 미국, 프랑스, 이탈리아, 영국의 배급사들이 수입 계약을 했고 제작비를 투자받을 수 있었다.[5] 「마법의 사랑」은 당시 유명한 극작가 그레고리오 마르티네스 시에라Gregorio Martínez Sierra가 시나리오를 쓰고 마누엘 데 파야Manuel de Falla가 작곡한 플라멩코 발레 작품을 기반으로 한다. 이 발레 작품은 1915년 마드리드에서 초연되었으나 큰 인기를 끌지는 못했다. 그러나 1928년 파리 공연에서 큰 성공을 거두었고, 이때부터 국제적인 발레단들의 단골 레퍼토리가 되었다.

「마법의 사랑」에서는 전작 「카르멘」에서 치열하게 제기되었던, 상업적인 스페인성이라는 영역과 창의성 간의 갈등은 더 이상 보이지 않는다. 그 대신 스토리가 있는 발레 작품을 어떻게 영화화할 것인가에 초점이 맞춰져 있다. 신과 신 사이를 이어주는 대화는 없지만 영화적 서사의 많은 부분이 공들인 춤과 노래에 의해 대체되고 있다. 이로써

---

4) Marvin D'Lugo, *The Films of Carlos Saura: The Practice of seeing*, p. 213.
5) Marvin D'Lugo, *The Films of Carlos Saura: The Practice of seeing*, p. 214.

플라멩코 음악과 춤의 서사적 기능이 충분히 입증된다. 하지만 그렇다고 해서 사우라가 「마법의 사랑」을 단순히 환영적인 발레 영화로 만든 것은 아니었다. 「피의 결혼식」과 마찬가지로 이 영화에서도 자기 반영적인 장치를 마련한다. 영화의 첫 장면은 엉뚱하게도 거리로 나 있는 영화 스튜디오의 셔터가 서서히 내려오는 것으로 시작한다. 그리고 카메라는 스튜디오 내부의 복잡한 구조물들과 천장의 조명들을 천천히 훑는다. 천장을 비추던 카메라가 아래로 내려오자 거기엔 비로소 아이들이 뛰어노는 가난한 집시 마을의 세트가 펼쳐져 있다. 이러한 장치를 통해 「마법의 사랑」이 스튜디오의 세트 안에서 펼쳐지는 스펙터클에 불과함을 분명하게 드러내는 것이다.

서사는 도시 외곽의 가난한 집시 마을에서 시작된다. 두 남자가 술을 마시면서 아직은 어린, 그들의 딸과 아들인 칸델라와 호세를 서로 결혼시키기로 약속한다. 한 남자아이가 그 장면을 보고 있는데 그 얼굴은 점차 성인의 얼굴로 오버랩되더니 안토니오 가데스로 바뀐다. 그가 카르멜로이다. 시간이 지나 이 약속은 성사되고 칸델라(크리스티나 오요스)와 호세는 집시 이웃들의 떠들썩한 축하 속에 결혼한다. 그러나 어릴 적부터 칸델라를 사랑해온 카르멜로는 슬픔으로 이 광경을 바라보는데, 그는 호세가 유부남임에도 그의 옛 연인인 루시아와 여전히 관계를 맺고 있음을 알고 있다. 어느 날 동네 남자 패거리들 사이에서 싸움이 벌어지고 그 와중에 호세는 칼을 맞는다. 카르멜로는 칼에 찔린 호세를 돌보다 살인범으로 지목되고 경찰에 체포된다. 호세의 죽음으로 충격을 받은 칸델라는 미쳐버리고, 신랑의 혼령을 만난다며 매일 밤 그가 죽은 곳으로 간다. 그곳에서 그녀는 피 흘리는 남편의 혼령과 춤을 춘다고 믿고 있지만 다른 사람들이 보기에는 그녀 혼자 괴상한 춤을 추고 있을 뿐이다. 4년이 지난 뒤 카르멜로는 출옥한다. 칸델라의 미친 행동을 알게 된 카르멜로는 그녀를 망상으로부터 해방시키기 위해 자신의 방법을 쓰기로 한다. 그는 호세의 옛 연인인 루시아에게 부탁하여 한밤중 호세의 혼령이 나타나는 순간에 그녀를 그 장소로 오도록 한다. 호세의 혼령은 루시아를 보자 감격의 포옹을 하며 그녀와 함께 가버린다. 호세로부터 배신을 당한 칸델라는 정신을 차리고 밝아오는 여명 속에서 카르멜로와 비로소 사랑의 포옹을 나눈다.

사우라는 원래의 시나리오에 새로운 장면을 몇 가지 추가했는데, 가장 두드러진 것은 원작에는 없는 마을 사람들의 집단 군무를 여러 번 집어넣은 부분이다. 결혼식, 크리스마스, 불의 의식 등에서 마을 사람들은 집단적으로 노래를 부르며 춤을 춘다. 이것은 플라멩코 춤과 세비야나 음악이 지닌 원래의 공동체적 의식의 성격을 환기시키는 강력한 장면들이다. 중국 영화 「붉은 수수밭」에서 가마꾼들과 양조장 일꾼들이 불렀던 전통 노래가 원시 중국의 원초적 생명력을 표현했던 것에 비견될 수 있겠다.

확장된 민속성 해석의 작업

스페인의 국가/민족적 정체성과 전통문화 기표 사이의 관계를 탐색하는 사우라의 작업은 그의 말년까지 계속된다. 다만 이제는 스페인의 민속, 역사적 인물뿐만 아니라 이웃 나라의 민속과 인물을 탐구하는 작업까지 나아가게 되고 민속성과 정체성에 결부된 보편적인 문제를 논의하는 장을 마련하고 있다. 형식 또한 극영화, 댄스 공연, 다큐멘터리 등 다양한 장르를 섭렵하며 스페인 영화의 거장으로서 작품 활동을 이어간다.

「피의 결혼식」「카르멘」「마법의 사랑」 등 이른바 플라멩코 3부작을 통해 안달루시아 민속의 나르시시즘을 비판하고 민속성의 이상적 기능을 제시한 사우라는 1995년 다큐멘터리 「플라멩코Flamenco」를 만든다. 여기에서 사우라는 플라멩코의 13개 리듬을 보여주며 여기에 그리스 찬송가, 유대인들의 비가悲歌, 중동 지방의 멜로디, 이슬람 치하 기독교인들의 만가輓歌, 그레고리안 찬송가, 카스티야 민요에다 아프리카 리듬까지 섞여 있음을 보여준다. 춤에 대해서도 음악에 못지않은 다양한 기원이 제시된다. 이를 통해 전형적인 '스페인적인 것'이라고 여겨지는 플라멩코가 실은 이렇게 여러 지역의 민속에 뿌리를 내리고 있는 다국적의 예술이라는 점이 말해진다.

1998년 작 「탱고Tango」에서는 아르헨티나의 국가적 정체성을 담고 있다고 여겨지는 탱고를 배경으로 민속예술의 진정한 의미를 탐구하는 작업을 벌이고 있다. 이 작품의 주인공인 예술감독 마리오는 부인으로부터 버림을 받고, 교통사고로 다리를 다친 상태라 육체적으로나 정신적으로 어려운 상황에 놓여 있다. 하지만 탱고를 새롭게 해석한 뮤지컬을 만들어내는 프로젝트를 맡아 이에 골몰하고 있다. 그에게 탱고는 단순히 멋진 춤과 음악이 아니라 아르헨티나인들의 역사와 삶의 결정체이다. 그는 한 장면에서 어릴 적 초등학교 시절을 회상하는데, 그 학교의 교장 선생님은 스페인 내전의 망명자로서 수업 전 늘 공화국 만세를 외치게 했고 모든 학생에게 탱고를 가르쳤었다. 마리오의 뮤지컬에서도 부에노스아이레스의 시민들은 남녀노소 가릴 것 없이 서로 어울려 신나게 탱고 춤을 춘다. 이 부분은 앞서 「마법의 사랑」에서 집시 동네의 사람들이 신명나게 플라멩코 춤을 추던 것과 같은 의미의 장면으로 집단 정체성의 수행으로서 예술의 역할을 말하는 것이기도 하다.

「이베리아Iberia」(2005)는 스페인 각 지방의 지역적 정감을 음악적으로 해석한 작곡가 이사크 알베니스Isaac Albéniz(1860~1909)의 「이베리아」에서 영감을 받아 그의 음악을 다양한 형식의 공연으로 표현한 작품이다. 각 지역의 민속악기와 현대적인 악기로 연주되는 음악이 다양한 뮤지션들에 의해 해석되고 있으며 이를 배경으로 민속적인 춤 공연이 펼쳐진다. 플라멩코와 같은 민속적인 공연도 있지만 매우 현대적인 스타일의 공연도 포함되어 있다. 사우라는 이 한 편으로 이베리아 반도의 역사와 민족적 애환을 모두 담아내고자 하는 야심을 펼쳐 보인다.

민속음악과 춤을 탐구하는 작업은 이웃 나라 포르투갈로 확대되어 2007년 작품 「파두Fados」는 포르투갈의 국가적 음악인 파두의 세계를 예술적인 신으로 펼쳐 보이고 있다. 파두의 뿌리와 변주를 보여주는 신화적인 뮤지션들의 다양한 공연으로 구성된 이 영화는 무대 위의 멋진 음악과 춤뿐만 아니라 여러 신에서 군중의 ─ 어른부터 아이까지 한데 어울린 ─ 군무와 시민들의 삶을 담아냄으로써 파두가 포르투갈의 역사와 함께한 국가의 삶 그 자체라는 점을 말해준다.

스페인과 이웃 나라의 문화적 정체성을 탐구하는 사우라의 작업은 사우라로 하여금 음악과 춤 외에도 스페인의 민족적인 예술가를 조명하는 것으로 이어졌다. 이 책의 여러 부분에서 언급되었듯 화가 고야는 스페인의 국가성을 논하는 자리에서 빼놓을 수 없는 예술가로 이 문제에 골몰한 사우라가 그의 생애를 담은 「보르도의 고야Goya en Burdeos」(1999)를 만든 것은 어찌 보면 필연적인 결과였다. 문제적 인물인 고야에 대해서는 다른 감독들이 이미 몇 번 영화화한 적도 있고 TV 시리즈로 제작한 바 있다. 이전의 작품들이 고야의 전기를 충실히 담아내려고 했다면 사우라는 이 작품에서 귀먹고 병에 걸린 말년의 고야를 시작점으로 잡아 그의 고뇌를 담아내려 하고 있다. 스페인의 대배우 프란시스코 라발Francisco Rabal이 연기한 고야는 쇠약해진 육체로 인해 정신이 혼미한 상태에서 과거의 일들을 환상 속에서 대면하며 괴로워하고 있다. 특히 알바 공작부인과의 관계는 그에게 행복과 고통을 안겨주며 그의 정신에 큰 족적을 남겼다. 사우라는 고야의 그로테스크한 작품들과 어울리는 충격적이고 환상적인 영상을 통해 고야를 암흑기의 스페인 역사를 온몸으로 살아낸 지성인이자 스페인 정신의 정수로 그려내고 있다.

2001년에는 그의 멘토이자 선배였던 부뉴엘의 탄생 100주년을 기념해 「부뉴엘과 솔로몬 왕의 탁자Buñuel y la mesa del rey Salomón」를 만든다. 이 작품에서 노년의 부뉴엘 감독은 톨레도 어딘가에 과거와 미래의 일이 비춰지는 솔로몬 왕의 탁자가 있다는 이야기를 듣고, 현대를 배경으로 젊은 시절의 부뉴엘, 로르카, 달리가 이 탁자를 찾아 톨레도를 헤매는 시나리오를 구상한다. 거장 감독 부뉴엘이 꿈을 꿀 때면 세 명의 친구는 환상에 싸인 고도古都에서 수수께끼의 인물을 만나고 그들을 통해 점점 신화적인 탁자에 다가가게 된다. 이 과정에서 부뉴엘의 작품에 등장했던 초현실주의 이미지가 등장하거나 바그너의 「트리스탄과 이졸데」 음악이 흘러나온다. 천신만고 끝에 세 친구는 탁자를 발견하는데, 거울과 같은 탁자의 표면은 권좌에 앉은 달리를 보여준 반면 총을 맞는 로르카를 보여준다. 이후 스페인 내전과 제2차 세계대전의 참혹한 현장이 흑백 다큐멘터리 화면으로 보이며 어린 소년 부뉴엘은 노년의 감독으로 변모한다. 이 영화는 사우라가 존경해 마지 않던 부뉴엘에 대한 오마주이기도 하지만 스페인의 옛 수도 톨레도를 배경으로 부뉴엘, 로르카, 달리라는 신화적 우정을 영화화함으로써 국가적 정체성을 탐구하는 그의 작업의 연장선상에 있다고 할 수 있다.

이제까지 살펴본 것처럼 영화를 만들기 시작한 이래로 사우라의 작업은 스페인적인 것을 성찰하고 이를 재현하는 문제에 천착해왔다. 정치적으로 급박한 상황일 때는 저항적인 작품을 만들었고, 민주화 시대에는 국가 정체성과 민속성의 문제를 탐구했으나 시대에 따른 표현 방법만 달랐을 뿐 그의 문제의식은 언제나 동일했다고 볼 수 있다. 60년 넘게 작품 활동을 하면서 국가성의 문제에 충실하게 골몰했던 영화인은 세계 영화사에서도 그 유례를 찾아보기 힘들다. 그런 점에서 사우라는 반골 지식인 감독으로서 스페인 내셔널 시네마의 보루堡壘와 같은 존재라고 할 수 있을 것이다.

8장
스페인 문화 기표의 상품화
— 비가스 루나

하몽이 욕망을 불러일으키는 거 알아?
—「하몽, 하몽」

스페인적 기질로서의 섹스

현재 세계적으로 통용되는 '스페인 영화'의 이미지가 성적으로 자유분방하고 과감한 표현으로 연상된다면 그런 이미지가 형성되는 데 크게 기여한 사람이 후안 호세 비가스 루나Juan José Bigas Luna 감독이다. 앞 장에서 살펴보았듯이 민주화 시대에 이르기 전 스페인 영화는 유럽의 다른 내셔널 시네마에 비해 성적인 것과는 거리가 멀었다. 그도 그럴 것이 1975년까지 보수적인 이데올로기의 독재정권하에서 엄격한 검열이 시행되고 있었기 때문이다. 프랑코 시대의 검열은 정치적으로 체제 비판적인 내용을 걸러냈지만 성적으로도 조금의 파격도 허용하지 않았다. 1970년대 스페인 사람들은「감각의 제국」(1967),「파리에서의 마지막 탱고」(1972),「소돔의 120일」(1975) 등이 스페인 내에서 상영 금지되자 이 영화들을 보기 위해 국경을 건너 프랑스에까지

다녀오곤 했다.

　그러나 프랑코가 사망한 뒤 스페인 문화는 빠르게 세속화되었고, 그동안 금지되었던 것들이 한꺼번에 밀려 들어오자 스페인 사회는 이른바 '벗기기 시대'라고 하는 섹스 과잉의 시대를 맞는다. 새로 설치된 성인영화 전용관마다 길게 줄을 늘어선 관객들로 성황을 이루었고, TV 프로그램, 광고, 영화, 연극에는 여성 누드가 유행처럼 번져갔다. 스페인 영화에는 더 파격적인 성애 장면을 담는 경쟁이 벌어졌고, 새로 나온 영화마다 쇼킹한 장면들로 화제를 이루었다. 그러나 이런 유의 영화들이 대부분 그러하듯이, 프랑코 사망 직후 쏟아진 상업영화 중에서 미학적 가치를 인정받을 수 있는 작품은 거의 없었고 국제적인 인정은 더더욱 기대할 수 없었다.

　이러한 가운데 1980년대부터 나온 알모도바르의 영화는 스페인 영화계에 전환점을 마련해주었다. 알모도바르의 영화 역시 에로틱한 장면들을 거침없이 드러내고 있었지만 그런 장면들을 스페인의 전통문화의 아이콘들과 더불어 스타일 있게 표현하고 여기에 부조리한 유머와 기발한 상상력을 덧붙이자 해외 시장에서 호평을 받을 수 있었다. 알모도바르의 성공은 동시대 많은 감독에게 커다란 영향을 주었는데, 알모도바르는 스페인 영화가 상업적으로도 국제 시장에 어필할 수 있는 가능성을 보여주었기 때문이다.

　비가스 루나 감독은 알모도바르보다 세 살이 많지만 알모도바르의 전략을 그대로 모방하여 스페인 상업영화에서 뚜렷한 족적을 남긴 인물이다. 그는 1970년대부터 영화를 만들었지만 큰 성공을 거두지 못하자 자신이 좋아하는 회화와 사진에 전념하기 위해 영화를 그만두었다. 그러나 1990년 제작자의 권유로, 여류 작가 알무데나 그란데스

Almudena Grandes의 에로틱 소설『룰루의 시대*Las edades de Lulú*』를 영화화하는 작업에 착수한다. 순진했던 소녀가 성적으로 눈을 뜨는 서사를 담은 이 작품에서 비가스 루나 감독은 게이 클럽에서의 집단 성교 장면을 포함하여 성적으로 충격적인 신을 포함시켰고, 영화는 많은 화제를 몰고 왔다. 스페인 배우를 기용하려고 했으나 성적인 장면을 이유로 거절당하자 이탈리아 배우 프란체스카 네리를 주연으로 캐스팅했고 수출용으로는 몇 장면을 삭제해야 했다. 결국 상업적으로 대성공을 거두었고 고야상을 받았을 정도로 작품성도 인정받았다.

「룰루의 시대」가 거둔 성공에 고무된 비가스 루나는 이른바 이베리아 3부작Trilogía ibérica으로 불리는 세 작품,「하몽, 하몽Jamón, Jamón」(1992),「황금의 불알Huevos de oro」(1993),「젖과 달La teta y la luna」(1994)을 잇달아 내놓았다. 이 작품들 역시 상업적으로 큰 성공을 거두었고,「하몽, 하몽」은 베니스 영화제에서 은사자상을 받았을 정도로 비평계의 좋은 평가를 받았다. 이 작품들에서 비가스 루나는 성적인 욕망의 과도함을 표현하고 있는데, 이것은 알모도바르의 영화가 재현하고 있는 민주화 시대 스페인 사회의 모습이기도 하다.

「하몽, 하몽」은 아라곤 지방의 황야를 배경으로 두 집안의 얽히고설킨 애정 관계를 그려내고 있다. 애정 관계의 중심에는 남성 속옷 회사 사장의 아들인 호세 루이스(조르디 몰라)와 성매매 술집 마담의 딸인 실비아(페넬로페 크루스)가 있다. 그런데 호세 루이스는 실비아의 엄마가 운영하는 술집에 드나들며 그녀의 엄마와도 관계를 갖는 사이이다. 그런가 하면 실비아는 호세 루이스의 아버지와 관계를 맺고 있다. 호세 루이스의 엄마는 아들을 실비아에게서 떼어놓기 위해 남성적 풍모가 물씬 풍기는 속옷 모델 라울(하비에르 바르뎀)에게 부탁하여 실비아를 유혹하도록 사주한다. 하지만 라울은 실비아를 진정으로 좋아하게 될 뿐 아니라 의뢰인인 호세 루이스의 엄마와도 관계를 갖는다. 무분별한 욕망의 분출은 파멸을 가져오는데, 호세 루이스가 죽고 모든 관계가 까발려지는 비극으로 귀결된다. 이 영화에 대해 비가스 루나 감독은 스페인적인 테마를 다루고 싶었다며 다음과 같이 말한다.

> 이 영화는 우리나라의 전형적인 인물들을 다룬 위대한 멜로드라마이다. 해안의 부자 아들 그리고 투우사가 되고 싶어 하는 내륙 지방의 거친 남성, 모성애의 모델이 되지만 속은 창녀 같은 여성 그리고 겉은 창녀이지만 속은 모성애로 가득 찬 여성, 유럽적이 되고 싶어 하는 성적이지 못한 현대적 남성. 〔……〕 이런 전형적인 인물에 동일시되는 사람들이 많을 것이다. 〔……〕 나는 이렇게 정열로 가득 찬 사람들의 초상을 그리고 싶다. 그러나 동시에 이 모든 것을 통해 지성적이고 상징적인 담론을 만들고자 한다.[1]

「황금의 불알」은 스페인의 남부 휴양 도시인 베니돔을 배경으로 가진 거라곤 불알 두 쪽밖에 없는 베니토의 야심과 파멸을 그리고 있다. 마초적 이베리아 남성성을 체현하는 베니토 역은 「하몽, 하몽」에서와 마찬가지로 하비에르 바르뎀이 맡았다. 베니토는 남성적인 매력 하나로 여자들을 휘어잡는데, 베니돔에서 가장 높은 빌딩을 짓겠다는 야심을 품은 그는 은행 간부의 딸 마르타와 결혼하여 야심을 실현할 수 있는 발판을 마련한다. 그러나 그의 진실하지 못한 사랑과 복잡한 여

---

1) Juan Pando, *El Mundo*, 22 de octubre de 1991, p. 40.

성 편력은 결국 그의 허황된 꿈을 조각내버린다. 마이애미로 건너간 그는 도박사 여자의 욕망을 채워주는 남자로 전락하고 만다. 마지막 장면에서 그는 화장실의 비데를 뜯어내고 쏟아지는 물을 맞으며 울음을 터뜨린다. 결국 스페인에서 도망친 이베리아 마초는 심리적 파멸에 이른다.

세번째 작품「젖과 달」은 카탈루냐를 무대로 함으로써 이베리아 반도의 여러 지역을 배경으로 삼는 그의 3부작의 의도를 드러낸다. 테테라는 아이의 내레이션을 통해 진행되는 이 영화의 중심인물은 이동극단 공연에서 춤을 추는 포르투갈 여인 에스트레야이다. 나이 든 프랑스 남자와 함께 사는 에스트레야는 어느 날 카탈루냐 지방으로 오는데, 여기에서 이웃에 사는 소년 테테 그리고 청년 미겔의 마음을 사로잡는다. 에스트레야의 마음을 얻기 위해 미겔은 시도 때도 없이 플라멩코를 부르는데, 그의 진심에 감동한 에스트레야는 결국 그에게 마음을 열고 그와 동침하게 된다. 두 사람의 관계를 알게 된 프랑스인 남편은 아내의 부정을 스페인의 문화 탓으로 돌린다. "스페인의 열정, 스페인의 태양, 투우, 파에야, 모두 똥이나 먹어라! 플라멩코도 똥이나 처먹어라! 이 나라는 나를 미치게 하는구나!" 하며 탄식한다. 그러나 결국 젊은 아내의 욕망을 채워줄 수 없는 자신의 한계를 인정하고 미겔을 이동극단의 가수로 받아들인다. 그리고 세 사람은 팀을 이루어 이동극단에서 함께 공연하며 다니게 된다.

상업적으로 큰 성공을 거둔 '이베리아 3부작'에서 비가스 루나가 말하려는 것은 욕망으로 가득 찬 스페인이다. 욕망은 최남단 베니돔에서부터 내륙의 아라곤 그리고 북부의 카탈루냐까지 이베리아 반도의 모든 곳을 지배하는 강력한 정서이다. 그는 이것을 스페인의 전통적인 기질이라고 말하고 있는데 스페인의 강렬한 태양과 투우, 음식 등을 성적인 욕망과 연결시킨다. 「하몽, 하몽」에서 스페인의 전통 음식인 하몽이나 마늘이 성욕을 증강시킨다고 말을 하는 식이다.

이렇게 욕망을 스페인적 기질과 연관시키는 작업은 유럽인들이 가장 선호하는 여름 휴양지로서 스페인의 이미지에 맞아떨어지는 것이었다. 1960년대 후반부터 스페인으로 몰려오기 시작한 외국 휴양객들은 스페인의 이름난 해변과 지중해의 섬을 성적인 면에서의 해방구로 만들어놓았다. 물론 관광객을 유치해야 하는 스페인의 입장에서도 이런 이미지를 진작한 면이 있는데, 스페인 정부는 스페인이 '유럽의 캘리포니아'로 받아들여지길 원했기 때문이다. 그렇기 때문에 스페인의 태양, 정열, 음식을 성적인 것과 연결시키는 비가스 루나의 전략은 당시의 상황에서 매우 효과적인 것이었다.[2]

그러나 알모도바르의 영화가 새로운 세대의 욕망을 늘 축하하는 입장인 데 비해 비가스 루나의 영화에선 과도한 욕망의 발현은 종종 파국을 맞는다. 그의 영화가 욕망을 스페인 사람들의 유전적이고 문화적인 기질로 부여하는 것을 고려하면 부정적인 결말은 다소 모순적이기도 하다. 이런 점에서 알모도바르와 달리 비가스 루나에게는 역사적·문화적 관점이 결여되어 있다고 볼 수 있다. 상업성만을 추구하는 그의 영화는 멜로드라마의 코드를 따라가고 그로 인해 성적 과도함은

---

2) 「하몽, 하몽」 같은 영화가 특별히 영국에서 큰 성공을 거두었다는 사실은 이러한 가설을 입증한다. 영국인들은 1960년대 후반부터 말라가를 중심으로 스페인 남부 해변 지역에 여름 휴가를 즐기기 위해 몰려왔고, 이 덕분에 이런 지역들에는 자유방임적인 문화가 자리 잡았다. 「하몽, 하몽」은 1993년 영국에서 30만 파운드 이상의 수입을 올렸는데, 이것은 그해 영국에서 상영된 외국 영화 중 상위 다섯 편 안에 드는 흥행 성적이었다(Peter William Evans, *Bigas Luna: Jamón, Jamón*, Barcelona: Paídos, 2004, p. 19).

늘 징벌을 받는다.

스페인의 문화적 토양과 '이베리아 마초'

비가스 루나의 스페인 영화계에 대한 공헌 중에서 중요한 한 가지는 하비에르 바르뎀과 페넬로페 크루스라는 걸출한 배우를 발굴한 것이다. 비가스 루나 감독은 그때까지 TV의 단역배우로 활동하던 바르뎀에게 「룰루의 시대」에서 그다지 중요하지 않은 역할을 맡겼다. 그러나 이 영화에서 그의 가능성을 알아본 비가스 루나는 「하몽, 하몽」에서 주연을 맡겼고, 마찬가지로 이 영화에서 무명이었던 페넬로페 크루스를 여주인공으로 기용했다. 이 영화의 대성공은 두 배우를 일약 스페인의 일급 배우로 떠오르게 했다.

비가스 루나 감독이 하비에르 바르뎀에게서 본 것은 스페인의 마초적 남성성을 표현할 수 있는 자질이었다. 바르뎀은 청소년기에 복싱을 하다 코뼈가 부러졌고 이때의 상처로 코뼈가 휘었는데, 이것이 오히려 비가스 루나 감독의 눈에 띄어 「룰루의 시대」에서 게이 바 S&M 신의 조연으로 출연할 수 있었다.[3]

알모도바르가 스페인의 마초적 남성성을 매우 부정적으로 본 반면, 비가스 루나는 이러한 남성성을 이베리아 반도의 토양적 결과물로 연결시켰다. 「하몽, 하몽」의 첫 장면에서 하비에르 바르뎀이 연기한 라

---

3) Santiago Fouz-Hernández & Alfredo Martínez-Expósito, *Live Flesh: The Male Body in Contemporary Spanish Cinema*, London: I. B. Tauris, 2007, p. 18.

「하몽, 하몽」에서 라울(하비에르 바르뎀)과 실비아(페넬로페 크루스).
이 영화로 바르뎀은 이베리아 마초의 상징으로 떠올랐다.

울은 투우를 연습하고 있는데, 카메라는 불룩 튀어나온 그의 성기 부분을 클로즈업한다. 이 장면부터 투우와 마초적 남성성을 연결시키려는 의도는 자명해 보인다. 라울의 야수 같은 남성성이 확실하게 부각되는 것은 그가 아무것도 입지 않은 맨몸으로 투우를 하거나 돼지의 몸통을 잡고서 씨름하는 장면이다. 그 순간 라울의 몸은 동물적인 것으로 부각된다. 그는 야수처럼 자신의 힘을 과시하고 여자를 지배적인 시선으로 바라본다. 수소의 실루엣 모형을 본뜬 거대한 광고판 역시 남성성의 상징임은 물론이다. 호세 루이스가 실비아를 라울에게 빼앗기자 수소 광고판의 고환 부분을 떼어난 것이나 실비아가 이 고환 부분으로 비를 막는 모습 역시 너무나 명징한 상징이다. 라울은 남성성의 화신이고 실비아와 호세 루이스의 엄마가 라울에게 반하는 건 그의 남성성 덕분이다.

카메라 숏은 여러 장면에서 아라곤의 황무지를 롱숏으로 잡으며 그 안에 투우 연습을 하거나 광고용 하몽을 트럭으로 싣고 가는 라울을 위치시킨다. 이로써 스페인의 대지와 라울의 연관성은 자명해진다. 투우에 쓰이는 수소나 하몽의 재료가 되는 돼지 역시 스페인 문화의 전통적 기표임은 당연하다. 라울은 하몽 배달 일을 하고 있으며, 돈을 벌고 유명한 사람이 되기 위해 투우를 연습하는 청년이다. 그는 수없이 많은 하몽이 걸려 있는 공장 앞에서 정력에 좋다는 마늘을 까먹으며 앉아 있다. 실제로 그는 속옷 모델 캐스팅에 나가 발탁됨으로써 팬티를 입은 그의 모습이 커다랗게 전시된다.

영화는 남성성이 과시되는 스페인 문화를 보여주기 위해 다양한 아이콘을 동원한다. 수소, 투우사, 하몽, 마늘 등이 그것이다. 이러한 아이콘과 연결된 라울의 남성성 앞에서 여성들은 쉽게 굴복하고 정복된다. 라울에게는 돈 후안과 같은 화려한 언변이 필요 없다. 그는 여자들에게 직설적으로 섹스하고 싶다고 말을 하고 강제로 키스하려고 든다. 비록 마지막 신에서 라울은 여사장 앞에서 무릎을 꿇지만 이것은 자본주의에 대한 비판이거나 과도함에 대한 멜로드라마적인 처벌로 읽힐 뿐이다. 배리 조던과 리키 모건 타모수나스는 라울이 "마늘을 먹거나 와인을 벌컥벌컥 마시면서 트림하고, 오토바이를 타거나 나체로 투우를 하며, 엄청나게 많은 섹스를 했다고 떠벌리면서 남성적 스페인성의 클리셰, 과도한 체현"을 보여준다고 말한다.[4]

라울이 스페인의 전통적 남성성의 체현이라면 실비아를 놓고 그와 경쟁하는 부잣집 아들 호세 루이스는 유럽적인 정체성을 체현하는 인물이다. 굵은 근육질의 라울과 달리 날렵한 몸매를 지닌 그는 곱게 자란 화초와 같다. 주로 야외에서 육체성이 드러나는 라울의 신과 달리 그의 신은 대부분 실내로 한정된다. 실비아와의 애정 신 역시 차 안에서 펼쳐지는 경우가 많다. 호세 루이스가 스페인 전통문화의 기표와 연결되는 부분은 거의 없다. 그의 부유한 집, 자동차, 비싼 물건으로 가득 찬 방은 유럽적인 정체성과 맞닿아 있다.

「하몽, 하몽」이 이러한 유럽적 남성 정체성과 비교하여 이베리아 마초 남성성을 어떠한 위치에서 바라보고 있는지는 다소 모호하다. 라울의 남성성을 스페인의 전통문화 그리고 자연환경의 토양 속에 단단히 위치시킴으로써, 그리고 돈 후안 같은 승리자의 위치에 놓음으로써 일견 이런 건강한 남성성을 찬양하는 듯 보이기도 한다. 유럽적 정

---

4) Barry Jordan & Rikki Morgan-Tamosunas, *Contemporary Spanish Cinema*, Manchester: Manchester University Press, 1998, p. 142.

체성을 체현하는 그의 연적인 호세 루이스는 여자의 젖가슴에 집착하는 유약한 마마보이로 그려지는데, 라울은 그와의 결투에서 그를 하몽으로 때려죽임으로써 스페인적 남성성을 과시한다.

그러나 라울의 원시적·마초적 남성성이 대량 소비문화 속에서 상품으로 전락하는 것 역시 사실이다. 라울은 팬티 회사의 광고 모델로 발탁되어 팬티 입고 찍은 그의 사진은 거대한 광고판에 전시된다. 그리고 그의 남성성은 돈 많은 여사장에 의해 자기 아들의 애인을 떼어놓기 위해서나, 또한 여사장의 성적인 욕망 충족을 위해 봉사되도록 이끌어진다. 라울은 내키지도 않으면서 야마하 오토바이를 얻기 위해 기꺼이 여사장의 성적 파트너가 된다. 라울이 이 일을 별로 내켜하지 않는다는 사실은 그가 여사장과의 정사에서 성적인 어려움을 겪는 것으로 미루어 알 수 있다. 그럼에도 여사장이 벤츠 자동차를 사주겠다고 약속하자 그녀를 위한 성적 봉사를 지속한다.

라울의 몸이 대량 소비사회의 상품으로 전락하는 것과 그 희생물이 되고 마는 것은 마지막 신에서 분명해진다. 호세 루이스와 결투를 벌인 뒤, 이어서 도착한 그의 아버지가 실비아와 관련이 있다는 사실을 안 라울은 하몽을 들고 마지막 힘을 쥐어짜 그의 벤츠 자동차를 내려친다. 그리고 탈진한 그는 벤츠 자동차의 엠블럼을 잡고서 쓰러진다. 쓰러진 그의 육체는 투우사의 검을 맞고 땅에 쓰러지는 수소를 연상시키는데, 그가 맞은 것은 투우사의 검이 아니라 자본주의의 검인 듯하다. 그가 엔딩 장면에서 실비아를 안는 것이 아니라 여사장에게 매달림으로써 자본에 대한 그의 굴복은 확실해진다.

자본주의 환경에서 '이베리아 마초'의 실패와 몰락은 다음 작품 「황금의 불알」에서 더 확실해진다. 역시 하비에르 바르뎀이 주연인 「황금

하몽과 결부된 라울(하비에르 바르뎀)의 거친 남성성.

의 불알」 역시 제목부터 남성성을 연상시킨다. 이 영화에서도 베니토는 군인 시절부터 남성성 하나로 여성을 사로잡은 인물이다. 자신의 남성적 매력을 믿기에 언제나 자신감이 충만한 베니토는 돈 한 푼 없이 베니돔에서 가장 높은 빌딩을 짓겠다고 덤벼든다. 그가 선망하는 높은 빌딩이란 자신의 우람한 남성성을 상징적으로 보여주는 것이기도 하다.

그는 식탁 위에서 선정적인 플라멩코 춤을 추던 클라우디아(마리벨 베르두)를 다른 남성들과 팔씨름에서 이김으로써 쟁취한다. 그 후 그녀는 베니토가 시키는 대로 복종하는 그의 여자가 된다. 그는 클라우디아가 아닌, 부잣집 딸인 마르타와 결혼하지만 클라우디아와의 관계를 계속 유지한다. 베니토는 플라멩코를 추는 미천한 신분의 여자인 클라우디아에게는 확실하게 우위를 점하며 자신의 목적을 위해 그녀를 마음대로 조종한다. 그러나 자본가들과 충돌하기 시작하면서 그는 위기를 맞기 시작한다.

결국 건축되던 그의 빌딩은 부실로 판명되고 투자자들이 발을 빼자 그는 궁지에 몰린다. 그러던 중 그가 몰던 차가 전복 사고를 당하면서 클라우디아는 죽고 그는 휠체어를 타는 신세가 된다. 이로써 육체 하나로 버티던 그는 초라하게 전락하고 만다. 마지막 시퀀스는 자본에 굴복한 이베리아 마초의 처량한 신세를 더욱 극적으로 보여준다. 그가 마지막 출로로 택한 마이애미는 스페인의 베니돔보다 더욱 자본주의의 위세가 높은 곳으로 이미 몰락한 그의 남성성이 제대로 작동할 리 만무하다. 이베리아 반도에서 한꺼번에 두 여자를 잠자리에 불러들이던 그는 미국에 와서 한 여자의 두 남자 파트너 중 한 명으로 전락한다. 마지막 신에서 그가 보이는 눈물은 전 지구적 자본주의 문명 속에서 더 이상 존속될 수 없는 스페인 전통 마초의 슬픈 운명을 극적으로 보여주는 것이다.

스페인 전통문화 기표의 상품화

1990년대 초에 이르러 스페인 영화시장은 대부분 할리우드 영화에 잠식되었기 때문에 스페인 영화가 큰 수입을 얻기 위해선 해외 시장을 공략하는 것이 유일한 대안인 듯 보였다. 그런 면에서 해외 시장에서 큰 성과를 거둔, 스페인의 민속성을 새롭게 해석한 1980년대 사우라의 영화나 스페인 전통문화의 기표를 새로운 미학으로 포장한 알모도바르의 영화는 모방해야 할 선례를 남겼다. 이후 1990년대의 많은 영화감독이 스페인 민속성의 기표를 자신들의 영화에 담아내기 시작했다. 비가스 루나의 영화에서도 스페인의 민속성을 담고 있는 기표들이 자주 등장하고 있는데, 이 때문인지 그의 영화는 스페인 국내에서보다 해외에서 좋은 성적을 거두었다. 특히 민속성의 기표가 가장 많이 등장하는 「하몽, 하몽」이 국제 영화제에서 중요한 상을 수상하고 가장 큰 성공을 거둔 것은 1990년대 스페인 영화의 맥락에서 보자면 우연이 아닌 듯하다.

물론 앞에서도 보았듯이 비가스 루나 감독이 스페인 민속성에 무조건적인 지지를 보내는 것은 아니다. 그 역시 글로벌화되지 못한 폐쇄적 민족 정체성에 비판적인 시선을 보내고 있다. 그러나 그의 영화에 빈번하게 등장하는 스페인적 민속성은 상업적 의도와 떼어놓고 보기 힘든 것도 사실이다. 그가 스페인 민속성뿐만 아니라 스페인 예술 전통의 요소들도 자주 차용하고 있다는 점은 그가 외국에서 스페인적인 것으로 알려진 기표들을 인지하는 데 상당히 민감하다는 것을 말해준다.

비평가들은 비가스 루나의 작품에 고야와 달리의 그림을 연상시키는 구도가 많다는 것을 지적한다. 「하몽, 하몽」의 여러 장면이 고야의 그림에 나왔던 구도와 일치한다면 「황금의 불알」에서는 달리의 그림이 자주 등장한다. 여러 곳에 달리의 그림이 걸려 있고 달리의 그림을 연상시키는 소품들이 등장한다. 거대한 입술 모양의 빨간색 소파나 축 늘어진 시계가 걸려 있는 스탠드가 그런 예이다. 또한 베니토는 스페인 가수 훌리오 이글레시아스를 좋아해서 영화에는 베니토가 그의 노래를 부르는 장면이 여러 번 나온다. 훌리오 이글레시아스는 당시 스페인을 대표하는 국제적인 가수로서 그의 노래는 외국 관객들에게 친숙하게 들리며 스페인이라는 이국성을 심어줄 것임에 틀림없었다.

그의 영화는 스페인 영화 전통에서도 많은 요소를 차용한 것으로 보인다. 가장 두드러지는 것은 부뉴엘과 알모도바르의 영향이다. 그의 '이베리아 3부작'에는 초기 부뉴엘 영화처럼 초현실주의적인 분위기 속에서 섬뜩하고 신랄한 표현들이 많이 등장한다. 알다시피 부뉴엘과 달리가 만든 「안달루시아의 개」나 「황금시대」에는 도발적인 장면들이 거침없이 등장하며 관객들에게 큰 충격을 던져준다. 그러나 부뉴엘의 초기 영화는 어디까지나 영화적인 실험의 장이었고 당시의 지식인 관객을 대상으로 하는 것이었다. 물론 그럼에도 그의 영화는 당시 프랑스 초현실주의 예술가 그룹과 부르주아 관객들에게 큰 파장을 일으켰다. 비가스 루나의 영화는, 비록 부뉴엘의 초기 영화로부터 60여 년이 지난 뒤이긴 하지만 상업영화로서 도발적인 장면을 담고 있다.

예를 들어 「황금의 불알」에서 거세를 상징하는, 여성 성기와 개미의 이미지는 달리의 그림이나 부뉴엘 영화의 대표적인 이미지로서 외국 관객에게 스페인 초현실주의 예술의 이미지를 떠올리게 할 것이다.

한편 비가스 루나는 알모도바르의 영화로부터 섹슈얼리티만을 차용한 것이 아니라 그의 영화의 전형적 이미지를 그대로 가져온다. 「하몽, 하몽」에서 보이는 알모도바르의 영향에 대하여 한 스페인 비평가는 다음과 같이 썼다.

　　과시하는 듯한 고환이 캐리커처적으로 비춰지는 광고물 — 광고 수소의 거대한 실루엣, 팬티의 클로즈업 — 전율적인 드라마와 코믹한 전율, 산발적인 볼레로와 에필로그의 일격—擊, 이것은 틀림없는 알모도바르의 기호들이다.[5]

「하몽, 하몽」의 마지막 시퀀스에서 라울이 하몽으로 호세 루이스의 머리를 내리쳐 죽이는 것은 알모도바르의 「내가 무엇을 했다고 이런 꼴을 당해야 하나?」(1984)에서 이미 나왔던 장면이다. 알모도바르의 영화에서 여주인공 글로리아는 마초적인 남편을 하몽으로 내리쳐 죽이게 된다. 이에 비해 「하몽, 하몽」에서는 두 사람이 하몽을 들고 싸우는 구도를 설정한다. 서서 싸우던 두 사람은 일순간 무릎을 꿇은 상태에서 하몽을 휘두르는데, 이것은 고야의 그림에서 두 남자가 몽둥이를 들고 싸우는 구도와 일치한다.

마지막의 비극적인 장면에서 흘러나오는 아이러니한 가사의 볼레

---

5) José Luis Guarner, in Peter William Evans, *Bigas Luna: Jamon, Jamon*, p. 22 재인용.

「하몽, 하몽」에서 하몽을 휘두르는 두 남자의 결투와
고야의 그림 「몽둥이 결투Duelo a garrotazos」. 비평가들은 두 작품의 상관성을 지적한다.

로 「다시 한 번 해줘요Házmelo otra vez」 역시 알모도바르의 영화에 많이 나왔던 것이다. 알모도바르는 멜로드라마 장르의 비극적 상황에서 여러 번 우스꽝스러운 볼레로를 통해 아이러니하고 코믹한 톤을 연출하곤 한다. 도시 영세민의 애환을 그린 「내가 무엇을 했다고 이런 꼴을 당해야 하나?」에서는 알모도바르 자신이 볼레로 가수로 등장하여 화대를 더 달라는 창녀의 노래를 부른 것이 한 예이다.

이렇듯 비가스 루나의 영화에서 자주 등장하는 스페인 전통문화의 기표는 이중적인 의미를 지닌다고 보아야 한다. 그의 말대로 억압적이고 불합리한 전통에 대한 저항과 비판이 될 수도 있지만 스페인성의 기표가 상품화되어 활용되는 측면도 부인할 수 없다. 이러한 이중성은 카탈루냐 문화의 기표가 전면에 등장하는 「젖과 달」에서 명백하게 드러난다.

「젖과 달」은 그때까지 스페인 영화에서 거론되지 않았던 내셔널 문화의 개념에 대한 질문을 던지고 있다. 이 작품은 여덟 살의 꼬마이자 인간 탑 쌓기의 가장 꼭대기 역할을 맡은 안샤네타Anxaneta 테테가 다른 사람들의 몸을 딛고 꼭대기로 올라가는 것으로 시작한다. 겁을 먹은 테테가 머뭇거리자 팀의 코치를 맡은 아버지는 아들에게 "불알이 있는지 보자"며 빨리 올라가라고 소리 지른다. 아버지의 성화에 어쩔 수 없이 위로 올라가던 테테는 이내 떨어지고 인간 탑은 허물어지고 만다. 두번째 시도에서도 아버지는 무섭게 테테를 채근하지만 테테는 이번에도 실패한다.

동생이 태어나자 테테는 어머니의 젖을 동생에게 빼앗긴다. 그래서 달을 쳐다보며 위안을 얻던 그에게 어느 날 이동극단 차량이 도착하고 무희인 에스트레야가 다가온다. 테테는 에스트레야가 자신에게 젖을 주는 상상을 하며 행복해한다. 그러나 에스트레야의 몸은 테테를 위한 것이 아니다. 테테는 그녀의 늙은 남편인 모리스, 동네 청년인 미겔과 경쟁해야 한다. 미겔이 에스트레야를 차지하자 모리스는 아내를 데리고 떠나버린다. 실의에 빠진 미겔은 자살을 시도하지만 실패로 끝난다. 테테는 다시 인간 탑 쌓기에 동원되어 자신의 역할을 해야 한다. 다시 꼭대기로 올라가야 하는 순간 테테는 발코니에서 자신을 응원하고 있는 에스트레야의 환영을 본다. 마법의 힘을 얻은 테테는 용기를 내서 꼭대기에 올라가는 데 성공하고 군중의 환호를 받는다. 그제야 아버지도 "네게 수소 불알이 있구나"라며 흡족해한다. 한편 에스트레야에게 플라멩코를 부르며 구애하던 미겔은 부부와 함께 프랑스로 떠나서 이동극단의 단원이 된다. 그리고 프랑스 가수 에디트 피아프Edith Piaf가 부르는 「사랑의 말Les mots d'amour」에 맞춰 모리스와 함께 공연한다.

이 영화의 서사는 1990년대에 접어들어 스페인의 지역적 문화 전통이 유럽적인 문화의 맥락과 직접적인 접촉의 관계에 들어섰음을 말하고 있다. 스페인의 지역적 문화 전통의 클리셰는 이 영화에서 테테와 아버지가 관여하는 카탈루냐의 인간 탑 쌓기, 미겔이 부르는 플라멩코로 대표되고, 유럽적인 문화의 맥락은 포르투갈 여인 에스트레야와 프랑스인 남편 모리스의 이동극단으로 상징된다. 여기에서 스페인의 지역적 문화 전통인 인간 탑 쌓기는 어린아이에게 겁주고 윽박지르는 폭력적인 기제로 작용한다. 그렇다면 「하몽, 하몽」에서 탈신화화되는 스페인 전통문화의 남성성 기표와 마찬가지로 「젖과 달」의 카탈루냐 지역문화 역시 재검토되고 비판되고 있다고 말할 수 있다.

이와 동시에 이 영화에서 카탈루냐 문화를 이국적인 상품으로 어필하려는 의도 또한 부인할 수 없어 보인다. 인간 탑 쌓기 장면으로 시작한 이 영화는 도입부에서 5분 동안이나 이 장면을 보여주고 마지막 시퀀스 또한 인간 탑 쌓기 장면으로 이루어진다. 결국 비가스 루나의 영화는 스페인 전통문화의 기표를 비판적으로 성찰하는 것과 문화 상품으로 활용하는 것 사이에서 모호한 위치를 점하고 있다고 할 수 있겠다.

제 5 부
세계화 시대의 스페인 영화와
새로운 작가주의

9장
민족영화와 세계 영화의 경계
― 홀리오 메뎀

우리 관계는 아무것도 아니었어.
우린 서로 모르는 사람일 뿐이야.
― 「붉은 다람쥐」

새로운 세대의 등장과 국가적 특정성

알모도바르, 비가스 루나, 트루에바 등 민주화 시대에 새로운 세대를 형성했던 감독들이 2000년대에 접어들어서도 지속적으로 작품을 내놓았지만 계속 젊은 세대로 남아 있을 수는 없었다. 1990년대 후반부터 이들보다 연령적으로 젊은, 1960년대 중반 이후 출생한 감독들이 출현하여 이전 세대와는 완전히 다른 감수성을 보여주게 된다. 이 세대는 홀리오 메뎀Julio Medem(1958~), 여성 감독 이시아르 보야인 Icíar Bollaín(1967~), 페르난도 레온 데 아라노아Fernando León de Aranoa(1968~), 알레한드로 아메나바르Alejandro Amenábar(1973~) 등으로 대표된다. 이들 역시 선배 세대의 전통을 이어받아 직접 시나리오를 쓰고 연출을 맡고 자신의 이름을 영화 홍보의 전면에 내세우는 등 작가주의의 행보를 보이고 있다. 이런 감독들의 활약은 1990년대 중반부터 두드러지기 시작해 스페인 영화에 새로운 활력을 불어넣었다.

이렇게 새로운 세대의 작가감독들이 등장하게 된 것은 1990년대 중반 이래로 가속화된 스페인 영화산업의 체질 변화와 깊은 관련이 있다. 이 변화의 핵심은 영화산업의 초국화로 요약될 수 있는데, 물론 이러한 현상은 스페인 영화계에만 해당되는 것이 아니라 범세계적인 추세이기도 하다. 그러나 EU 통합, 이베로-아메리카 연대 등 지구화의 물결에 적극적으로 뛰어들었던 스페인에서 영화계의 초국화 양상은 더욱 두드러졌다. 그리하여 2000년대에 이르면 더 이상 '스페인 영화'라는 개념으로 동질적인 그 무엇을 상상하기가 힘들어졌다. 그래서 사실은 제5부에서 다루는 네 명의 감독은 한데 묶는 것이 적절하지 않을 정도로 이질적이기도 하다. 하지만 부를 분리해서 다룰 공간도 없기 때문에 편의상 한데 묶어서 논의하기로 한다.

우선 스페인 영화계의 자본 환경의 변화에 대해서 말하자면 무엇보다 거대 예산의 영화가 제작될 수 있는 환경이 조성되었다는 점을 들 수 있다. 이것은 무엇보다도 TV 방송사들이 세운 영화사를 통해 대규모의 자본이 흘러 들어온 덕분이다. 1990년대부터 급격하게 수가 늘어난 TV 방송사들은 영화사들과 국내 혹은 해외 방영을 위한 계약을 맺어 제작 단계에서 자본을 대거나 상영 기회를 제공했다. 특히 카날 플루스Canal Plus는 핵심적인 투자자로 영화사에서 직접 대량으로 영화를 구매했으며, 텔레포니카Telefónica가 소유한 비아 디히탈Vía Digital, 프리사PRISA가 소유한 카날 사텔리테 디히탈Canal Satélite Digital 등 디지털 TV들도 중요한 구매자로 등장했다. 1999년 5월 스페인 의회가 EU의 TV와 미디어 재정에 관한 규칙 ── 이른바 '국경 없는 TV

	2001	2002	2003	2004	2005	2006	2007	2008	2009	2010	2011	2012
제작 편수 (공동 제작)	106 (40)	137 (57)	110 (42)	133 (41)	142 (53)	150 (41)	172 (57)	173 (49)	186 (51)	200 (49)	199 (48)	182 (56)
자국 영화 점유율(%)		13.6	15.8	13.4	16.7	15.4	13.5	15.4	15.9	12.7	15.8	19.4
총 관객 수 (단위: 천 명)		140,716	137,472	143,932	127,651	121,654	116,930	107,810	109,990	101,600	98,344	94,158

출처: 스페인 문화부 www.mcu.es

Televisión sin frontera'——을 비준함에 따라 스페인의 모든 TV 방송사들이 연 수익의 5퍼센트를 스페인 영화의 제작과 방영에 투자하도록 규정되었다.[1] 이에 따라 연간 1천억 원 이상의 막대한 자금이 영화에 투입되었다.

TV 프로덕션 회사를 중심으로 많은 자본이 유입되자 스페인 영화산업이 붐을 이루게 되었다. 그리하여 위의 표에서 보듯이 스페인에서 장편영화 제작 편수는 꾸준히 늘어나 1990년대 중반 50~60편에서 2000년대 중반엔 130~140편이 제작되어 상영되기에 이르렀다.

이렇게 장편영화의 제작 편수가 증가한 것 외에도 영화의 편당 제작비 규모도 증가했는데, 이로써 할리우드 스타일의 블록버스터 영화가 제작될 수 있는 환경이 조성되었다. 이런 현상은 무엇보다도 국제적인 공동 제작의 방식이 증가한 것에 힘입은 바 크다.

이러한 상황은 크게 보아 두 가지 경향의 작가감독이 활동할 수 있

---

1) '국경 없는 TV'의 본 취지는 "유럽 시장 내에서 유럽의 TV 프로그램들의 자유로운 소통에 필요한 조건들을 만들고 유럽 작품들의 생산과 배급을 원활하게 하는 것"이다. 이 협약에 따라 EU 국가의 방송사들은 전체 방송의 절반 이상을 EU 국가에서 제작된 방영물이나 영화로 편성해야 한다.

는 조건이 성립되었다. 첫번째는 장편영화 제작 편수의 증가에서 보이듯 그리 많지 않은 예산으로 자기 자신만의 독특한 세계를 펼쳐 보이는 감독들이 나오게 된 것이다. 물론 이들이 작가감독으로서 상당한 명성을 누리고 있다고 해도 제작 투자를 받거나 상영관 확보가 용이한 형편은 아니다. 하지만 꾸준히 작품을 발표하며 스페인 영화사의 작가주의 전통을 이어가고 있다. 훌리오 메뎀, 이시아르 보야인, 레온 데 아라노아 감독 등이 이런 경향에 속한다. 두번째 작가주의 경향은 충분한 제작비를 바탕으로 할리우드 영화와 경쟁할 만한 대작을 만드는 것이다. 여기에는 알레한드로 아메나바르가 속한다고 볼 수 있다. 하지만 아메나바르 감독은 오락영화를 만드는 것이 아니라 자신의 예술 세계를 녹여낸 걸작들을 만들고 있다. 그런 이유로 제5부에서 다른 감독들과 함께 논의의 공간을 마련한 것이다.

새로운 세대 작가감독들의 정치적·사회적 관심은 이전 세대와 상당한 차이를 보인다. 알모도바르의 세대가 직접적인 정치성에서 탈피했다고 하지만 여전히 그들의 잠재적인 문제의식은 독재 시대가 남긴 유산을 어떻게 청산할 것인가 하는 국가적인 문제에 머물고 있었다. 그래서 그들은 사소한 연애 이야기를 풀어놓으면서도 역사적 사실을 환기시키고 독재가 남긴 잔재로서 섹슈얼리티와 젠더의 비정상성을 지적한 바 있다. 그러나 1990년대 후반부터 두각을 나타낸 새로운 세대는 국가적인 문제를 사회적인 관심으로 대체한다. 즉, 고정된 의미의 국가적 정체성보다는 각각의 시기에 사회적으로 부각되는 문제적인 이슈들을 세심한 배려와 함께 담아내는 특정성specificity의 개념에 부합하는 것이다. 이제 젊은 감독들은 해외 시장에서 스페인적인 것이라고 여기는 문화 기표, 예술 전통, 역사적 이슈에 그다지 집착하지 않으며, 대신 2000년대에 새롭게 부각된 스페인 사회의 문제와 이슈들을 스크린에 담아 사회적 논의의 장에 꺼내놓고 있다. 실직 노동자, 도시 영세민, 방황하는 10대 청소년, 이주 노동자, 이주 성매매 여성 등이 그것으로 1990년대 후반 이래로 스페인 사회에서 집중적으로 부각된 문제들이다.

사실 젊은 작가감독들에게서 보이는 이러한 경향은 비단 스페인 영화계에 국한된 현상은 아니다. 유럽의 다른 국가에서도 현재의 사회적인 문제에 천착하는 감독들을 자주 볼 수 있기 때문이다. 이런 면에서 엘리자베스 에즈라는 사실주의가 현대 유럽 영화의 유력한 경향이라고 말한다.[2] 이러한 경향은 많은 예산이 투입되는 유럽 상업영화의 이면裏面이라고 볼 수 있는데, 각 지역마다 의식 있는 작가감독들이 적은 예산으로 사회성 있는 문제작을 만들어내고 있다.

새로운 시대의 새로운 작가주의

작가주의의 관점에서 보았을 때 1990년대 스페인 영화계는 새로운 전기를 맞는다. 1980년대 알모도바르의 성공과 더불어 1990년대 초부터 이에 영향을 받은 일련의 상업영화들이 국제적인 성공을 거두며 스페인 영화의 르네상스기를 만든 바 있다. 이러한 상업영화의 부흥을 바탕으로 작가주의적 의식과 야심을 품은 젊은 감독들이 나타나기 시

---

2) Elizabeth Ezra, "A Brief History of Cinema in Europe," *European Cinema*, Oxford: Oxford University Press, 2004, p. 15.

작했는데, 연령상으로 보았을 때 이 그룹의 대표 주자는 1992년 「암소들Vacas」로 데뷔한 훌리오 메뎀이다. 1958년생인 메뎀은 어쩌면 알모도바르와 새로운 세대를 매개하는 인물이라고 볼 수도 있다. 실제로 그의 작품 궤적을 살펴보면 처음엔 국가적 문제에 천착하는 지식인 작가로서의 면모를 보여주다가 점차 개인적인 관심사와 예술의 세계로 천착해 들어가는 양상을 보인다.

1990년대는 사회사적으로 보았을 때도 스페인으로서는 새로운 시대를 의미했다. 1975년 프랑코의 사망과 함께 민주화로의 이행이 시작되었고, 1982년 사회노동당PSOE의 집권으로 정치적인 민주화가 마무리되었다면, 사회·문화적 민주화 작업은 1980년대 내내 지속되었기 때문이다. 따라서 1980년대의 스페인 영화는 비록 개인적인 층위의 사건을 다룬다고 하더라도 암묵적으로 그 이전 시기를 지시하고 있는 경우가 많았다. 그리하여 자유를 향한 개인의 몸부림이 결국엔 이전 시기의 억압에 대한 반작용으로 해석되곤 했다. 1980년대를 독주했던 알모도바르의 영화가 이런 경향을 잘 보여준다.

그에 비해 1990년대는 이미 스페인의 문화 정체성이 유럽화된 시기였다. 이제 프랑코의 그림자는 완전히 사라졌고 성적 일탈은 더 이상 정치적 의미를 부여받기 어려웠다. 이로써 유럽의 다른 국가에서와 마찬가지로 스페인에서도 정치성에 기반을 둔 작가주의 영화가 나오기 어려운 상황이 되었고, 무엇보다 상업적 흥행이 중요시되는 단계에 이르렀다.

이러한 상황에서 1992년 메뎀은 「암소들」을 발표하며 감독으로 데뷔했다. 이 작품은 많지 않은 제작비를 들였음에도 불구하고, 1875년 제2차 카를리스타 전쟁에서부터 1936년 스페인 내전에 이르기까지

60년 동안의 바스크 역사를 압축적으로 표현하고 있는 대작이었다. 19세기 말 20세기 초 바스크인들의 삶과 운명을 스페인 현대사의 맥락 속에서 성찰하고 있는 젊은 감독의 스케일은 놀라운 것이었다.

스타일 면에서 보았을 때 「암소들」은 스페인 예술의 전통으로 회귀하는 것이었다. 두 가문의 질긴 인연/악연을 중심으로 바스크 현대사를 조명하고 있는 이 작품의 비현실적이고 은유적인 수법은 후안 안토니오 바르뎀이나 카를로스 사우라의 영화를 연상시켰다. 그리고 반복되는 상징으로 등장하는 암소들의 눈에서 드러나듯 이 영화의 초현실주의적 장치는 부뉴엘의 초기 영화에서 받은 영감을 부인할 수 없게 했다. 게다가 첫 시퀀스에서 펼쳐지는 카를리스타 전쟁의 참상, 즉 벌거벗은 시체들을 수레에 담아버리는 장면과 이 장면을 중심으로 풍기는 음산하고 그로테스크한 분위기는 프란시스코 고야의 그림을 직접적으로 연상시켰다. 주제 면에서 보았을 때도 가문의 반복되는 운명을 통해 바스크 현대사를 조명한 것은 가브리엘 가르시아 마르케스 Gabriel García Márquez의 『100년 동안의 고독Cien años de soledad』과 매우 유사했다.[3] 물론 라틴아메리카 소설 특유의 '마술적 사실주의' 역시 「암소들」의 스타일에 영향을 준 것이 확실하다.

「암소들」은 스페인과 해외의 비평가들로부터 극찬을 받았고, 이 한편으로 훌리오 메뎀은 일약 지성적인 작가주의 감독의 반열에 오를 수 있었다. 「암소들」의 성공 이후 메뎀은 1993년 「붉은 다람쥐La ardilla roja」, 1996년 「대지Tierra」, 1998년 「북극권의 연인들Los amantes del

---

3) 실제로 메뎀은 『100년 동안의 고독Cien años de soledad』을 읽었고, 이 작품에서 강한 영향을 받았다고 말했다(Rob Stone, *Spanish Cinema*, Essex: Pearson Education, 2002, p. 27).

círculo polar」 그리고 2001년 「루시아와 섹스Lucía y el sexo」를 발표한다. 이 작품들 역시 사랑, 섹스, 젠더, 운명 등에 대해 간단치 않은 성찰을 담고 있지만 데뷔작 「암소들」보다는 상업 지향적인 성격을 지니고 있었다. 실제로 「북극권의 연인들」이나 「루시아와 섹스」의 경우엔 스페인 국내와 해외에서 많은 관객을 모았다.

상업적인 흥행에도 불구하고 해외 영화제에서의 수상과 「암소들」에서부터 각인된 작가로서의 이미지 덕분에 이 작품들 역시 작가주의적 영화로 많은 국가에서 예술영화의 대접을 받을 수 있었다. 여기에 대해 롭 스톤은 다음과 같이 말한다.

유럽 '고급예술'의 저변에 깔린 문학적·철학적 영향들에 대한 메뎀의 관심은 자기 영화가 국제 영화제와 시장에서 매력이 있고, 투자할 만한 스타일과 톤 그리고 내용 — 특별히 성적인 — 을 갖추도록 했다. 메뎀의 작가주의적 야심은 스페인과 다른 지역에서 투자, 제작, 마케팅 그리고 배급 전략과 연결되어 있었는데 그는 자신이 그런 구조물로서 기능한다는 것을 자각하고 있었다.[4]

상업성을 갖춘 작가주의라는 점에서 메뎀의 이력은 1990년대 스페인 영화계에서 작가주의의 이상적인 성공 모델이 되었다. 이미 해외에서 '작가'로 건재한 알모도바르의 존재와 함께 또 다른 상업주의적 작가 메뎀의 등장은 스페인 영화계에 상당한 활력을 주는 것이었다. 그리하여 더 젊은 세대인 알레한드로 아메나바르, 이시아르 보야인

---

4) Rob Stone, *Julio Medem*, Manchester: Manchester University Press, 2007, p. 7.

같은, 상업성을 놓치지 않으면서도 자신의 고유한 스타일을 지켜가는 일군의 작가 그룹이 등장하는 발판이 되었다.

메뎀의 작가주의는 영화에 작가 개인의 상황을 투사함으로써 더욱 강화된다. 그가 첫 작품 「암소들」, 그리고 「북극권의 연인들」 「바스크 공놀이: 돌에 부딪히는 가죽La pelota vasca, la piel contra la piedra」에서 바스크 문제를 들고 나온 것이나 「대지」 「북극권의 연인들」 「루시아와 섹스」 등에서 사랑의 문제에 집착한 것은 영화를 만들던 시기 감독 개인의 관심과 상황을 투영한 것이다. 그에게 영화란 자신 밖의 어떤 독립된 개체가 아니라 작가의 세계를 투영하고 스스로를 있는 그대로 드러내는 반영물인 것이다. 그는 다음과 같이 말한다. "위험을 감수하지 않고 스스로를 드러내지 않는 작가들도 있을 것이다. 그러나 이것은 내가 쓰는 방식이 아니다. 나는 냉정하게 나에 대해 씀으로써 나를 내가 쓰는 것에 희생되도록 내어준다."[5] 이것은 그가 영화를 통해 자신을 그럴듯하게 포장하지 않고 솔직하고 신랄하게 드러낸다는 뜻이다.

실제로 그의 영화에는 작가 개인과 동일시할 수 있는 인물이 등장하거나 그의 생각과 철학을 반영하는 인물이 많이 등장한다. 예를 들어 「북극권의 연인들」의 서사는 메뎀의 개인사와 밀접한 연관이 있는데, 주인공 오토Otto와 마찬가지로 메뎀 역시 독일계와 스페인계의 피를 물려받았고 메뎀Medem이라는 자신의 이름 역시 회문回文이기 때문이다. 게다가 메뎀은 이 영화에서 어린 오토 역으로 자신의 아들 페루를 출연시키기도 했다. 부모의 이혼과 자신의 이혼을 겪은 메뎀은 어린

---

5) Rob Stone, *Julio Medem*, p. 154.

오토와 그의 아버지 알바로가 실제로 자신이기도 하다고 말한다.[6] 이 렇게 메뎀은 이 영화에 개인적 사연을 담고 자신을 투영시키고 있다.

메뎀은,「루시아와 섹스」에 대해선 남자 주인공인 소설가 로렌소가 바로 자신이기도 하다며 작가주의적 의식을 드러낸다. 이것은 메뎀 자신이 말하지 않더라도 주인공 로렌소가 쓰는 소설이 결국 메뎀의 시 나리오였다는 점에서 이미 두 사람의 동일화는 확실하다. 메뎀은 다 음과 같이 말한다.

나는 시나리오 대신 소설을 썼다. 왜냐하면 로렌소가 소설가였기 때 문이다. 나는 그가 느끼는 것처럼 느끼고 싶었기 때문에 내 자신을 자유 롭게 놓아두었다. 나의 계획은 과거를 쓰는 것이었는데, 로렌소와 다른 인물들이 자신들의 과거에 대해 무엇을 아는지를 알고 싶었기 때문에 소설을 굉장히 빨리 썼다. 그런 과거로부터 섹스가 나온 것이다.[7]

바스크 출신 감독으로 바스크 문제를 은유적으로 표현해왔던 메뎀 은 2003년 발표한 다큐멘터리「바스크 공놀이: 돌에 부딪히는 가죽」 에서 바스크 민족주의와 에타ETA의 문제를 정면에서 거론한다. 때마 침 이 문제는 스페인에서 더욱 격화되었고 예민한 문제를 건드린 메뎀 은 이해 집단의 거센 항의를 받고 정치적으로 궁지에 몰리게 되었다.

그러자 다음 작품「혼란스러운 아나Caótica Ana」를 통해 다시 원래 의 전략으로 되돌아갔다. 많은 감독 중에서 메뎀이 1990년대 이래 스

---

6) Rob Stone, *Julio Medem*, p. 137.
7) Rob Stone, *Julio Medem*, p. 154.

페인 작가영화의 대표자로 인정받게 된 것은 사회적·정치적 함의를 비사실주의적 세팅 속에 담아내는 스페인 작가영화의 전통에 충실한 것으로 평가되고 있기 때문이다. 알프레도 마르티네스 엑스포시토는 훌리오 메뎀이 자신의 독립적인 영화적 관심을 영화 속에 투영하고 있다는 점에서 그를 알모도바르나 아메나바르보다 더 작가주의적인 감독으로 평하고 있다.[8]

스페인 TV 회사들이 설립한 영화사들에 의해 대규모 자본이 흘러 들어오며 빠르게 상업화의 길을 밟은 1990년대의 스페인 영화계에서 메뎀은 상업성을 잃지 않으면서도 자신의 미적 감수성과 정치적인 관심사를 일관되게 추구한 새로운 작가감독의 모델을 세웠다는 점에서 매우 중요한 인물이 된다.

메뎀 영화의 바스크 정체성과 스페인 정체성

스페인 영화의 전통에서 작가주의적 영화는 스타일보다는 정치성으로 규정되어왔기 때문에 작가감독으로 여겨지기 위해선 당대의 사회적 현실에 대한 관심과 함께 역사적 의식을 지니고 있어야 했다. 메뎀 영화의 정치·사회적 함의의 핵심은 바스크 정체성이라고 할 수 있다. 최근엔 카탈루냐의 분리운동이 첨예한 이슈가 되고 있지만 그전까지 현대 스페인 사회에서 가장 정치적으로 민감한 이슈는 바스크 문

---

8) Alfredo Martínez Expósito, "Elitism and Populism in Spanish Auteur Cinema of the Nineties," *Estudios Hispánicos* 45, 2007, p. 272.

제였다. 첫 작품인 「암소들」에서부터 바스크성의 근원을 탐색하기 시작한 그는, 이후의 영화에서도 바스크성에 대한 문제의식을 드러냈고, 「바스크 공놀이」에선 이 문제를 정면에서 거론한다. 따라서 메뎀 영화의 바스크성은 일차적으로 감독 개인의 관심의 투영이지만 이것이 감독을 작가로 인정받게 했고, 결과적으로는 마케팅에도 도움을 주는 상황이 되었다고 볼 수 있다. 이러한 메뎀의 경우는 작가주의와 정치성 그리고 상업성이 공명하는 현대 작가주의 영화의 흥미로운 사례가 된다.

메뎀은 부계父系로는 독일인 조부와 발렌시아 출신 조모 그리고 모계母系로는 프랑스 조부와 바스크 조모의 혈통을 물려받았고, 1958년 바스크의 거점 도시인 산세바스티안에서 태어났다. 1962년 그의 가족은 마드리드로 이주하게 되지만 그는 방학 때마다 산세바스티안의 외조부 집에서 보내면서 바스크인이 된다는 것이 무엇인지 깨달았다고 말한다.[9]

메뎀은 프랑코 치하의 마드리드에서 수녀원이 운영하는 학교에 다니며 매우 보수적인 교육을 받았다. 프랑코의 손자와 같이 학교를 다녔던 메뎀은 학교에서 '바스크 녀석el vasco'으로 불렸다고 한다.[10] 그러면서 프랑코 체제에 항거하는 바스크인으로서의 정체성을 내재화하게 된다. 메뎀의 부모는 아들을 마드리드의 의과대학에 진학시키고자 했으나 그의 시험 성적이 모자라자 바스크 대학교의 의과대학에 진학시킨다. 이렇게 해서 메뎀은 다시 바스크 지역으로 돌아오게 된다.

---

9) Rob Stone, *Julio Medem*, p. 20 재인용.
10) Rob Stone, *Julio Medem*, p. 21 재인용.

바스크 의과대학을 마친 메뎀은 의사로 개업하는 대신 평소에 좋아하던 영화 관련 일을 하기로 한다. 그래서 단편영화를 만들거나 지역 신문과 잡지에 영화 비평을 기고하는 한편 베리히만, 타르코프스키, 펠리니, 부뉴엘, 파졸리니 등의 고전적 작가영화에 심취하게 된다.

그가 이 시절에 쓴 영화 비평에는 전투적인 바스크성이 감지된다. 1983년에 쓴 「바스크 영화: 중단된 역사」라는 글에서 아직까지 진정한 의미의 바스크 영화가 존재하지 않았으며, 바스크 영화는 "선명한 바스크 혼, 독특하고 진정한 미학, 특별한 의미의 서사"를 지녀야 한다고 말했다.[11] 적어도 본격적으로 영화에 입문하기 전에 쓴 비평으로 미루어본다면 그는 본질주의적인 바스크성을 옹호하는 입장에 있었음이 확실하다. 그런 메뎀이 장편 데뷔작으로 바스크의 근대사를 관통하는 작품인 「암소들」을 만들게 된 것은 전혀 이상하지 않다.

스페인 영화에서 선례가 많지 않은, 바스크성에 천착하는 영화를 만드는 것은 메뎀에게 작가주의적 감독의 인상을 줄 수 있는 효과적인 전략이었다.[12] 문제는 그의 영화가 바스크인들만을 위한 작품이 될 수는 없다는 것이었다. 투자자를 구하고 또 제작비를 회수하기 위해선

---

11) Rob Stone, *Julio Medem*, p. 26.

12) 바스크어로 제작되어 바스크의 전통과 자긍심을 보여주던 영화들은 민주화 시대에 이르러 상당히 위축되었다. 바스크 출신 감독인 엔리케 우르비수Enrique Urbizu, 후안마 바호 우요아Juanma Bajo Ulloa, 알렉스 데 라 이글레시아Alex de la Iglesia 등의 감독은 전국적인 영화를 지향했지 바스크 영화의 범주에 속하는 영화를 만들려고 하지 않았기 때문이다. 물론 이들의 영화에 바스크가 배경으로 등장하는 작품이 많지만 그렇다고 바스크만의 주제를 다루고 있지는 않다. 이런 면에서 스페인의 영화 비평가 에레데로는 훌리오 메뎀을 포함하여 이들 그룹이 이른바 바스크 영화라고 불리던 작품들과 주제, 이미지, 스토리에서 분명한 결별을 했다고 말한다(Carlos Heredero, *20 nuevos directores del cine español*, Madrid: Alianza, 1999, p. 12). 이러한 상황에서 메뎀의 「암소들」은 적어도 이미지 면에서 이전 바스크 영화의 감수성을 그대로 보여주고 있는 예외적인 작품이라고 할 수 있다.

바스크를 넘어 전국적인 관객, 더 나아가 국제적인 관객에게 소구할 수 있는 작품이 되어야 했다. 그렇다면 바스크성이 관객들의 지적인 관심을 유발할 수 있는 정도에서 멈춰야지 그를 둘러싼 정치적 입장이 바스크 외부 관객들의 정서를 거스르는 것은 곤란했다.

메뎀의 첫 작품 「암소들」은 바로 이러한 전략과 고려를 충실히 따르고 있다. 3대에 걸친 두 바스크 가문의 갈등과 반목을 그리고 있는 「암소들」은 메뎀의 고향 마을인 기푸스코아Guipuzcoa의 아마사Amasa에서 촬영되었다. 오프닝 신은 푸른 언덕에 하얀 집들이 자리하고 있는 전형적인 바스크 풍경 속에서 바스크의 전형적인 복장을 한 도끼 선수 aizcolari가 통나무 위에 올라서서 힘차게 도끼질을 하고 있는 장면으로 시작한다. 해외 토픽에 자주 등장하는 바스크의 통나무 쪼개기가 이 영화의 중심 이미지로 등장하면서 바스크 외부의 관객들에게 이국성을 제공한다. 이렇게 바스크의 대표적인 이미지와 함께 목가적인 서정으로 시작한 도입부는 전형적인 바스크 영화의 문법을 따르고 있다.

하지만 도끼 선수의 맨발 바로 아래를 파고드는 도끼는 위험하고 불길해 보인다. 통나무 쪼개기 신에 이어 '겁쟁이 도끼 선수El aizcolari cobarde'라는, 오프닝 신과 배치되는 소제목의 시퀀스가 등장한다. 억세 보이는 도끼 선수가 겁쟁이라는 모순어법의 의미는 금방 설명된다. 통나무를 쪼개던 마누엘 이리기벨(카르멜로 고메스)은 1875년 제2차 카를리스타 전쟁의 참호 속에 있는데, 움켜쥔 그의 손은 부들부들 떨리고 있다. 바스크인들이 보수적인 카를리스타에 합세한 것은 자신들의 자치법령Fuero을 지키기 위해서였다. 마누엘은 이곳에서 건너편 집에 사는 카르멜로 멘디루스(칸디도 우랑가)를 만난다. 이리기벨 가문과 멘디루스 가문의 질긴 악연을 다루고 있는 이 영화에서 최초로 두 가문의 사람이 만나는 장면이다. 총격전에서 겁에 질린 마누엘은 제대로 총을 쏘지 못하고 그 바람에 옆에 있던 카르멜로 멘디루스가 총을 맞고 죽게 된다. 바스크 대원들이 섬멸된 이 전투에서 마누엘은 비겁하게도 카르멜로의 피를 몸에 바르고 죽은 척함으로써 구사일생으로 살아나게 된다. 이로써 용감한 바스크 도끼 선수의 신화는 심각하게 훼손된다.

그 후 장면은 1905년으로 옮겨지고 마누엘의 아들 이그나시오 이리기벨은 아버지와 똑같은 폼으로 통나무를 쪼갠다 — 실제로 같은 배우가 연기했다. 이리기벨과 멘디루스 집안의 남자들 사이에 통나무 쪼개기 시합이 벌어진다. 이 장면은 영화에서 5분이나 지속되며 영화의 중심 이미지를 이룬다. 이 장작 패기 시합에서 이그나시오 이리기벨이 이김으로써 이리기벨 가문은 멘디루스 가문을 압도하게 된다. 하지만 카메라는 장작 패기 시합이 끝난 뒤 여기저기 시체처럼 처참하게 널브러진 나뭇조각들을 하이앵글로 훑는다. 이 순간 왕년의 도끼 선수 마누엘은 "이런 난장판이 있나Cuánto desastre!" "이 조각들은 다 뭐할 거야Estos trozos, para qué?"라며 조각들을 걷어차는데, 이는 통나무 쪼개기 시합의 폭력성과 무용성無用性을 말하는 것이다.

평소부터 건너편 집 이그나시오 이리기벨의 남성성에 반해 그를 흠모하고 있던 멘디루스 집안의 카탈리나는 통나무 쪼개기 시합에서 진 자신의 오빠를 무시하게 된다. 그리고 이그나시오와 사랑에 빠진다.[13] 이것은 육체적 남성성에 대한 전통적 바스크 여성의 복종을 의미함으

---

13) 통나무 쪼개기 시합에서 이그나시오의 도끼질에 튕겨나간 나뭇조각이 카탈리나의 앞치마 주머니로 들어가는 것은 두 사람의 애정 관계에 대한 명백한 복선이 된다.

「암소들」에서 통나무 쪼개기 시합에 나선 두 가문의 남자들.
(Courtesy of Julio Medem)

로써 부정적인 함의를 지닌다. 숲 속에서 관계를 가진 그들은 아들 페루를 낳게 된다. 이그나시오는 원래의 아내와 딸, 아버지를 남겨둔 채 카탈리나와 페루를 데리고 아메리카로 간다. 비겁한 겁쟁이 도끼 선수의 전형을 보여주는 것이다.

 마지막으로 장면은 1936년 스페인 내전의 시점으로 바뀐다. 스페인 내전에서 바스크인들이 그랬듯이 이제 대부분의 마을 사람은 공화파로 바뀌어 있다. 그러나 멘디루스가의 후안은 카를리스타의 전통을 따라 반란군파에 합류하고 있다. 이 판국에 미국 신문의 종군기자가 된 페루가 나타난다. 어릴 적부터 이복 남매로서 서로 좋아했던 크리스티나와 페루는 반갑게 재회한다. 페루는 이미 결혼해 아이가 있고, 크리스티나는 남자 친구와 열애 중임에도 불구하고 두 사람은 서로에게 육체적으로 끌린다. 반란군파는 숲 속에서 벌어진 전투에서 공화파를 제압하고 마을 사람들을 총살대에 올린다. 이 과정에서 반란군파에 붙잡힌 페루는 미국인들의 어설픈 스페인어를 흉내 내며 미국인 기자 행세를 하여 위기를 모면하려고 한다. 전쟁터에선 언제나 비겁하고 겁이 많았던 선조들의 행동을 반복하고 있는 것이다. 거짓 책략에도 불구하고 총살대로 끌려간 그는 다른 공화파 사람들과 함께 죽을 위기에 처하지만 그의 할아버지가 카를리스타였다는, 삼촌 후안의 증언으로 위기를 모면한다. 그 직후 크리스티나를 데리고 프랑스로 사랑의 도피를 하게 된다.

 결국 이리기벨과 멘디루스 가문의 60년에 걸친 악연은 가정의 파괴를 불러왔고, 끝내는 근친상간으로 끝나게 되는 것이다. 이복 남매인 페루와 크리스티나는 전쟁이 없다는 이유로 프랑스로 향하지만 머지않아 프랑스는 더욱 큰 전쟁인 제2차 세계대전의 화염 속에 싸일 것이라는 점에서 이 남매의 운명은 불길해 보인다. 이것은 한 가문 속에서 반복되는 운명이 결국 근친상간으로 귀결되어 새로 태어난 돼지 꼬리 달린 아이가 개미 떼에게 물어뜯기고 마는 『100년 동안의 고독』의 결말을 연상시킨다.

「암소들」에서 제시되는 바스크 정체성은 결코 긍정적인 것이라고 할 수 없다. 통나무 쪼개기로 대표되는 바스크의 전통 이미지는 바스크 외부의 관객들에게 이국성의 호기심을 선사했지만 또한 그 자체로 바스크 정체성 구성의 문제점을 드러내는 폭력적인 풍습인 것이다. 또한 바스크의 인종적 순수성이란 결국 근친상간과 같은 종족혼에서 비롯된 것이고, 이것이 오히려 바스크의 정체를 가져왔다는 해석이 가능하다. 따라서 많은 비평가들은 「암소들」의 서사가 보여주는 신화적 퇴행성을 지적하며[14] 이 영화가 신화의 아이러니한 사용을 통해 본질주의적 신화를 해체하고 있는 것으로 보았다.[15]

바스크와 관련된 다른 문제를 다루는 작품은 「북극권의 연인들」이다. 다른 문제란 스페인 내전 당시 프랑코 반란군파를 도와 참전하여

---

14) 「암소들」의 서사가 보여주는 신화적 퇴행성은 자명하다. 프로이트에 따르면 신화는 사회화 이전의 무의식의 세계로서 오이디푸스 콤플렉스를 극복하지 못한 개인은 어머니의 자궁으로 되돌아가려고 하고 근친상간에 집착하게 된다. 이리기벨 가문의 남자들이 기껏해야 바로 옆집 여자를 벗어나지 못하고 근친상간적 관계에 얽매이게 되는 것은 바로 이러한 이유 때문이다.

15) 이러한 신화화-탈신화화 메커니즘은 1960~1970년대 스페인의 사회 비판적 소설에서나 라틴아메리카 붐 소설에서 자주 쓰인 방법이었다. 조 라바니에 따르면 이 소설들은 신화화에 대한 인간 본연의 이끌림을 비판적으로 드러내기 위해 역설적으로 신화화의 수법을 쓴다고 말한다. 또한 이러한 신화화의 전략은 당시의 세계적인 경향으로서 리얼리즘에 대한 맹신에 빠져 있던 스페인 소설의 국제화에 결정적으로 기여했다고 평했다(Jo Labanyi, *Myth and History in the Contemporary Spanish Novel*, Cambridge: Cambridge University Press, 1989, p. 53).

무자비한 폭격으로 게르니카 마을을 쑥대밭으로 만든 독일과 바스크 사이의 역사적 원한을 말한다. 우연으로 인한 만남과 헤어짐을 반복하는 남녀 주인공 오토Otto와 아나Ana의 운명적인 사랑을 다룬 이 영화는 정치적으로는 바스크와 독일의 화해를 말하고 있다. 오토와 아나가 3세대라면 그들의 할아버지 세대는 이미 전쟁 중에서 화해의 에피소드를 만들고 있다. 주인공 오토의 할아버지는 바스크인으로서 스페인 내전 당시 게르니카 폭격에 참가했다가 불시착하여 나무에 걸려 있는 독일군 비행기 조종사 오토를 구해준다. 오토의 할아버지는 적군임에도 그를 살려주고 담배를 나눠 피운다. 바스크인과 헤어진 조종사 오토는 폭격으로 폐허가 된 민가民家에서 아버지를 잃고 울고 있는 열일곱 살 소녀를 만나 그녀와 결혼하게 된다.

　TV 프로듀서에 의해 길거리에서 아나운서로 채용된 아나의 엄마는 TV 뉴스를 진행하고 그녀를 캐스팅한 사람과 사랑에 빠져 동거하게 되는데, 그는 오토의 할아버지가 살려준 독일인 조종사 오토와 바스크 소녀 사이에 태어난 아들이다. 아나운서가 된 그녀는 스페인 내전 기간 중 바스크 도시 게르니카 폭격에 대한 독일의 공식 사과 소식을 뉴스로 전한다. 이것은 나치 유소년 회원이었던 독일 아버지와 바스크 어머니의 혈통을 물려받은 메뎀 자신의 혈통적 화해를 말하고 있는 것이다.

　스페인 내전 당시 불시착한 독일인 조종사를 구해주었던 바스크인의 손자인 오토는 아나를 만나기 위해 핀란드의 라플란드로 가는데, 아나가 있는 지점에 이르자 비행기를 불시착하게 만들고 낙하산으로 뛰어내린다. 그리고 숲 속의 나무에 걸린다. 나무에 위태롭게 걸려 있던 그를 구해주는 이는, 핀란드에 이민 와 살고 있던 독일인 조종사 오토의 절친한 핀란드인 친구이다. 이것은 1세대의 감동적인 이야기가 3세대에서 보은報恩으로 반복되는 것이다.

극영화를 통해 바스크 문제를 비유적으로 다뤄왔던 메뎀은 다큐멘터리 형식의 「바스크 공놀이」에 이르러 바스크 문제를 정면에서 거론한다. 영화감독으로 데뷔하기 전부터 바스크 정체성에 골몰해오던 그에게 1996년부터 집권한 스페인 국민당의 강경한 바스크 정책은 매우 개탄스러운 것이었다.[16] 두 편의 전작으로 상업성에 대한 기반을 갖추었고 작가로서도 확고한 입지를 마련한 시기였기에 그로서는 고도의 정치적 발언을 단행할 수 있는 자신감을 가질 수 있었던 것으로 보인다.

메뎀은 「바스크 공놀이」와 관련된 인터뷰에서 자신의 입장은 절대 중립의 위치에 있음을 여러 번 강조했다. 그리고 이 영화의 서두를 다음과 같은 말로 시작한다.

> 이 영화를 통해 대화에 초대하고자 한다. 이 영화는 어떠한 의견도 존중하는 관점에서 구상되었다. 이 영화는 독립적이며 오로지 개인적인 생각으로 기획되었다. 이 영화는 바스크 갈등과 관련되어 폭력을 당한 사람들과 연대한다. 이 영화는 대화에 참여하기를 거부하는 사람들을 항상 아쉬워한다.

이렇게 메뎀은 이 영화가 개방된 대화의 장이라는 점을 강조하고 다

---

16) 실제로 메뎀은 「바스크 공놀이」를 만들 무렵 국민당의 바스크 정책에 대해 "참을 수 없는 전체주의적 대면對面"이라며 아스나르 정부를 "울트라 스페인 민족주의"라고 비판한 바 있다(*El País*, 2003. 9. 18).

양한 관점을 취하기 위해 작가, 학자, 교수, 기자, 정치인, 행정 관리, 희생자, 희생자 유족 등의 다양한 입장을 인터뷰하며 바스크 민족주의와 테러 등에 관한 진술을 다큐멘터리에 담았다. 그는 "나는 다양한 목소리를 원했다. 최대로 가능한 다양성을 원했다"라고 말했다.[17] 하지만 정작 바스크 갈등의 당사자인 에타ETA와 스페인 국민당 정부PP의 목소리가 빠져 있어 갈등의 핵심에 다가가기에는 근원적인 한계를 지니고 있었다.

「바스크 공놀이」는 표면적으로는 상당히 중립적이다. 메뎀은 양쪽으로부터의 거리 두기에 상당히 신경을 쓴 듯 인터뷰 대상자의 출연에서 바스크 민족주의를 지지하는 측과 그렇지 않은 측을 균형 있게 배분했다. 그리고 진술 외에 뉴스 신이나 픽션 신을 배치하는 것에도 균형을 유지하기 위해 서로에게 유리한 장면과 불리한 장면을 엇갈려 편집하고 있다. 그러나 이러한 세심한 배려에도 불구하고 「바스크 공놀이」는 바스크 민족주의에 대해 우호적인 관점에서 읽힐 가능성이 많았다.[18]

우선 무엇보다도 이 작품의 출발점이 에타의 테러가 아니라 그 근원에 있는 바스크 민족주의 자체에 초점을 맞추는 것이기 때문이다. 실제로 「바스크 공놀이」에 등장하는 많은 진술자는 바스크 민족주의의 역사와 그동안의 과정, 그리고 현재의 상황에 대해 소상히 설명한다.

---

17) Rob Stone, *Julio Medem*, p. 183 재인용.
18) 메뎀 역시 다큐멘터리에도 작가의 주관성이 개입될 수밖에 없음을 실토한다. "다큐멘터리의 명제는 순수한 객관성이다. 아무것도 조작해서는 안 되고 그저 얼굴을 보여주고 증언을 들려주기만 하면 되는 것이다. 그러나 편집을 하는 순간 편집자의 관점이 생겨나게 마련이다. 원하지 않더라도 그렇게 되는 것이다"(Rob Stone, *Julio Medem*, p. 185 재인용).

이것은 불가피하게 바스크 민족주의의 존재에 대한 역사적 환기로 이어진다. 바스크 민족주의에 대한 파토스는 바스크 민요를 바탕으로 바스크의 전통 스포츠인 '바스크 공놀이'를 중심 이미지로서 반복하고 바스크의 자연 풍경을 파노라마로 보여줌으로써 더욱 강화된다. 이러한 풍경은 리처드슨의 말처럼 바스크 문제를 제기하는 것이라기보다는 바스크 신화가 영속될 것이라는 인상을 준다.[19]

에타와 스페인 경찰 양쪽에서 자행된 폭력을 다루는 방식 사이에도 불균형이 존재한다. 에타의 테러 행위는 원론적으로는 비판받고 있지만 많은 진술이 에타가 폭력에 의존할 수밖에 없는 이유를 설명하고 있다. 이에 비해 바스크에 대한 탄압은 역사적으로 거슬러 올라가 훨씬 자극적으로 묘사된다. 스페인 내전 당시 독일군이 게르니카 마을을 처참하게 폭격하는 장면, 프랑코 시대에 바스크어를 썼다는 이유로 바스크 아이들이 교사로부터 체벌당하는 장면, 에타에 협조했다는 혐의로 스페인 경찰로부터 닷새 동안 옷을 벗긴 채 구타당하고 심한 성적 고문을 받았다는 한 여성 시민의 증언 등이 그것이다.

따라서 「바스크 공놀이」의 상영을 전후로 스페인 우파 그룹에서 분노한 것은 이해할 만했다. 영화는 일반 대중에게 개봉되기 전부터 소동에 휩싸였다.[20] 2003년 9월 산세바스티안 영화제에서 첫 상영되기 전 우파 그룹은 영화제 측에 이 다큐멘터리의 상영을 철회할 것을 요

---

19) Nathan Richardson, "From *Herria* to *Hirria*: Locating Dialogue in Julio Medem's *La pelota vasca*," *Arizona Journal of Hispanic Cultural Studies* Vol 1, 2007, p. 116.

20) 바스크 주제를 다룬 영화에 대해 우파 진영에서 상영 철회를 요구하며 시위를 벌인 것은 「바스크 공놀이」가 처음은 아니었다. 이마놀 우리베Imanol Uribe가 「부르고스 재판El proceso de Burgos」을 개봉했을 때 상영관에 폭탄을 설치하겠다는 우파 그룹의 협박을 받았었다.

구했다. 그러나 다큐멘터리에 증인으로 참여하기도 했던 사회노동당 소속 산세바스티안 시장 엘로르사Od Elorza는 메뎀의 의도를 옹호하며 상영을 강행했다. 정작 영화와 관련된 최대의 소란은 2004년 1월 고야상 시상식에서 벌어졌다. 「바스크 공놀이」가 다큐멘터리 부문 최고상을 수상하자 에타 희생자 협회 AVT la Asociación Víctimas del Terrorismo는 격렬한 시위를 벌였다. 그들은 '바스크 아첨꾼: 관자놀이에 박힌 총알El pelota vasco: la nuca contra la bala'이라는, 영화 제목을 패러디한 현수막을 내걸고 메뎀에게 주는 상을 철회할 것을 요구했다. 이렇게 영화에 대해 반대가 거세지자 당황한 메뎀은 「S.O.S.」라는 제목의 성명서를 발표하고 "바스크 갈등의 가장 심각한 문제는 에타이며, 테러에 대한 나의 거부는 단호하고 테러의 희생자를 향한 나의 연대와 인간적 지지는 절대적이다"라고 선언해야 했다.[21] 그러나 「바스크 공놀이」가 바스크 문제를 공론화시켜 해결의 실마리를 모색해보자는 것이었다는 메뎀의 의도를 알아주는 사람은 거의 없었다.

초기 작품에서 바스크 정체성에 대한 비판적 성찰을 통해 스페인 관객 전체에 소구하는 작가감독으로의 위치를 공고히 하고자 했던 메뎀의 전략은 이해할 수 있다. 그러나 바스크 정체성과 스페인 정체성이 갈등을 빚고 있는 상황에서 조금이라도 바스크 정체성에 대해 우호적인 태도를 보이는 것은 상당히 위험한 일이었다. 지역 정체성과 국가 정체성이 모순적인 위치에 있는 스페인의 특수한 상황은 미묘한 갈등을 불러올 수 있었기 때문이다.

---

21) Julio Medem, "S.O.S.," *El Mundo*, 29 de enero de 2004.
http://www.elmundo.es/elmundo/2004/01/30/cultura/1075465654.html

젊은 세대의 고독과 고통

바스크성에 대한 성찰 외에 메뎀의 영화를 관통하는 중요한 모티프는 젊은 세대의 고독이다. 작가 개인이 투영된 젊은 세대는 고독에 시달리는데, 이는 부모 세대의 사랑과 보호로부터 단절되어 있기 때문이다. 스페인의 전통 사회를 상징하는 부모 세대는 이기심과 충동적인 욕망에 휘둘림으로써 가정을 파괴하고 자녀 세대를 보호하지 못한다. 이 때문에 스페인의 젊은 세대는 고독을 견디며 자신들의 운명을 스스로 개척해야 할 상황에 놓여 있었다.

첫 작품 「암소들」에서 젊은 세대는 선조들이 만들어놓은 근친상간의 덫으로 퇴행하는 우를 범했지만, 그 이후의 작품에서는 젊은 세대들이 불행한 운명을 넘어서는 용기와 희망을 보여준다. 「붉은 다람쥐」는 기억상실증을 매개로 벌어지는 한 남녀의 교묘한 두뇌 싸움과 사랑을 다룬다. 첫 신에서 전직 록그룹 가수 J는 애인에게 실연당한 후 다리에서 투신하려 들고, 폭력적인 마초 남편으로부터 시달리던 소피아는 오토바이를 타고 도망치고 있다.

다리 위에서 자살하려고 하지만 용기가 없어 주저하던 J는 오토바이를 타고 가던 젊은 여성이 다리 밑으로 추락하는 사건을 우연히 목격한다. 그녀가 누워 있는 현장으로 달려간 그는 이 젊은 여성이 기억을 잃어버렸다는 것을 알고는 그녀의 애인 행세를 하며 리사라는 이름을 붙인다. 한편 폭력적인 남편으로부터 도망치고 있던 소피아는 이내 기억을 되찾았음에도 불구하고 계속 기억상실증에 걸린 사람처럼 연기하며 J가 부과한 리사라는 역할을 수행한다. 새로운 역할이 이

전의 삶보다 행복했기 때문이다. 하지만 소피아를 찾아 헤매던 남편이 그녀와 J가 함께 지내던 바스크의 야영장으로 찾아옴으로써 거짓 애인 행세는 들통이 나고 J는 소피아의 남편과 결투를 벌이게 된다. 그들의 결투는 우스꽝스러운 추격전으로 이어지고 남편은 사고로 죽는다. 소피아는 마드리드로 떠나버리지만 나중에 찾아온 J를 받아들이면서 영화는 해피엔딩으로 끝난다.

「붉은 다람쥐」에는 스페인 전통 사회의 남녀 관계를 비판하는 정치성이 도사리고 있다. 이 영화에는 두 가지 사례의 부부 관계가 제시되는데 ─ 소피아 부부 그리고 야영장의 택시 운전수 부부 ─ 양쪽 모두의 경우에서 아내들은 폭력적이고 마초적인 남편에게 억압받는다. 소피아가 J가 부과한 리사라는 정체성을 순순히 받아들이고 연기하는 것 역시 남편과의 결혼 생활에서 얻은 트라우마 때문이고 또한 J가 남편보다 덜 마초적이기 때문이다. 그래서 소피아는 남편과의 관계에서와 달리 J와의 관계에서 매우 능동적이고 적극적인 면모를 드러낸다. 소피아와 J 앞에 나타난 남편은 아내에 대한 자신의 사랑을 증명한다며 자신의 볼을 가위로 베어내는 엽기적인 행각을 벌인다. 결국 두 사람 중에서 덜 마초적인 J가 소피아의 선택을 받는다.

부모 세대의 잘못이 아이들을 고독과 불행 속으로 몰아넣는다는 메뎀의 세계관은 「북극권의 연인들」에서 좀더 확실하게 표현된다. 3대에 걸친 인물들의 인연을 재현하는 이 영화에서 첫번째 세대는 스페인 내전의 비극적인 사건인 게르니카 마을 폭격으로 인연을 맺는다. 내전 당시 바스크의 게르니카 마을을 폭격하러 왔다가 숲 속에 불시착한 독일군 조종사 오토를 한 바스크인이 구해준다. 그리고 조종사 오토는 폭격으로 가족을 잃은 스페인 여자 크리스티나와 결혼한다. 비록

「붉은 다람쥐」에서 J와의 관계를 통해 가부장적인 남편에게서
도망가려는 소피아(엠마 수아레스). (Courtesy of Julio Medem)

전쟁의 화마 속에서 악연으로 만났지만 이들은 인도주의로 결합했다. 독일인 조종사를 구해준 바스크인의 아들 알바로는 독일인 여자와 결혼하는데, 이것이 두번째 세대의 한쪽으로서 오토의 부모들이다. 다른 한쪽은 독일인 조종사 오토와 바스크 여자 사이에서 또 다른 알바로가 태어나는데, 스페인의 방송국에서 일하던 그는 어느 날 유부녀 올가(아나의 엄마)와 사랑에 빠진다. 이 세대는 첫번째 세대와 달리 사랑보다는 이기심에 의해 조종당한다. 그들은 진실한 사랑을 이어가지 못하고 결혼과 이혼을 반복하며 그들 자신의 소외와 외로움을 자초할 뿐 아니라 다음 세대를 불행하게 만든다. 이 영화의 주인공인 오토와 아나가 세번째 세대이다.

오토는 독일인 어머니와 스페인인 아버지 사이에서 태어났지만 부모가 이혼함으로써 정신적인 방황을 겪는다. 아나는 어릴 적 아빠가 교통사고로 사망하여 아빠 없이 자라게 되고 아빠를 그리워한다. 초등학교 운동장에서 축구공이 바깥으로 튀어나간 바람에 우연히 만난 오토와 아나는 보자마자 서로를 좋아하게 된다. 부모의 이혼으로, 그리고 아빠의 죽음으로 정신적인 충격에 빠져 있던 두 아이는 부모를 대체해줄 존재로 서로를 선택한 것이다. 그러나 오토의 구애는 엉뚱하게도 이들의 부모인 알바로와 올가를 연결시켜주는 계기가 되고 두 사람이 동거에 들어감으로써 의붓남매가 된 오토와 아나는 졸지에 근친상간적 관계가 된다. 그래서 두 남매는 밤마다 창문을 넘어 비밀스런 사랑을 나눈다. 아나를 사랑하게 된 오토는 결국 어머니와 살던 집을 떠나 아버지와 새엄마, 아나가 사는 집으로 거처를 옮기는데, 이 선택은 독일인 어머니의 죽음을 가져온다. 이에 죄책감을 느낀 오토는 집을 떠나 방랑 생활을 하게 되고, 두 연인은 긴 시간 떨어져 살면서 행복하지 않은 시간을 보낸다.

오토의 아빠와 동거하던 아나의 엄마는 다른 남자를 만나면서 집을 떠난다. 혼자 남겨진 오토의 아버지는 쓸쓸하게 지내는데, 어느 날 오토가 집에 찾아오자 아들의 뺨을 때리며 자신의 삶을 망쳐놓았다고 아들을 탓한다. 또한 아나가 찾아왔을 때도 오토와 아나의 금지된 사랑 때문에 올가가 자신을 떠나버렸다며 결별의 이유를 아이들 책임으로 떠넘긴다. 이렇듯 기성세대는 자신들의 불화로 아이들에게 상처와 고독을 남겼지만 오히려 책임을 전가한다.

어릴 적 아나를 향해 종이비행기를 날리던 오토는 우편물을 배달하는 비행기 조종사가 된다. 아나는 사랑하지 않는 사람과의 동거 생활을 청산하고 핀란드의 북극권 마을로 가서 오토를 기다린다. 그들은 사랑의 영원함을 믿는데, 이들이 만나기로 한 북극권은 원circle의 이미지로서 실제로 아나의 방에는 북극권의 선이 지나간다. 이들의 이름이 앞으로 읽으나 뒤로 읽으나 똑같은 것이라는 점에서도 이들의 존재는 영원을 상징한다고 할 수 있다. 안타깝게도 아나는 오토를 만나기 직전 버스에 치여 죽는다. 그러나 쓰러진 아나에게 오토가 달려갔을 때 아나의 눈동자에는 오토의 얼굴이 들어와 박힌다. 이 장면은 일견 비극적인 엔딩으로 보이지만 전혀 비극적인 톤으로 그려지지 않는다. 오히려 사랑의 영원함을 말하는 것일 수 있다. 오토는 이미 어릴 적 아빠와의 대화에서 죽음이 끝은 아니라는 것을 말했으며, 마지막 시퀀스의 제목은 의미심장하게도 "아나의 눈 속에 있는 오토Otto en los ojos de Ana"이기 때문이다.

상업적인 고려보다는 작가 자신의 주관적 감성을 투영시킨 데다가 시사회에 왔던 관객들이 결말의 비극적 엔딩에 대해 불만이었기 때문

「북극권의 연인들」에서 청년기의 오토(펠레 마르티네스)와 아나(나흐와 님리).
(Courtesy of Julio Medem)

에 메뎀은 이 영화의 성공을 기대하지 못했다고 한다.[22] 그러나「북극
권의 연인들」은 비평적으로나 상업적으로 큰 성공을 거두었고 메뎀을
일약 흥행 감독의 반열에 올려놓았다.

여러 인물의 인연이 마술적으로 얽혀 있는 메뎀 특유의 플롯으로
구성된「루시아와 섹스」에서도 젊은 세대는 기본적으로 고독하다. 중
심인물인 소설가 로렌소는 어릴 적 가족에 대한 트라우마를 간직하고
있다. 엄마는 아빠를 떠나버렸고 그를 키우던 아빠마저 괴한의 칼에
찔려 죽었다. 이렇게 가족이 붕괴된 상황은「북극권의 연인들」에서
오토와 아나가 맞은 상황과 유사하고 그렇기 때문에 로렌소 역시 여
자들과 정상적인 관계를 맺지 못하고 고통 속에 빠져 있다. 로렌소와
관계를 맺는 다른 여자들 역시 모두 독립적인 삶을 살아가는 외로운
개인들이다.

「혼란스러운 아나」(2007)는 제목에서도 보이듯이 아나라는 신비로
운 여성 인물을 내세워 그녀의 이야기를 풀어간다. 아나 역시 메뎀 영
화에 등장하는 많은 젊은 세대 인물처럼 사랑 속에서 고통스러워한
다. 그리고 그녀에게 고통의 원인을 제공한 장본인들로 윗세대가 지
목되는데, 여기에서 윗세대의 잘못은 세계사적인 맥락에서 인류가 저
지른 폭력이다. 이 영화의 프롤로그는 영화 전체 서사에 대한 메타포
로서 매가 비둘기의 눈을 파먹고 그 장면에서 사람들은 전율을 느낀
다. 메뎀 감독은 이 영화에서 인류적 스케일의 폭력성을 지적하기 위
해 주인공인 아나를 문명에 물들지 않은 원시적인 상태의 인물로 설정
한다. 그녀는 지중해 이비사Ibiza 섬의 한 동굴에서 아버지와 함께 원

---

22) Rob Stone, *Julio Medem*, p. 150.

시적인 삶을 살아가고 있다. 그녀는 혼자서 그림을 그릴 뿐 학교에도 다니지 않으며 이따금씩 벌거벗은 채 바다에서 수영하는 것을 즐기는 현대의 원시인이다. 아나와 아버지는 아나가 그린 그림을 시장에 내다 팔아서 생활을 영위하고 있다. 어느 날 시장에서 그녀의 그림을 눈여겨본 예술 후원자 저스틴 여사의 눈에 띈 아나는 아버지만 남겨둔 채 여사가 운영하는 마드리드의 예술인 공동체로 오게 된다.

마드리드에서 아나는 여러 남성의 성적 유혹을 받지만 예술인 공동체에서 아랍 베르베르족 출신의 사이드를 알게 되고 그와 사랑에 빠진다. 베르베르족은 가부장 중심의 아랍 사회에서 유일하게 가모장 부족으로 다른 아랍 국가에 의해 학대받고 몰살당한다. 사이드는 출생 직후 부모의 얼굴도 모르는 채 수용소에 넘겨지고 방랑 끝에 스페인에 와서 아나를 만난 것이다. 그는 그녀와의 열정적인 사랑에도 불구하고 고통에서 헤어나지 못하는데, 그러다 결국 아나를 떠난다. 아나 역시 알 수 없는 고통에 시달리자 고통의 원인을 찾고자 최면술사가 동원된다. 최면 속에서 아나는 베르베르족의 수용소에서 아이를 낳고 아이를 군인들에게 빼앗긴다. 놀랍게도 그 아이는 사이드이다. 결국 아나와 사이드의 사랑이 이루어지지 못하고 고통을 받게 된 것은 부모 세대에 있었던 아랍인들 사이의 반목 때문이라는 것이 말해진다.

아나는 친구 아버지의 배를 타고 미국으로 향한다. 미국에도 따라온 저스틴 여사와 최면술사는 아나를 인디언 보호 구역으로 데리고 간다. 2000년 전의 해골을 집어 든 아나가 매우 고통스럽게 자신의 이름을 말하자, 저스틴 여사는 그 해골이 스물두 살에 죽은 아나의 것이라고 일러준다. 이로써 아나는 아메리카 원주민의 분신이 된다. 아메리카 인디언은 유럽 문명의 폭력으로 인해 희생된 존재라는 점에서 아나의 동화同化가 설명된다. 11장으로 이루어진 이 영화의 마지막 장에서 아나는 뉴욕의 최고급 레스토랑에서 웨이트리스로 일하고 있다. 하루는 이 식당에 이라크 전쟁을 일으킨 미국의 고위 관료가 식사하러 온다. 그가 아나를 유혹하자 그녀는 그를 능욕할 계획을 세운다. 그녀는 계획대로 통쾌한 복수를 완수하지만 아나는 그로부터 무자비한 폭력을 당한다.

이 영화에서 아나는 순수하고 해맑은 젊은 세대 그리고 자연을 상징한다. 그에 비해 인류의 역사인 문명은 폭력으로 점철되어 있다. 그래서 아나는 문명의 세계로 나가 한없이 고통을 받는다. 그런 면에서 아나는 프롤로그에서 눈이 파먹힌 비둘기처럼 인류의 폭력으로 고통받는 소외된 존재를 상징한다. 「북극권의 연인들」에서도 북극권의 자연과 백야의 이미지가 젊은 세대의 순수함을 상징했듯이, 이 영화에선 아나라는 인물 자체가 문명에 때 묻지 않은 순결한 존재를 상징한다. 그런 면에서 메뎀 감독은 윗세대, 더 나아가 인류 문명의 폭력성이 젊은 세대의 고통과 고독을 불러왔다고 보는 듯하다. 그렇다고 해서 새로운 세대에 의해 사회와 인류가 정화될 것이라고 낙관적으로 볼 수도 없다. 「북극권의 연인들」이나 「혼란스러운 아나」에서 젊은 세대는 현실을 바꿀 인물들이라고 보기에는 지나치게 신비화, 낭만화되어 있기 때문이다.

메뎀 영화의 섹슈얼리티

메뎀의 영화에서 성적인 것은 매우 중요한 부분을 차지한다. 연령과 성별에 관계없이 성은 많은 인물을 이끄는 동력이 된다. 그래서 그의 영화에는 항상 성적인 것에 대한 탐구가 도사리고 있다. 그중에서도 「대지」(1996), 「루시아와 섹스」(2001), 「로마의 방Habitación en Roma」 (2010)에서 메뎀 감독은 성적인 욕망의 문제를 본격적으로 논의의 장에 꺼내놓고 있다.

「대지」는 성의 문제에 대한 그의 복잡한 생각이 담겨 있는 다소 철학적인 작품이다. 이 영화는 설정 자체도 특이한데, 주인공인 앙헬은 반은 죽은 사람이고 반은 산 사람이다. 즉 이 영화에는 '천사'라는 그의 이름이 의미하듯 우주에 속한 천사로서 앙헬이 등장하고, 대지에 속한 인간 앙헬이 등장한다. 이 인물이 심적인 갈등에 휩싸일 때면 화면에는 두 명의 같은 사람이 등장하는데, 보통 사람들의 눈에는 우주에 속한 천사 앙헬은 보이지 않는다.

지질 소독 전문가인 앙헬(카르멜로 고메스)은 쥐며느리를 박멸해달라는 요청을 받고 한 산골 마을에 도착한다. 그 마을은 와인을 생산하는 곳인데 쥐며느리가 대규모로 번식하여 몇 년 전부터 와인에서 흙맛이 나기 때문이다. 마을에 온 앙헬은 상반된 타입의 두 여성을 만난다. 한 명은 가부장적인 남편 밑에서 아버지와 딸을 돌보며 헌신적으로 살아가는 앙헬라(엠마 수아레스)이다. 그녀는 매우 순종적이고 여성적인 '착한 여자'이다. 또 한 명은 성적 욕망에 솔직해 마을의 여러 남자와 관계를 맺고 있는 마리(실케)이다. 그녀는 앙헬라와 달리 매우 당돌하고 적극적인 이른바 '나쁜 여자' 타입이다. 두 여성은 모두 앙헬을 좋아하게 된다.

문제는 앙헬이 두 여자 사이에서 갈등하고 있다는 것이다. 우주에 속한 앙헬은 앙헬라를 좋아하고, 땅에 속한 앙헬은 마리에게 끌린다.

그래서 앙헬이 각각의 여자와 함께 있을 때면 두 명의 앙헬은 서로 상반된 행동을 하며 싸운다. 앙헬라의 가부장적 남편이 벼락을 맞아 죽은 것은 천사 앙헬에게는 그녀를 차지할 수 있는 기회가 된다. 앙헬이 소독 작업을 끝내고 마을을 떠나기 전날 바에 갔을 때 마리와 앙헬라가 같이 나타나자 두 명의 앙헬은 각각 다른 여자에게로 가서 그녀들과 사랑을 속삭인다. 이윽고 마리와 함께 그녀의 집에 도착한 앙헬은 열정적인 사랑을 나눈다. 하지만 샤워 욕조에 들어서는 순간 그녀는 앙헬라로 바뀌어 있다.

이렇게 한 사람이 상반된 행동을 보이는 두 인물로 나뉘는 설정을 통해 메뎀 감독은 이성적인 사랑과 육체적인 욕망 사이에서 갈등하는 인간을 표현하고자 한 것으로 보인다. 결국 두 명의 앙헬은 자신이 좋아하는 여자를 택한다. 대지의 앙헬은 마리와 함께 떠나게 되고, 우주의 앙헬은 앙헬라와 그녀의 딸과 함께 살기 위해 그녀의 집에 남는다. 여기에서 감독은 두 가지 선택에 모두 지지를 보내는 것 같지만 대지의 앙헬이 더 중심적인 인물이었다는 점 그리고 마지막 신이 그와 마리가 바닷가에 도착하여 행복을 나누는 장면이라는 점에서 감독은 육체적 욕망에서 비롯된 사랑에 더 큰 비중을 두고 있는 듯하다. 메뎀이 이후 작품들에서 성적 욕망에서만 기인한 사랑에 부정적인 입장을 취하는 것에 비하면 다소 예외적인 부분이다.

2001년 작 「루시아와 섹스」는 제목이 나타내듯 성적인 것에 대한 감독의 생각이 잘 드러나 있는 작품이다. 「북극권의 연인들」의 예상치 못한 성공으로 메뎀은 다음 작품에서 많은 투자를 받을 수 있었고, 전작보다 10배나 더 많은 4백만 유로의 예산으로 「루시아와 섹스」를 제작할 수 있었다. 이로써 소박하게 찍으려던 원래의 계획을 변경하여

「대지」에서 쥐며느리 박멸을 위해 마을에 온 앙헬(카르멜로 고메스).
(Courtesy of Julio Medem)

「루시아와 섹스」에서 진정한 사랑의 승리자 루시아(파스 베가).
(Courtesy of Julio Medem)

더 복잡한 플롯을 짰고 기술적으로도 세련된 작품을 만들게 되었다. 기본적인 서사는 소설가 로렌소와 여성 세 명과의 관계로 이루어진다. 로렌소는 6년 전 지중해의 작은 섬에서 서로 이름도 밝히지 않은 채 한 여자와 수중 성관계를 갖는데, 그녀가 엘레나(나흐와 님리)이다. 엘레나는 생애 최고의 섹스였다며 환호성을 지르지만 메뎀 감독은 이런 익명적 섹스를 지지하지 않는다. 섹스 신은 임신 테스트기를 확인하며 눈물을 흘리는 엘레나의 신으로 연결되고 그녀는 미혼모가 된다. 아이의 아버지를 찾으러 마드리드의 거리를 헤매기도 했던 엘레나는 한 남자를 만나 정착하지만 부부가 집을 비운 사이 그녀의 딸은 개에게 처참하게 물려죽는다. 이 충격으로 엘레나는 다시 섬으로 돌아가 펜션을 운영하며 고독한 삶을 살게 된다.

엘레나와 시종일관 대비되는 사람은 루시아(파스 베가)이다. 가죽 재킷에 청바지를 입은 채 오토바이를 타는 그녀의 당당한 태도는 자기 세계에 침잠해 있는 듯한 엘레나와 대비된다. 식당의 웨이트리스로 일하는 루시아는 로렌소가 쓴 소설을 다 읽고 그를 흠모한다. 그리고 그를 우연히 바에서 만났을 때 대담하게 그를 사랑하고 있으며 같이 살고 싶다고 털어놓는다. 당황한 로렌소는 담뱃갑을 뜯으며 손을 떨지만 이내 루시아의 미모에 반해 커플이 되기로 한다. 루시아의 입장에선 로렌소를 충분히 알게 된 후의 사랑이지만 루시아를 처음 본 로렌소의 입장에선 또 한 번의 모험적인 사랑일 뿐이다. 진정한 이해가 바탕이 되지 않은 쾌락만을 좇는 섹스에 대해 부정적인 메뎀 감독은 이들을 시련 속으로 몰아넣는다.

루시아와 동거하며 소설을 쓰던 로렌소는 어느 날 공원에서 벨렌(엘레나 아나야)을 만난다. 베이비시터인 벨렌은 놀랍게도 마드리드에 온 엘레나의 딸을 돌보고 있다. 로렌소는 벨렌이 돌보는 아이가 자신의 딸인지도 모르는 채 벨렌에게 성적으로 빠져든다. 엘레나 부부가 집을 비우자 벨렌은 자신이 일하는 집에 로렌소를 초대한다. 저녁 식사 자리에서 벨렌은 로렌소에게 직업을 물어보지만 로렌소는 답을 회피한다. 그리하여 또 한 번의 익명적 섹스가 이루어지고 이것은 참담한 결과로 이어진다. 그들이 섹스를 벌이는 동안 사나운 개가 아이를 물어 죽인 것이다. 이 충격으로 벨렌은 자살을 기도했다가 실패하고 병원에 입원한다. 딸을 잃은 엘레나는 실의에 빠져 다시 섬으로 간다.

벨렌과 얽힌 성적 관계를 소설로 쓰고 있던 로렌소는 미친 섹스의 광기를 이기지 못하고 거의 폐인이 되는데, 그러다 사고를 당하고 병원에 입원한다. 갑자기 사라진 로렌소를 찾고자 루시아는 그가 자주 말하던 섬으로 찾아가고 거기에서 엘레나를 만나 친구가 된다. 엘레나와 루시아가 있는 섬에 로렌소가 찾아옴으로써 얽히고설킨 모든 인연이 밝혀진다. 엘레나는 로렌소를 만나자 서럽게 흐느낀다. 이것은 영화의 초반부에서 밝은 달 아래 섹스의 기쁨을 말하던 장면을 상기시키며 감정적 소통이 없는 섹스의 허망함을 보여준다. 그에 비해 루시아는 마지막 신에서 눈부신 창가에서 한줄기 햇살에 대한 노래를 흥얼거리고, 로렌소는 뒤에서 그녀를 껴안는다. 이로써 영화 제목의 주인공이기도 한 루시아는 확실한 사랑의 승리자가 된다. 이제는 로렌소도 루시아를 잘 알게 되었고, 그녀를 인격체로서 좋아하게 되었기에 이들의 사랑은 일회성이 아니라 공고할 것임을 예고한다. 이렇듯 「루시아와 섹스」는 과감한 성적 묘사의 이면에 보수적인 성 의식을 바탕으로 한 작품이다.

섹스와 사랑에 대한 메뎀 감독의 생각이 잘 드러난 또 하나의 작품은 「로마의 방」이다. 전작이었던 「혼란스러운 아나」의 흥행 실패로 투자자를 찾기 어려웠던 메뎀은 많지 않은 제작비로 「로마의 방」을 만든다. 그러나 호텔 방 하나와 배우 세 명만으로도 놀라운 연출력과 미적 감각을 통해 아름답고 성찰적인 작품을 만들어내는 수완을 발휘한다. 이 작품에서 감독이 들고 나온 것은 동성애인데, 이미 메뎀은 「붉은 다람쥐」에서도 비록 주변적인 주제이긴 했지만 이기적인 이성애에 대비되는 사랑으로 동성애를 제시한 바 있다.

이 영화의 플롯은 로마에서 우연히 만난 스페인 여성과 러시아 여성이 호텔 방에서 날이 밝을 때까지 하룻밤을 지내는 이야기이다. 엔지니어인 스페인 여성 알바(엘레나 아나야)는 로마에서 열린 대안 연료 기계 박람회에 온 것이고, 테니스 선수인 러시아 여성 다샤(나타샤 야로벤코)는 결혼을 앞두고 쌍둥이 동생과 여행 온 길이다. 다샤는 동생과 말다툼 끝에 밤에 호텔을 나왔다가 우연히 알바를 만난 것이다. 메뎀은 이미 여러 영화에서 이런 즉흥적 만남에서 연유된 섹스를 지지하지 않음을 표명한 바 있다. 그래서 이 영화는 익명적 관계로 만난 두 사람이 탐색과 위장, 주저와 고백의 과정을 통해 완전히 소통하게 되는 과정을 보여준다.

각자의 로마 여행에서 마지막 밤을 맞은 그들은 서로에게 매력을 느끼고 취하도록 술을 마셨다. 알바의 호텔 앞으로 간 그녀들은 알바가 방에 올라가서 한잔 더 하자고 권하자 다샤는 그냥 가겠다며 실랑이를 벌인다. 알바에게 끌리면서도 그녀가 레즈비언인 것에 경계심을 갖는 것이다. 그러다 결국 두 사람은 방으로 들어가고 이렇게 호텔 방에서의 마지막 밤이 시작된다. 두 사람은 테라스에서 키스하고 다샤는 자신이 한 여자를 욕망의 눈으로 쳐다본 것이 처음이라고 고백한다. 자신은 레즈비언이 아니면서도 여자를 욕망하고 있는 것에 다샤는 갈등한다. 메뎀 감독은 이렇게 성적 취향을 정체성이 아닌 수행의 차원으로 제시하고 있다. 즉 이성애자, 동성애자라는 정체성을 넘어 누구든 상황에 따라 성적 욕망이 다르게 발현될 수 있음을 말하는 것이다.

두 사람은 바에서 처음 만났을 때부터 익명적 만남의 코드에 따라 자신들의 이야기를 털어놓지 않았었다. 심지어 다샤는 나타샤라는 가명을 쓰고 있었다. 하지만 호텔 방에서 시간을 보내며 그녀들은 서서히 각자의 마음을 털어놓기 시작한다. 메뎀 영화의 다른 젊은 세대 주인공들과 마찬가지로 두 사람 또한 비극적인 가족사를 간직하고 있다. 알바의 엄마는 열여섯 살 때 사우디의 부호를 만나 그의 성으로 가서 호화롭게 살았지만 출산 후의 학대가 두려워 그리스로 탈출하여 알바를 낳았다. 그 후 어렵게 살던 알바는 자신의 레즈비언 성향을 깨닫고 어린 아들을 둔 바스크 여인을 만나 그녀와 살고 있다. 하지만 알바와 바스크 여인이 같이 있는 사이 그녀의 아들이 불의의 사고로 죽는 일이 발생했고 알바는 그에 대해 죄책감을 느끼고 있다.

한편, 러시아 여성 다샤에게는 쌍둥이 동생이 있었는데 엄마가 열세 살 때 죽자 그때부터 아빠는 쌍둥이 동생 사샤를 성폭행하기 시작했고, 다샤 역시 그 광경을 보면서 성적인 환상을 느꼈다고 했다. 그리고 자신이 결혼하려는 남자가 사실은 동생과도 이미 관계가 있었다는 사실을 알게 되었다는 것이다. 알바에 비해 전통적 젠더 관념의 소유자인 다샤는 결혼할 남자가 자신의 동생과 부적절한 관계를 가졌음에도 불구하고 알바와의 관계에 대해 죄책감을 느낀다. 그리고 알바와의 관계에서 주저함을 보이지만 결국 알바의 진실에 감동하여 그녀를 받아들인다. 날이 밝았을 때 두 사람은 이전의 모든 것을 버리고 함께 살아가기로 결심한다.

이러한 서사를 통해서 보듯 이 영화에는 사랑과 섹스에 대해서뿐만 아니라 젠더 문제에 대해서도 메뎀의 철학이 분명히 드러나 있다. 알모도바르만큼이나 가부장적인 남성성에 반감을 표현해왔던 메뎀 감독은 이 영화에서 성적 관계를 넘어서는 여성들의 진실한 유대를 재현해낸다. 알바와 다샤는 처음엔 성적 욕망에 끌렸으나 밤을 같이 지내며 모든 비밀을 공유하게 되고 진실한 유대감을 느낀다. 이들의 관계는 여성 학자 에이드리엔 리치가 설명한 레즈비언 연속체Lesbian continuum의 개념과 유사하다. 이 개념은 강제적 이성애에 기반을 둔 가부장주의의 횡포에 대항하여 동성 간의 성적 욕망을 넘어서 여성들이 다양한 형태로 결속하는 것을 의미한다.[23] 실제로 알바와 다샤의 결속에는 각자 남성들로부터 받은 상처가 도사리고 있다. 그래서 두 사람은 그날 밤 자신들의 관계에 남성이 개입하는 것을 거부한다. 그녀들이 침대 시트를 걷어서 내건 흰색 깃발은 여성들의 유쾌한 승리를 의미한다. 이렇게 메뎀 감독은 서구 문명의 전통이 시작된 로마를 배경으로 매우 급진적인 페미니즘의 메시지를 내보이고 있다.

---

23) Adrienne Rich, *Compulsory Heterosexuality and Lesbian Existence*, Denver: Antelope Publications, 1982.

10장
사회 문제를 향한 여성 감독의 시각
― 이시아르 보야인

세계화 시대에 수도 고지서를 태우고 경찰에게 돌을 던지는 건
현대성에 대한 피해망상 때문입니다.
― 「빗물마저도」

    다른 유럽 국가에 비해 스페인에서 여성 작가감독의 본격적인 등장
은 다소 늦은 시점에 이루어졌다. 그것은 무엇보다도 1975년까지 프랑
코 독재 시대를 겪으면서 스페인에서 여성 인권에 대한 자각이 늦었
고, 여성의 사회 활동 참여율도 매우 낮았기 때문이다. 1980년대까지
스페인 영화계에서 한 편이라도 영화를 만든 여성 감독은 총 12명에
불과했다. 이것은 내전 이전에 주로 활동했던 로사리오 피Rosario Pi
(1899~1968), 프랑코 시대에 활동했던 아나 마리스칼Ana Mariscal
(1921~1995), 마르가리타 알렉산드레Margarita Alexandre(1923~) 등
초창기 감독들을 합친 숫자이다. 그러나 민주화 시대 스페인 사회의
급속한 변화를 반영하듯 1990년에서 1998년 사이에만 무려 27명의 여
성 감독이 데뷔했다.[1]

---

1) José María Caparrós Lera, *Historia del cine español*, Madrid: Cátedra, 1995, p. 219.

이들 중에서 이시아르 보야인Icíar Bollaín은 이사벨 코이셰Isabel Coixet와 함께 가장 개성 있는 작품을 만든 감독이다. 물론 대표적인 여성 감독으로는, 사회노동당 정부가 들어선 직후 영화진흥국장을 맡아 이른바 '미로법'을 만들었던 스페인 영화계의 여걸 필라르 미로Pilar Miró가 있지만 미로는 자신만의 독창적인 세계를 보여주지 못했다. 이런 점에서 스페인이 민주화된 시기에 교육을 받고 영화인으로서의 감수성을 키운 보야인은 스페인 영화계에 새롭게 나타난 여성 감독이라고 할 수 있다. 그리고 자신의 정신세계를 이루고 있는 고유한 관심사에 천착하여 시나리오 작업에서부터 촬영, 프로덕션에 이르기까지 영화 제작의 전 과정에 관여하며 자신의 스타일을 지켜가고 있다는 점에서 작가감독의 전형을 보여준다.

보야인은 1967년 마드리드에서 태어났다. 아버지는 바스크 출신의 기업인이었고 어머니는 음악 선생님이었다. 그녀는 열다섯 살에 빅토르 에리세의 「남쪽」에 캐스팅되어 연기자로 데뷔했다. 에리세는 그 당시 보야인을 발탁한 이유가 그녀의 연기력 때문이 아니라, 오히려 그녀의 병적인 수줍음이 극중 역할에 맞을 것이라고 보았기 때문이라고 했다.[2] 그 후 그녀는 켄 로치Ken Loach 감독의 「대지와 자유Land and Freedom」 등 여러 편의 영화에 출연했다. 이 영화들에서 보야인은 비록 주연은 아니었지만 관객들의 기억에 깊이 남는 인상적인 연기를 보여주었다. 또한 빅토르 에리세, 켄 로치 등 거장 작가감독들과 함께 작업해본 경험은 그녀가 훗날 감독으로 영화를 만드는 데 많은 영향을

[2] Juan Zavala, Elio Castro-Villacañas & Antonio C. Martínez, *Lo que yo te diga: el cine español contando con sencillez*, Madrid: Maeva Ediciones, 2007, p. 288.

주었으리라고 추측된다.

10대, 이주자, 여성

연기자로 활동하던 보야인은 감독이 될 것을 결심하고 '라 이구아나 La Iguana'라는 제작사를 세운다. 그리고 1995년 「안녕, 넌 혼자니?Hola. ¿Estás sola?」를 연출하여 감독으로 데뷔했다. 훌리오 메뎀과 함께 시나리오를 쓴 「안녕, 넌 혼자니?」는 두 10대 소녀가 겪는 정신적인 방황과 우정의 여정을 그린 작품으로 저예산의 독립영화임에도 새로운 주제와 참신한 표현 방식으로 스페인 평단에서 호평을 받았다. 아버지와 함께 사는 니냐(실케)는 아버지의 꾸중을 들은 뒤 무작정 집을 나온다. 그리고 자신과 비슷한 환경에 있는 트리니(칸델라 페냐)를 알게 된다. 말라가로 간 그들은 외국인 여행자들에게 봉사하는 일을 하다 여의치 않자 니냐의 어머니가 살고 있는 마드리드로 온다. 미용실을 운영하며 근근이 살아가고 있는 니냐의 엄마 마릴로는 갑작스럽게 들이닥친 딸을 보자 부담스러워한다. 이즈음 니냐는 러시아인 노동자 올라프를 알게 되어 그와 동거에 들어간다. 스페인어를 한 마디도 하지 못하는 올라프는 건설 현장에서 일하며 마드리드에서 극빈자로 살아가는 처지이다. 한편 트리니는 스페인 남자를 만나 사귀게 된다. 그들은 마릴로의 바 사업을 돕지만 결국 마릴로와 이익 분배를 두고 분란을 빚는다. 실망한 딸 니냐는 역시 마릴로가 자신의 어머니가 될 수 없음을 깨닫는다. 트리니와 니냐는 각각의 남자 친구와도 결별하게 되는데, 이들 모두의 위태롭고 불안정한 삶은 그들의 관계가

이시아르 보야인의 첫번째 작품 「안녕, 넌 혼자니?」는
두 10대 소녀의 방황과 우정을 그렸다. (Courtesy of La Iguana)

안정적으로 유지되도록 놓아두지 않는다. 결국 서사의 마지막에서 트리니와 니냐는 집을 나와 다시 길을 떠난다.

젊은 보야인 감독은 「안녕, 넌 혼자니?」에서 현대 스페인 사회를 살아가는 결손가정 소녀들의 정신적인 공황과 불안정한 심리를 여성 감독 특유의 섬세한 감수성으로 세밀하게 표현해내고 있다. 이 과정에서 부각되는 것은 세기말 스페인 사회의 소외 구조이다. 이 영화의 주인공인 트리니와 니냐는 1990년대 스페인 청소년의 심리 상태를 대변한다. 이들은 자유롭고 대범하지만 기성세대와 소통하지 못하고 기존의 사회적 규범에 적응하지 못한다. 그래서 마음 붙일 곳을 찾지 못하고 외롭게 방황한다. 결손가정의 증가로 인한 10대들의 애정 결핍, 부모와 자식 세대의 소통 단절, 외국인 관광객과 노동자의 대규모 유입으로 인한 사회적 정체성의 혼란 등이 이 영화의 배경으로 자리 잡고 있다.

보야인 감독은 1990년대에 급격하게 증가한 외국인 이민자들에 대해서도 주목한다. 그리고 스페인 사회의 일원인 이민자들을 포함하는 새로운 정체성을 만들어가야 한다는 것을 「외지에서 온 꽃들Flores de otro mundo」(1999)에서 말하고자 한다. 이 작품은 스페인의 농촌 남성과 외국 이주 여성의 결합 문제를 다룬 문제작이다. 지구화의 물결과 함께 스페인에도 아프리카, 라틴아메리카에서 이민자들이 몰려오지만, 일자리도 충분치 않은 데다 외국인들과의 동거에 익숙지 않은 스페인 사회는 많은 혼란을 겪는다. 따라서 이주민 문제는 1990년대 말부터 스페인 사회에서 가장 중요한 이슈로 부각되었다. 「외지에서 온 꽃들」은 흥미롭게도 스페인 농촌 남성과 이주민 여성의 결합을 다루고 있어 사회적 파장을 증폭시켰다. 전통적 농업국가인 스페인에서

「안녕, 넌 혼자니?」에서 니냐와 트리니는 버려진 아파트에서
러시아 이민자와 함께 살게 된다. (Courtesy of La Iguana)

「외지에서 온 꽃들」의 카르멜로-밀라디 커플.
카르멜로는 밀라디의 육체적 매력에 집착한다. (Courtesy of La Iguana)

도 젊은 세대의 이촌향도 현상은 심각한 문제여서 농촌의 작은 마을 엔 늙은 남자들만이 남아 있다. 그래서 영화 속 가상의 마을 산타에우 랄리아에서는 타지 여성들을 단체로 데려와 마을의 노총각들과 만남 을 주선하는 행사가 마련된다. 버스에서 내리는 여성들은 주로 라틴 아메리카 국가에서 온 여성들이지만 스페인의 대도시에서 온 여성들 도 있다.

타지에서 온 여성들과 마을 노총각이 어울리는 파티를 통해 다미 안-파트리시아, 카르멜로-밀라디, 알폰소-마리로시 커플이 맺어진 다. 다미안은 노모와 함께 사는 전통적인 가치관을 지닌 스페인 남성 이고, 파트리시아는 도미니카 공화국 출신의 자식 둘 딸린 이혼녀로 둘은 동거를 시작한다. 마을에서 비교적 윤택한 형편인 중년 남성 카 르멜로는 쿠바 출신의 젊은 여성 밀라디의 육체적 매력에 반해 그녀를 선택한다. 한편 알폰소는 빌바오에서 간호사로 일하는 중년 여성 마 리로시와 정기적으로 만난다.

영화는 다양한 환경 속에 놓인 세 커플이 어떻게 어려움을 극복해가 는지 또 어떻게 해서 결국 실패에 이르게 되는지 그 과정을 보여준다. 가장 관심이 집중되는 커플은 다미안(루이스 토사르)과 파트리시아 커 플이다. 다미안의 노모와 파트리시아의 아이들과 함께 3대로 이루어 진 다인종, 다문화 가정을 이루었기 때문이다. 이 다문화 가정은 세계 각지에서 몰려든 이민자와 공생하고 있는 현대 스페인 사회를 상징하 는 것이기도 하다. 예상대로 다미안의 노모는 다른 대륙에서 온 새 며 느리 파트리시아와 그녀의 아이들을 쉽게 받아들이지 못하고 고부 갈 등을 유발한다. 또한 파트리시아의 전 남편이 나타나자 다미안은 사 기 결혼을 의심하고 이들의 관계는 절체절명의 위기를 맞는다. 파트

「외지에서 온 꽃들」의 다미안-파트리시아 커플.
여러 악조건에도 불구하고 유일하게 성공한다. (Courtesy of La Iguana)

「외지에서 온 꽃들」의 알폰소-마리로시 커플.
서로의 직업을 버리지 못해 맺어지지 못한다. (Courtesy of La Iguana)

리시아 역시 농촌 생활에 적응하지 못하고 어려움을 겪는다. 그러나 이들은 모든 난관을 극복하고 영화의 마지막까지 유일하게 성공한 커플이 된다. 다미안-파트리시아 커플이 이러한 크고 작은 문제들과 직면하고 해결해가는 과정은 현대의 다문화 사회에서 문화적인 협상과 절합의 필연적인 과정을 의미한다.

카르멜로-밀라디 커플과 알폰소-마리로시 커플의 에피소드는 다미안-파트리시아 커플에 대한 반면교사로 읽힌다. 다미안과 파트리시아가 자연스러운 상호 교감으로 맺어진 데 비해 카르멜로와 밀라디는 외형적 조건에 이끌린 이해타산적인 결합이다. 카르멜로는 밀라디의 젊음과 육체적 매력에 반한 것이고, 밀라디는 카르멜로의 경제력을 탐한 것이다. 상호 교감이 결핍된 이 커플은 처음부터 부정적으로 비춰지고 끝내 파국을 맞고 만다. 사실 부유한 국가에서 경제력을 갖춘 농촌 중년 남성과 빈곤한 제3세계 젊은 여성의 결합은 우리나라에서 그렇듯 매우 흔한 모델이다. 오히려 아이가 둘 딸린 이혼 여성과 결합하는 다미안의 경우가 더 드물다. 그런 점에서 카르멜로-밀라디 커플을 부정적인 시각으로만 바라본 것은 이 영화 서사가 현실에 대한 반영보다는 다소의 이상주의에 경도되어 있음을 드러낸다고 할 수 있다.

농촌에서 화훼 농장을 운영하는 알폰소와 대도시에서 간호사로 일하는 중년 여성 마리로시의 경우는 이민자 커플은 아니지만 현대사회에서 흔한 '장거리 커플'이다. 이 중년 커플은 가장 순조로운 경과를 보이지만 결국 직업과 사랑 중에서 양자택일해야 하는, 유일하지만 중대한 문제를 넘어서지 못한다. 마리로시는 직업을 버리고 농촌으로 와서 살 자신이 없었고 알폰소 역시 농촌에서 하는 일을 접고 대도시에 갈 엄두가 나지 않았던 것이다.

단순한 구도를 설정함으로써 다소 비현실적인 대목이 있긴 하지만 「외지에서 온 꽃들」은 이민자 문제를 사회, 인류학적 측면에서 성실하게 파헤쳐간 수작이다. 최근 스페인 사회에 이민자가 가장 큰 사회적 이슈로 부각되면서 이에 대해 많은 영화가 만들어졌지만 대부분은 정치적 올바름에 기반을 둔 채 휴머니즘적인 접근으로 일관하고 있어 사실성이 떨어지는 반면, 「외지에서 온 꽃들」은 좀더 사실적이고 깊이 있는 문제의식을 보여준다고 할 수 있다.

사회 현실에 천착하는 작가감독으로서 보야인을 정점에 올려놓은 작품은 2003년 작 「내 눈도 가져가Te doy mis ojos」이다. 이 작품은 가정폭력이라는 다소 진부한 주제를 다루고 있음에도 당시 스페인 사회에 상당한 반향을 일으켰고 그 덕분에 7개 부문의 고야상을 수상했다. 이후의 진행을 충분히 예측할 수 있을 정도로 서사 자체는 전혀 새롭지 않다. 그러나 보야인은 가정폭력을 행사하는 사람의 병리적 심리, 폭력을 당하는 사람의 공포와 심리 상태를 세심하게 짚어가며 갈등의 과정과 필연적인 결말을 생생하게 묘사함으로써 관객들의 전폭적인 공감을 얻을 수 있었다.

스페인 전통 사회를 상징하는 고도古都 톨레도를 배경으로 진행되는 이 영화에서 가정주부인 필라르는 여러 번 병원 신세를 진 적이 있을 정도로 남편인 안토니오(루이스 토사르)로부터 심각한 폭력을 당해왔고, 어느 날 남편에게서 도망쳐 아들과 함께 친정에 와 있다. 안토니오는 아내(라이아 마룰)를 집으로 돌아오게 하기 위해 가정폭력 남성들을 치료하는 심리상담소에 다니며 나름대로 노력하고 있다. 필라르는 동생의 권유로 박물관에 취직하여 매표소 일을 하게 된다. 안토니오는 날마다 아내를 찾아가 선물을 안기고 자신이 변했다는 것을 강변하자 필라르도 마음이 조금씩 흔들리기 시작한다. 한 번은 부부 관계를 갖는 자리에서 필라르는 남편이 요구하자 자기 육체의 모든 것을 가져가라고 한다. 「내 눈도 가져가」라는 제목도 이 맥락에서 나온 것으로 가부장에 대한 필라르의 순종을 의미한다. 끝내 설복당한 필라르는 결국 다시 집으로 돌아간다.

예전의 생활로 되돌아오자 안토니오는 다시 야수성을 점점 드러내기 시작한다. 박물관에서 임시직으로 일하던 필라르는 그림을 설명하는 학예사가 될 기회를 얻는다. 아내의 직장 생활을 못마땅해하던 그는 아내가 사람들 앞에서 에로틱한 사연이 담긴 신화 그림을 설명하는 것을 보자 엄청난 스트레스를 받는다. 결국 어느 날 아침 아내가 학예사 시험을 보러 나가려고 할 때 그의 분노는 폭발하고 아내를 발가벗겨 발코니로 내쫓는다. 공포에 질린 필라르는 남편의 손아귀에 잡혀 오줌을 싼다. 씻을 수 없는 상처를 입은 필라르는 영원히 집을 떠난다.

마지막 시퀀스의 발코니 신은 스페인 영화사에 기록될 만한 충격적인 장면이었다. 처음부터 영화는 안토니오의 '폭발'을 예고하며 일촉즉발의 긴장감을 만들어왔다. 그런데 그 '폭발'은 아무도 예상하지 못한 기이한 방식으로 이루어진다. 폭력은 아무런 외상을 남기지 않았기 때문에 경찰이 개입할 근거를 주지 않았지만 필라르와 관객들에게 엄청난 공포와 수치심을 안겨준다.

가정폭력 문제를 다루면서도 단 한 번의 폭력만을 보여주는 「내 눈도 가져가」는 안토니오가 왜 폭력의 유혹을 이기지 못하는지, 필라르가 왜 다시 집으로 돌아가는지를 심리 분석극처럼 세밀하게 설명한다. 안토니오의 문제는 이미 자신에게 있는데, 그는 사회생활에서 사람들이 자신을 존중하지 않는다는 콤플렉스에 사로잡혀 있다. 그는

「내 눈도 가져가」에서 남편에게 눈을 준다고 말하는 필라르. (Courtesy of La Iguana)

「내 눈도 가져가」에서 동생에 대한 열등감으로 폭발하기 직전의 안토니오.
(Courtesy of La Iguana)

부모와 동생이 자신을 홀대한다고 여기고 있고, 가전제품을 파는 자신의 직업이 하찮은 일이라고 여긴다. 그래서 그는 아내마저 자신을 존중하지 않을까 두려우며 아내가 휴대폰을 꺼놓기라도 하면 다른 남자를 만나는 것으로 의심하고 불안해하는 의처증 증세를 보인다.

필라르는 가부장적 이데올로기에 세뇌된 가정주부의 전형이다. 가정을 지키는 것이 무엇보다 중요하기 때문에 그녀의 어머니처럼 남편에게 장기가 손상되도록 맞더라도 참아왔던 것이다. 그러나 직업을 얻게 되자 그녀는 달라진다. 남편의 불만에도 직업을 유지하던 그녀는 마지막 시퀀스에서 직장 동료들의 도움으로 짐을 싸서 집을 나오게된다. 마지막 신에서 집을 나서는 그녀가 이전과 달리 집으로 돌아올 것처럼 보이지 않는 것은 이제 직업이 있기 때문이다. 보야인 감독은 여성의 경제적 독립의 중요성과 여성들의 연대를 강조하고 있다.

가정폭력의 문제는 스페인 사회에서 한정된 사람들만의 문제가 아니라는 것이 「내 눈도 가져가」를 만든 보야인 감독의 시각이다. 이것을 보여주기 위해 감독은 상담소를 다니는 남자 그룹의 심리 치료 과정을 서사와 평행하게 병치시킨다. 안토니오는 이 그룹의 한 남자일 뿐이고 그의 사례만 영화에 소개되는 것이다. 다른 남자들 역시 나름대로 안토니오와 같은 사연이 있을 것이고 그것이 스페인 사회에 만연된 문제라는 게 감독의 기본적인 관점이다. 그리고 상담 치료를 받아온 안토니오가 끝내 자신의 정신적인 문제를 치유하지 못하고 또다시 원점으로 돌아간 것은 이 문제의 해결이 그리 간단하지 않다는 점을 말하고 있다.

「내 눈도 가져가」에서 남편 몰래 조심스럽게 출근하려는 필라르.
그러나 이내 남편에게 발각되고 수치스러운 폭력을 당한다. (Courtesy of La Iguana)

국가의 경계를 넘어서

스페인 사회 내에서 10대, 이주자, 여성 등 소외된 부분을 조명해온 보야인 감독은 2011년 개봉한 「빗물마저도Tambiên la lluvia」에서 이제 국가의 경계를 넘어 라틴아메리카의 문제에까지 나아가고 있다. 영화 속 영화의 구조로 이루어진 「빗물마저도」는 스페인 영화 촬영 팀이 남 아메리카 볼리비아에서 콜럼버스 정복대의 아메리카 수탈을 다루는 영화를 찍는 상황으로 시작한다. 영화감독 세바스티안(가엘 가르시아 베르날)은 아메리카 정복 시대에 스페인 원정대의 원주민 약탈에 분노 하며 제국에 맞선 몬테시노스 신부, 라스 카사스 신부의 이야기에 감 동을 받고서 이에 대한 영화를 만들기 위해 대규모의 촬영 팀과 함께 볼리비아의 코차밤바로 온다. 역사적 사실대로 하면 카리브 해의 산 토도밍고에서 촬영해야 한다. 하지만 원주민 엑스트라의 임금이 싼 볼리비아를 촬영지로 선택한 것이다. 역사 영화를 만들면서 촬영 장 소를 마음대로 바꿔 세계 영화 관객을 기만해온 할리우드 영화의 작업 스타일을 모방한 것이다. 스페인 촬영 팀이 만들려는 진보적 관점의 영화 역시 이러한 방식을 답습하는 아이러니를 보여준다.

지금까지 할리우드에서 만들어진 수십 편의 영화는 콜럼버스를 영 웅화해왔음에 비춰볼 때 세바스티안이 찍는 영화는 콜럼버스와 스페 인 정복대를 부정적으로 그리고 있는 진보적인 작품이 될 터였다. 그 의 영화에서 콜럼버스는 황금에 눈이 멀어 원주민들을 잔인하게 착취 한다. 사금을 채취해오도록 할당량을 주고는 그 양을 채우지 못하는 원주민들의 팔을 잘라버리고 명령에 복종하지 않는 원주민들을 십자 가에 매달아 화형시키는 잔인함을 보여준다.

단순히 영화 촬영을 위해 볼리비아에 온 스페인 촬영 팀은 뜻하지 않게 볼리비아인들이 직면하고 있는 삶의 문제 속으로 깊숙이 들어가게 된다. 그들은 영화의 원주민 역을 맡기기 위해 많은 수의 볼리비아인을 엑스트라로 고용했는데 이들에게 문제가 발생한 것이다. 볼리비아 정부는 코차밤바 시의 상수도를 미국 회사에 팔아넘겼고 그 여파로 수도요금이 대폭 오르게 되자 시민들은 빗물이라도 받아 먹으려고 한다. 그러나 빗물을 모으는 것까지 법으로 금지하자 이에 분노한 코차밤바 시민들은 정부에 대항하여 대규모 시위를 벌인다. 2000년 볼리비아에서 실제로 일어난 이 사건은 세바스티안의 영화가 다루고 있는 스페인 정복대의 원주민 착취와 관련하여 매우 시사적이다. 500여 년 전 콜럼버스 정복대에게 금을 수탈당했던 아메리카 원주민들은 500년이 지나서도 여전히 서구의 의해 물까지 빼앗길 처지에 직면해 있기 때문이다. 금은 없어도 살 수 있지만 물은 삶에서 꼭 필요한 자원이라는 점에서 문제는 훨씬 심각하다. 이렇듯 등장인물이 만들려는 영화의 서사가 영화 밖 상황과 맞물리는 흥미로운 메타 구조를 만들어내고 있다.

이러한 관점에서 본다면, 비록 스페인 촬영 팀이 만들려는 영화의 메시지가 진보적이라고 해도 촬영 팀에는 500년 전 정복대의 이미지가 중첩된다. 실제로 첫 신에서부터 일당 2달러의 엑스트라를 지망하는 원주민들이 촬영 팀의 오디션을 보기 위해 긴 줄을 이루고 있는 상황은 콜럼버스의 정복대에 금을 바치기 위해 줄을 서 있는 500년 전의 영화 속 신과 절묘한 평행 관계를 이룬다. 비록 원주민들의 팔을 자르진 않지만 일당 2달러로 위험한 일을 마음대로 시키고 수모스러운 신을 찍도록 부려먹는 촬영 팀의 '수탈'은 500년 전과 다를 바가 없다.

그들은 여전히 특권 의식에 사로잡혀 있고 거만하고 기만적이다. 다만 수탈의 방법이 예전과 달리 드러나게 폭력적이지 않다는 점만 다를 뿐이지 수탈이라는 결과는 똑같다.

영화 촬영 팀이 코차밤바 시장과 대화하는 장면에서 아이러니는 극명하게 드러난다. 시민들의 시위가 한창인 가운데 시장은 스페인 영화 스태프를 시청으로 초청하여 대접한다. 시장은 수도 민영화 사업의 타당성은 하버드 대학교나 IMF의 연구 팀도 인정한 것인데, 시위대는 그것을 제대로 이해하지 못해 소동을 부리는 것이라며 세계화 시대에 고지서를 태우고 경찰에게 돌을 던지는 행위는 이해할 수 없다고 말한다. 그러자 주연배우와 감독은 하루에 2달러 버는 시민들 입장에선 세 배나 오른 수도요금에 저항하는 것이 당연하지 않냐며 시장을 비꼰다. 이에 시장은 "당신들도 하루 2달러로 엑스트라 배우를 쓴다면서요?"라고 반격한다. 이렇게 「빗물마저도」는 영화 속 영화 장치를 통해 스페인 촬영 팀의 위선과 결과적인 착취를 폭로한다.

결국 촬영 팀은 심각한 문제에 직면한다. 영화에서 원주민 반란의 주도자 역을 맡은 다니엘이 물 시위를 주도하다 경찰에 체포되어 구치소에 갇히게 된 것이다. 영화 촬영에 심각한 지장이 초래되자 제작자 코스타(루이스 토사르)는 경찰 간부에게 뒷돈을 건네주고 그를 잠시 동안 꺼내오는 데 성공한다. 그리고 이들이 찍으려는 영화의 클라이맥스에 해당하는, 원주민 반란자들을 화형에 처하는 신을 촬영한다. 스페인 정복대는 원주민 반란자 열두 명을 골라 십자가에 매단 뒤 원주민들이 보는 앞에서 화형에 처한다. 비록 영화 속 영화의 장면이지만 500년 전의 사건을 재현하는 이 장면은 현재 세계화의 격랑 속에서 서구에 의해 착취당하는 아메리카 원주민들의 상황을 상징적으로 보

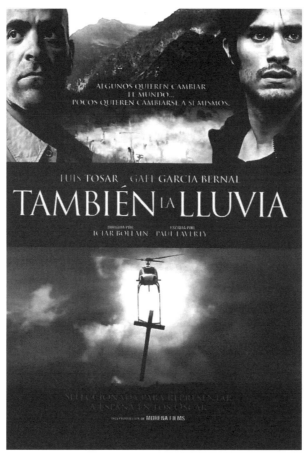

이시아르 보야인 감독의 최근작 「빗물마저도」.

여준다.

500년 전 십자가 처형 장면에서 원주민들이 스페인 사람들을 저주하는 말을 외치며 저항했던 것처럼 현재에도 원주민들은 미국 회사와 이에 결탁한 당국에 격렬하게 저항한다. 이로써 코차밤바 시는 전쟁터로 변하고 스페인 촬영 팀은 신변의 위협을 느낀다. 영화에서 원주민 인권을 보호하기 위해 싸운 라스 카사스 신부와 몬테시노스 신부 역을 맡은 배우가 먼저 귀국하겠다고 나섰고, 여기에 다른 스태프들이 가세함으로써 결국 영화 촬영은 중단되고 만다. 한편 영화 촬영 내내 수단과 방법을 가리지 않고 원주민을 동원하고 착취하는 데 앞장섰던 제작자 코스타는 원주민 주연배우 다니엘의 딸이 위험에 처하자 아이를 구하기 위해 위험한 시위 현장으로 달려가 결국 아이를 구한다. 다니엘은 감사의 표시로 그에게 작은 물 한 병을 선물하는데 이것은 물이 그들에겐 생명처럼 소중한 것이라는 의미가 담겨 있다.

이처럼 「빗물마저도」는 서구인들에 의해 영웅으로 신화화되어온 콜럼버스를 탈신화화시키고 500년 전 스페인 사람들이 행한 아메리카 정복의 폭력성을 상기시키는 것에 끝나지 않는다. 이 영화는 기발한 영화 속 장치를 통해 현재에도 세계화의 명목 아래 서구인들의 라틴아메리카 수탈이 지속되고 있음을 위트 있게 고발하고 있다.

11장
사회를 향한 젊은 세대의 시각
― 페르난도 레온 데 아라노아

우리가 공산주의에 대해 들은 것은 모두 거짓말이었어.
하지만 더 나쁜 건 우리가 자본주의에 대해 들은 것이 모두 진실이었다는 거야.
―「햇볕 쬐는 월요일」

1968년 마드리드에서 태어난 페르난도 레온 데 아라노아Fernando León de Aranoa 감독은 마드리드 대학교에서 영화를 공부했으며 단편 영화를 만들다 극영화감독으로 데뷔했다. 몇 편의 장편을 만들었을 뿐인데도 그는 두번째 영화 「동네Barrio」(1998)로 고야상 감독상을 수상했고, 세번째 영화 「햇볕 쬐는 월요일Los lunes al sol」(2002)로는 산세바스티안 영화제 최우수 영화상을 수상함으로써 일약 스페인을 대표하는 영화감독 중 한 명으로 떠올랐다.

그는 이시아르 보야인 감독과 마찬가지로 철저하게 사회적인 문제를 향해 시선을 돌린다. 그의 영화에도 집 나온 10대, 이민자, 실업자 등이 주요 인물이다. 그래서 그의 영화는 많은 제작비를 필요로 하지 않으며 당연하게도 스펙터클한 액션도 없다. 그저 사회적으로 소외된 '열등한' 사람들의 우울한 이야기가 화면을 채울 뿐이다. 그럼에도 이 영화들은 사회적인 공감을 불러일으켰고 그를 스페인 사실주의 영화의 대표 감독으로 각인시켰다. 그만큼 그는 현시대 스페인 사회 소외층의 심리적 공황을 정확하게 포착해왔다고 할 수 있다.

도시 변두리의 10대

마드리드 남쪽 빈민 동네를 배경으로 단짝 세 소년의 우울한 여름나기를 그린 「동네」는 영화감독으로서 그의 이름을 널리 알린 작품이다. 여름이 되면 수많은 사람이 해변으로 몰려가는 스페인에서 돈이 없어 휴가를 갈 수 없는 서민들은 무더운 여름에 할 일이 없다. 그래서 소년은 거리를 방황하고 소녀는 방 안에서 혼자 춤을 추며 어른들은 사소한 일로 짜증을 낸다. TV는 해변을 찾아 토플리스 차림으로 태양을 즐기고 있는 수백만의 인파를 연일 보여주고, 여행사의 쇼윈도에는 비키니를 입은 카리브 해의 미녀가 여행 상품을 선전한다. 여자에 갓 눈을 뜬 15세의 단짝 소년 하비, 마누, 라이 역시 해변으로 떠나고 싶어 미칠 지경이다. 그래서 그들은 묘지에서 주워온 꽃을 팔고, 피자 배달을 하는 등 몸부림을 치지만 돈은 모이지 않는다.

어느 날 라이는 요구르트 뚜껑을 모아서 보낸 것이 당첨되었다는 소식을 듣는다. 그리고 상품으로 제트스키 한 대가 배달되어 온다. 그러나 바다에 갈 돈도 없고 제트스키를 옮길 캐리어도 없는 이들에게 제트스키는 쓸모없는 물건이다. 일단 그들은 제트스키를 동네 공터에 묶어두는데, 음습한 동네의 공터에 묶여 있는 호사스러운 제트스키는 우스꽝스러운 대비를 이룬다. 결국 며칠 못 가서 누군가가 훔쳐가고 만다.

세 소년이 처해 있는 상황은 스페인 소시민들의 삶에 대한 전형적인 예를 제공한다. 하비는 영세민 아파트에서 귀머거리 할아버지, 트럭 운전수 아버지 그리고 엄마, 누이와 함께 살고 있다. 아버지는 남은 음식을 데우기만 한다며 어머니에게 소리를 지르고 장인에게 화풀이를 한다. 이런 꼴이 보기 싫은 누이는 방에 처박혀 춤만 추는데, 결국 돈을 벌기 위해 매춘 일을 시작한다. 또 다른 소년 마누는 실직자 아버지와 함께 살고 있는데, 그의 엄마는 그가 어릴 때 죽은 것으로 되어 있고 형은 집을 떠났다. 그의 형은 공부를 열심히 해서 대학을 졸업함으로써 동네에서 유일하게 이 지긋지긋한 구석을 벗어난 인물이다. 그러나 그는 가족과의 인연을 끊고 가끔씩 생활비를 보내줄 뿐이다. 마누는 엄마가 살아 있을지 모른다고 의심한다. 그들의 친구 라이 역시 전형적인 영세민 가족에 속해 있다. 라이에게 형은 존경의 대상인데, 그는 건물의 경비원으로 일하면서 권총을 가진 데다 섹시한 여자 친구도 있기 때문이다. 형의 권총을 탐하던 라이는 결국 경찰의 차를 훔치다 경찰이 쏜 총에 맞아 죽는다.

이렇듯 「동네」는 마드리드 영세민들의 열악한 상황과 10대 소년들의 희망 없는 삶을 극적인 사실주의를 통해 묘사하고 있다. 멀리로는 피카레스크 소설 장르로부터 가깝게는 20세기 초 아르니체스의 극작품이나 베를랑가, 사우라의 초기 영화의 계보를 잇는 것이다. 이 작품이 말하고자 하는 바는 영세민 구역의 세 소년이 자신들의 환경에서 벗어나기가 몹시 어렵다는 것이다. 영화의 철저한 비관주의를 반영하듯 영화의 톤은 시종일관 음울하기 그지없으며 어떠한 희망의 조짐도 보여주지 않는다. 그들의 환경에서 벗어나지 못하는 소년들은 보이지 않는 철창에 갇혀 있는 것이나 다름없다.

실직한 노동자

「동네」에서 마드리드 빈민가 소년들의 소외된 삶을 조명했던 레온데 아라노아는 「햇볕 쬐는 월요일」에서 40~50대 실업자들의 암울한 삶에 접근하고 있다. 이 영화는 2002년 스페인 고야상에서 작품상, 감독상, 주연상(하비에르 바르뎀), 조연상(루이스 토사르)을 휩쓸면서 아라노아 감독을 일약 스페인의 대표적인 신예 감독으로 올려놓았다. 또한 최근 한 스페인 일간지가 실시한 설문조사에서 알모도바르의 「내 어머니의 모든 것」, 아메나바르의 「논문Tesis」과 함께 스페인 영화 사상 가장 선호되는 작품에 뽑혔을 정도로 관객들의 큰 공감을 불러일으켰다.[1]

이 영화가 사회적인 반향을 일으킬 수 있었던 것은 1990년대 이래로 스페인의 제조업이 힘을 잃기 시작하며 실업이 가장 큰 사회 문제가 되어왔기 때문이다. 자동차, 조선 등 1980년대까지 스페인의 공업을 지탱하던 분야의 회사들이 한국 등 신흥공업국가의 파상 공세에 밀려 줄줄이 도산하면서 많은 실업자를 양산했고, 실업은 1990년대 스페인에서의 가장 심각한 사회 문제가 된다. 레온 데 아라노아 감독은 조선소 실직자들의 회한, 울분, 패배감을 「햇볕 쬐는 월요일」에서 사실적으로 펼쳐놓아 보이고 있다.

스페인 북쪽 해안도시의 조선소에서 일하다 회사의 사업 부진으로

---

1) Gregorio Belinchón & Jordi Costa & Borja Hermoso, "Goya de los Goya: ¿'Los lunes al sol', 'Tesis' o 'Todo sobre mi madre'?," *El País*, 2 de febrero de 2014. http://cultura. elpais.com/cultura/2014/02/04/actualidad/1391539651_894015.html

대량해고된 40대 후반의 산타, 호세, 리노는 매일 밤 선술집에 모여 싸구려 술을 퍼마시며 실업의 설움과 아픔을 달랜다. 그 술집엔 세 사람 외에도 다른 실직자들이 삼삼오오 모여 있다. 그래도 밤에는 술을 마시기라도 하지만 낮에는 할 일이 없어 그저 바닷가에서 햇볕을 쬐고 있을 뿐이다.

다혈질인 산타(하비에르 바르뎀)는 해고당한 것을 받아들이지 못해 작은 일에도 분노한다. 홧김에 부두의 가로등을 부수고 벌금을 낸 후 다시 돌을 던져 가로등을 부순다. 이미 실직한 지 오래되어 폐인처럼 살아가던 한 동료가 빈집에서 혼자 죽어 있는 것을 본 산타는 눈물을 쏟는다. 하숙집에서 생활하는 그에게 유일한 희망은 호주로 이민 가는 것이다. 그가 호주로 가고자 하는 이유는 호주가 스페인의 대척점에 위치해 있기 때문에 모든 것이 스페인과 반대일 것이고 그곳은 스페인과 달리 일자리가 차고 넘칠 것이라고 믿기 때문이다. 하지만 모아놓은 돈도 없고 기술도 없는 그가 호주로 이민 가는 것은 꿈에 불과하다.

호세(루이스 토사르)는 실직한 뒤 침울하고 냉소적인 성격으로 바뀌었다. 그는 생선 냉동 공장에서 일하는 아내를 찾아가지만 아내 역시 힘든 노동에 지쳐 있어 그를 위로할 마음의 여유가 없다. 몸에서 생선 냄새 나는 것을 극도로 혐오하는 아내는 매일 씻고 몸에 탈취제를 뿌린다. 호세와 아내는 돈을 빌리기 위해 은행을 찾아가지만 신용이 없는 그에게 돈을 빌려줄 리 없다. 그의 아내는 생활 능력이 없는 남편을 떠날 작정으로 짐을 싸지만 남편이 처량해 보여 차마 떠나지 못한다.

세 명 중 가장 적극적인 리노는 다시 일자리를 구하기 위해 이곳저곳 기웃거리지만 살인적인 실업률의 스페인에서 40대 후반의 전직 조

통근선에서 햇볕을 쬐는 산타(하비에르 바르뎀)와 호세(루이스 토사르).

선소 근로자가 재취업할 곳은 거의 없다. 그는 면접 전 공중화장실 세면대에서 젊게 보이기 위해 얼키설키 염색을 하지만 나이를 속일 수 없다. 구직에 실패하여 낙심한 그는 친구들이 있는 술집으로 간다. 이 술집에서 여느 때와 마찬가지로 술을 마시던 산타와 그의 동료는 다음과 같은 대화를 나눈다. 흥미롭게도 이들의 대화에는 한국인에 대한 원망이 서려 있다.

> **레이나** 사실은 분명하지. 나는 이 집에 술을 마시러 오지만 앞집이 더 싸다면 거기로 갈 거야. 여기도(조선업) 마찬가지야. 한국인들이 배를 더 싸게 만든다면……
>
> **산타** 돌아버리겠네. 더 이상 한국 놈들 얘기하지 마. 우리 조선소는 경쟁력이 있었어. 우리는 비용을 줄이기 위해 시급도 받지 않고 일했어. 더 이상 어떻게 하라고? 조선소 땅은 바다 옆에 있어서 값이 좀 되겠지. 이제 기계는 다 철거될 거고 거기에 호텔이나 아파트가 들어서겠지. 그리고 엿 같은 한국 놈들이 몰려와서 우리를 비웃을 거야. 상황은 간단한 거라고. 나는 술을 공짜로 준다고 해도 다른 술집엔 가지 않을 거야!

한국의 조선 기업에 밀려 실업자가 된 스페인의 조선 근로자들에게 한국이 좋게 보일 리 없다. 다른 근로자들은 한국 기업이 배를 더 싸게 만드니 밉지만 어쩔 수 없다는 식이지만 다혈질의 산타는 그 사실을 받아들이지 못하고 한국인을 욕하고 있다.[2]

---

2) 스페인 영화에서 일본이나 중국이 등장하는 것은 상당히 흔하지만 한국인이 등장하거나 한

「햇볕 쬐는 월요일」은 실업에 직면한 스페인의 40~50대 남성들의 삶과 심리를 예리하게 드러냄으로써 사회적으로 커다란 공감을 일으킬 수 있었다. 특별히 산타 역을 맡은 하비에르 바르뎀과 호세 역의 루이스 토사르는 날개 꺾인 스페인 마초들의 심리 상태를 아주 실감 나게 연기해서 극찬을 받았다. 이들의 호연 덕분에 이 영화는 특별한 서사 없이 소소한 일상을 따라가면서도 흥미와 감동을 전해주었고, 덕분에 스페인 영화의 고전 반열에 오르게 되었다.

도시의 (이주) 성매매 여성

레온 데 아라노아의 후속작은 「공주들Princesas」(2005)로 그는 이 영화에서 마드리드 성매매 여성의 문제를 조명하며 전작부터 이어져 온 사회적 문제에 대한 관심을 이어간다. 특별히 작품의 두 주인공 중 한 명을 도미니카 공화국 출신의 불법 이주민 성매매 여성으로 설정함으로써 성매매 여성의 문제와 이민자 문제를 함께 논의의 대상으로 삼고 있다. 「동네」에서 빈민가의 10대들을 조명했고, 「햇볕 쬐는 월요일」에서 중년의 실업자들을 다뤘던 그가 성매매 여성, 이민자 문제에 눈을 돌린 것은 예상할 수 있는 수순이었다. 이제는 여성을 다룰 차례가 된 것이기도 하고, 2000년대 이래로 스페인에서 이민자 문제는 가장 심

국에 대해 말하는 것은 대단히 드물다. 같은 장르는 아니지만 루이스 마르틴 산토스Luis Martín-Santos의 『침묵의 시간Tiempo de silencio』(1962)에도 한국이 등장하는데, 여기에서 한국은 낙후된 국가의 예로 등상한다. 약 40년이 지난 뒤 스페인 예술에서 한국은 낙후된 국가에서 스페인 산업을 무너뜨리는 무서운 나라로 발전한 것이다.

각한 사회적 이슈가 되었기 때문이다. 1990년대 중반 이래로 기하급수적으로 이민자들이 늘어났다. 이들의 대부분은 불법 체류자이기 때문에 정확하게 몇 명의 이민자가 스페인에 거주하고 있는지 알 수 없지만 스페인 통계청INE은 2011년을 기준으로 스페인에는 570만 명의 이민자가 있는 것으로 추산하고 있는데, 그중에서 100만 명만 합법적으로 거주하고 있다.[3]

성매매 문제를 보면, 스페인에는 적게는 4만 5천 명에서 많게는 30만 명의 여성이 성매매에 종사하고 있는 것으로 추정되고 있다. 이들 대부분은 라틴아메리카나 동유럽에서 온 불법 이민자들이다.[4] 이 여성들은 단순히 돈을 벌고자 하는 것이 목적이 아니라 스페인에 거주하기 위해 합법적인 신분이 되는 것을 원하고 있다.

「공주들」이 다루고 있는 또 다른 사회 문제는 실업이다. 「햇볕 쬐는 월요일」이 장년층의 실업을 조명했다면, 이 작품은 젊은층의 실업을 문제 삼고 있다. 이 영화의 주인공 서른 살의 스페인 여성 카예(칸델라 페냐) 역시 실업 상태에 놓여 있다. 카예는 처음 사무직을 희망했으나 포기했고 그 후엔 국립직업훈련원INEM에서 영화 분장 과정을 이수했으나 직업을 구하지 못했다. 그래서 결국 성매매를 통해 삶을 꾸려가고 있는 것이다. 그녀는 주말마다 어머니의 집을 방문하지만 식구들은 그녀의 직업을 모른다. 카예에게 성매매는 불가피한 삶의 수단으로 현재 스페인 대도시마다 만연한 성매매 풍조를 반영하듯 다양한 연령, 다양한 직업의 남성들을 고객으로 두고 있다. 카예는 이들에게

3) http://es.wikipedia.org/wiki/Inmigraci%C3%B3n_en_Espa%C3%B1a
4) Cristina Sánchez-Cornejero, "Hooking for Spanishness: Immigration and Prostitution in León de Aranoa's *Princesas*," p. 191.

성적 서비스를 제공하는 데 전혀 거리낌이 없어 보인다. 하지만 남자를 사랑한 적이 없는 그녀는 마누엘이라는 컴퓨터 프로그래머와 사랑에 빠지게 되지만 사랑하는 방법에 서툰 탓에 그와의 관계를 발전시켜 나가지 못한다.

카예는 일을 나갔다가 한 남자를 사이에 두고 중남미 출신의 성매매 여성과 다투게 되는데, 그녀가 자신과 같은 아파트에 사는 것을 알게 된다. 이름이 술레마인 이 도미니카 여성은 한 콜롬비아 가족과 밤낮을 바꾸어 아파트를 교대로 사용하고 있다. 어느 날 우연히 남자로부터 심하게 맞은 술레마를 발견한 카예는 그녀를 병원에 데려다주고 돌봐준다. 그 인연으로 두 사람은 친해진다. 술레마는 도미니카에 어린 아들을 두고 돈을 벌기 위해 스페인으로 건너와 성매매에 종사하고 있는 처지이다. 그녀는 성매매로 번 돈을 매달 아들과 어머니를 위해 도미니카로 송금한다. 1990년대부터 스페인에는 중남미 출신의 성매매 여성들이 등장하기 시작해 스페인 성매매 여성들의 자리를 잠식함으로써 두 그룹 사이에는 갈등이 존재해왔다. 카예 역시 그런 '피해'를 본 경우인데, 그럼에도 불구하고 카예와 술레마는 단짝 친구가 된다.

서쪽 공원Parque del oeste은 마드리드의 대표적인 성매매 구역으로 술레마 역시 여기에 나가 자신의 몸을 상품으로 전시하며 매수자를 유혹한다. 한편 중남미 출신 여성들이 더 싼 가격으로 성매매를 하며 인기를 끌게 되고 스페인 성매매 여성들은 고객을 빼앗기자 중남미 출신의 성매매 여성들이 불법 체류자라는 점을 악용하여 경찰을 부르는 등 그녀들을 괴롭힌다. 이렇게 중남미, 아프리카, 동유럽 등지에서 온 성매매 여성들은 의료, 안전 등 기본적인 사회적 보호를 받지 못한 채 위험하고 열악한 생활을 영위하고 있다.

이런 점에서 카예와 술레마의 우정은 사회적·정치적 의미를 부여받는다. 현실적 이해관계를 넘어선, 다국적 성매매 여성들 간의 연대를 의미하기 때문이다. 결국 이러한 연대를 통해 두 여성은 각자 긍정적인 결말을 맞는다. 술레마는 자신을 착취하는 스페인을 떠나 가족이 기다리는 고국으로 돌아가게 된다. 카예는 그런 술레마에게 그동안 가슴 성형수술을 받기 위해 모아놓은 돈을 모두 준다. 생계 문제가 심각하지 않은데도 아르바이트 삼아 성매매를 해왔던 카예가 술레마를 통해 제3세계 성매매 여성의 비참한 현실을 보게 되고 성매매에 대해 새로운 인식을 갖게 된 것이다. 술레마의 옷을 입고 공항에서 술레마를 배웅하고 돌아온 카예는 가족이 있는 자리에서 고객으로부터 온 전화를 엄마에게 받으라고 함으로써 그동안 숨겨온 자신의 직업을 모두에게 알린다. 이로써 카예가 성매매를 그만둘 것임이 암시된다.

진보적인 사회성에도 불구하고 이 영화는 영화적 장치 면에서 몇 가지 이해할 수 없는 한계를 남긴다. 우선 여성 신체의 지나친 노출로 인해 관음증을 유발한다는 점을 지적하지 않을 수 없다. 영화는 오프닝 크레딧 신에서 고객의 전화로 잠에서 깨어나 일상을 시작하는 카예를 비춘다. 2분 정도나 길게 진행되는 이 신에서 카예는 짧은 상의만 입은 채 잠을 자고, 아침을 준비하고, 돈 정리를 하고, 세탁물을 빨랫줄에 넌다. 자신의 신체를 대하는 성매매 여성의 특별한 자유분방함을 보여주려는 것인지는 모르겠으나 정치적 올바름을 지향하는 이 영화에 어울리지 않는다. 이후 서쪽 공원에서 다국적의 성매매 여성들이 신체를 드러낸 채 남성들을 호객하는 장면 역시 경쾌한 주제음악과 함께 여러 번 비춰진다. 이 장면은 실제의 현장을 촬영한 것인 듯 지나가는 차량의 번호판이 고의적으로 지워져 있다.

영화는 남성 관음증을 통해 시각적인 쾌락을 유발한다는 점에서 진보적인 매체가 되기 어렵다는 지적을 받아왔다. 그럼에도 영화가 지닌 막강한 대중 친화성 덕분에 예술적 아우라를 해체하고 기술 복제 시대의 진보적 매체로서 여러 실천적인 사회운동에 참여해온 것이 사실이다. 스페인 사회의 주변부를 조명해온 레온 데 아라노아 감독의 영화 역시 이러한 경향의 연장선상에 있다고 볼 수 있는데, 성매매 여성의 삶을 보여주는 영화에서 빈번하게 여성의 신체 노출 신을 넣은 것은 주제의식에 역행하는 결점으로 볼 수밖에 없다.

12장
국가성을 넘어선 새로운 작가주의
─알레한드로 아메나바르

여러분은 스페인 영화의 미래입니다. 스페인 영화를 구하십시오!
─「논문」

변화된 스페인 영화산업과 새로운 의미의 작가주의

1973년생인 알레한드로 아메나바르Alejandro Amenábar는 다섯 편의 장편영화를 만들었을 뿐인데도 스페인 국내뿐만 아니라 세계 시장에서 가장 흥행력 있는 감독 중 한 명으로 떠올랐다. 작가감독으로서 아메나바르의 역할은 전통적인 개념을 뛰어넘는다. 그것은 무엇보다도 그가 시나리오 창작과 연출이라는 작가주의 감독의 최소 역할에 국한되지 않고 영화의 기획, 프로덕션, 마케팅 등 영화 제작 전 영역에 관여하기 때문이다.[1] 게다가 작곡에 능한 그는 영화음악까지 직접 만들

---

1) 물론 아메나바르의 영화에 프로듀서나 제작자가 없는 것이 아니다. 그럼에도 불구하고 그는 제작의 전 과정에 적극적으로 참여하는 감독으로 알려져 있다(Rosanna Maule, *Beyond Auteurism: New Directions in Authorial Film Practices in France, Italy and Spain since the 1980s*, 2008, p. 134).

고 있다. 또한 주제로 볼 때도 스페인 사회의 다양한 문제를 짚어내고 있는 지성인 감독 모델의 면모를 보여준다. 자신의 영화에 대한 책임과 사회적 의식은 스페인의 정전적인 작가감독이라고 할 수 있는 빅토르 에리세, 카를로스 사우라 등을 연상시킨다.

스페인의 작가주의 감독의 전통을 이어받고 있는 메뎀, 보야인, 아라노아 세대의 감독들과도 아메나바르는 분리된 존재로 인식된다. 그것은 그가 확실히 세계적인 스타일을 보여주고 있기 때문이다. 세계적인 스타일이란 할리우드 영화에 대한 언급과 참조를 말한다. 어릴 적부터 시네필이었다고 하는 그는 자신에게 영향을 준 감독으로 알프레드 히치콕, 스탠리 큐브릭, 스티븐 스필버그 등을 꼽는다.[2] 실제로 그는 전통적인 스페인 작가주의 감독들과는 다르게 할리우드의 장르 규범을 따라가기도 하고, 영화의 흥행에도 상당히 신경을 쓰는 등 할리우드 주류 영화의 감수성을 드러낸다.

스페인 영화사에서 국가적 정체성 문제에 골몰하던 전통적인 지성인 작가주의 감독 모델을 벗어나 할리우드 영화의 장르 규범을 차용하거나 보편적인 주제와 스타일에 천착하는 새로운 작가주의 모델은 알모도바르에서부터 시작한다고 볼 수 있다. 그러나 프랑코 시대에 교육을 받고 정치적 격변의 시대인 민주화 이행기를 거친 알모도바르의 영화에는 스페인적인 주제와 스타일이 침윤해 있는 것이 사실이다. 「암소들」「대지」「붉은 다람쥐」 등 메뎀의 초기 영화도 다소 그런 특성을 보인다. 하지만 아메나바르의 영화에서 스페인에 대한 지시성을 찾기란 쉽지 않다. 그런 점에서 아메나바르는 완전히 새로운 세대의

---

2) Rosanna Maule, *Beyond Auteurism*, p. 134.

작가주의 감독이라고 할 수 있다.

할리우드 영화의 상업적 마인드를 기반으로 스페인 영화계에서 자신들의 독자적인 스타일을 개척한 일군의 감독들로는 산티아고 세구라Santiago Segura(1965~), 하우메 발라게로Jaume Balagueró(1968~), 후안 안토니오 바요나Juan Antonio Bayona(1975~) 등이 대표적이다. 이 감독들은 예술과 지성에 집착했던 전 시대의 감독들과 달리 영화의 상업성에 대한 감각을 체득하고 흥행성 있는 영화를 만들어 스페인 내에서뿐만 아니라 유럽과 세계 시장에서 큰 성공을 거두었다.

2000년대 주요 영화들의 제작자로 활동한 안토니오 사우라는 이들 세대에 대해 다음과 같이 설명한다.

그들은 미국 영화의 폭력과 직선적인 서사 그리고 회의주의로부터 미적 감수성을 얻은 세대이자 미덕을 갖지 못한 의심스러운 주인공들을 등장시키는 세대로서 미래에 대해 회의적인 시각을 가지고 있다. 그들은 현재에 대해 환멸을 가지고 있지만 자신들의 재능에는 엄청난 믿음이 있다. 대체로 그들은 상당한 교양을 갖추고 있지만 대중적 이미지 아래에서는 이를 확실하게 숨긴다. 그들은 대중 미디어의 힘을 매우 잘 알고 있고, 미디어와 연결되기 위한 매우 세련된 개인적인 전략을 개발해놓고 있으며 어떠한 경우라도 도발적인 표현을 하지 않는다. 그들은 중산층 출신으로서 미국 영화를 보며 자랐다. 그들 중 일부는 외국에서 공부하기도 했으나 대부분은 독학을 했고, 단편영화 제작이라는 유익한 연습을 통해 영화를 배웠다.[3]

---

3) Antonio Saura, "El nuevo cine español," *Viridiana* 15, 1997, p. 109.

그런데 이러한 감독들 중에서도 아메나바르는 확실하게 구별되는 존재이다. 왜냐하면 다른 감독들이 세계적인 흥행에도 불구하고 작품성에 대해서는 좋은 평가를 받지 못한 데 비해 아메나바르는 상업성 있는 영화를 만들되 기술적 완결성을 바탕으로 작품성 면에서도 호의적인 평가를 받고 있기 때문이다. 그런 면에서 아메나바르는 현재의 스페인 영화계에서 가장 기대를 모으고 있는 감독이라고 할 수 있다.

마드리드 대학교 신문방송 대학을 다니던 아메나바르는 단편영화 제작을 통해 영화 만드는 기술을 익혔고, 3학년 때 첫 장편영화 「논문 Tesis」을 만들면서 학교를 그만두게 된다.[4] 이 영화가 그해 고야상 작품상을 받는 등 비평적으로나 상업적으로 큰 반향을 일으키자 그는 본격적으로 영화 제작에 뛰어들었다. 그는 다채로운 소재와 스타일의 영화를 만들었지만 이 영화들이 공통적으로 집착하고 있는 것은 죽음이다. 아메나바르는 이 주제에 대해 다양한 장르와 다양한 관점을 통해 접근해왔다. 아메나바르는 주인공들의 무의식에 잠재된 욕망을 탐험하기 위해 죽음을 꿈의 모티프와 연결시킨다. 그래서 그의 영화에는 현실인지 꿈인지 모를 장면들이 자주 등장하고 꿈과 같은 현실이 펼쳐지곤 한다.

---

4) 아메나바르는 대학을 그만둔 이유에 대해 "(학교에서 대여할 수 있는 영화) 장비가 열악했을 뿐 아니라 그 장비를 사용하는 것조차 쉽지 않았다"라고 말했다(Rosanna Maule, *Beyond Auteurism*, p. 108).

할리우드 스타일의 스페인 영화 ─「논문」

아메나바르는 할리우드 영화 중에서도 호러와 누아르 장르를 가장 좋아한다고 말한 바 있는데,[5] 그래서인지 그는 장편 데뷔작으로 호러 장르를 선택했다. 불과 스물세 살의 대학생이 자기 주머니까지 털어서 만든 「논문」은 대단한 상업적인 성공을 거두었고, 1997년 고야상에서 최우수 작품상을 비롯해 8개 부문을 휩쓸면서 스페인 영화계에 새로운 스타 감독의 탄생을 알렸다.

「논문」의 주인공 앙헬라(아나 토렌트)는 영상물의 폭력성이 미치는 효과에 대해 논문을 쓰고 있는 학생이다. 그녀는 폭력적 영상물의 폐해에 대해 연구하며 이런 영화를 비판하는 입장에 있지만 실제로는 은근히 그런 영상물에 끌리고 있다. 그녀의 이중적인 태도는 마드리드 지하철의 안내 방송으로 시작하는 영화의 첫 신에서 잘 드러난다. 안내 방송은 투신자살한 사람 때문에 기차가 멈췄으니 승객들은 모두 내리라고 말한다. 기차에 타고 있던 앙헬라는 사람들과 함께 내린다. 그러자 안내 방송은 선로에 참혹한 시신이 있으니 선로 쪽을 보지 말고 안쪽으로 걸으라고 한다. 그러나 몇 사람이 선로 쪽으로 다가가 시신을 보려고 한다. 이때 대열 속에 있던 앙헬라도 주저하다 시신을 보기 위해 사람들이 모여 있는 선로 쪽으로 다가간다. 그녀의 시점 숏으로 처참한 시신이 보이려는 순간 앙헬라는 역무원의 제지로 물러나게 된다. 이 도입 신은 폭력적인 것을 두려워하면서도 이에 끌리는 앙헬라

---

5) Antonio Sempere, *Alejandro Amenábar: Cine en los veranos*, Madrid: New Ediciones, 2000.

의 심리를 단적으로 드러내고 있다.

이어지는 신에서 지도 교수를 만난 앙헬라는 지도 교수에게 교수들만 입장할 수 있는 학교의 영상 자료실에서 논문에 참조할 만한 폭력 영화를 구해달라고 요청한다. 친절한 교수는 앙헬라를 위해 영상 자료실을 뒤진다. 그리고 폭력물 VHS 테이프를 구해와 아무도 없는 시청각실에서 혼자 이 테이프를 본다. 그리고 얼마 뒤 교수를 찾아 헤매던 앙헬라는 시청각실에서 놀란 표정으로 의자에 앉은 채 죽어 있는 그를 발견한다. 교수는 테이프를 보다가 쇼크사한 것이다.

이 장면에서 앙헬라는 폭력물에 대한 호기심으로 인해 커다란 실수를 저지른다. 경찰에 신고하거나 사람들에게 알렸어야 할 장면에서 앙헬라는 교수를 죽인 것으로 추정되는 VHS 테이프를 가방에 넣은 채 그 자리에서 나온다. 그리고 학교에서 폭력영화와 에로영화 수집광으로 알려진 괴짜 인물 체마와 함께 그의 집으로 가서 이 테이프를 보려고 한다. 체마와 함께 틀어 본 테이프에는 놀랍게도 실제로 사람을 고문하고 죽이는 장면이 녹화되어 있었는데, 앙헬라는 얼굴을 가리면서도 손가락 사이로 이 장면을 보려고 한다. 체마는 여자 희생자가 몇 년 전 실종된, 같은 대학 학생임을 알아차린다.

앙헬라와 체마는 대학의 영상 자료실에 몰래 들어가 스너프 필름이 여러 편 제작된 것을 알아내게 되고, 이것을 만들기 위해 여자들을 잔인하게 고문하고 죽이는 살인광을 추적하기 시작한다. 이 과정에서 의심을 받는 사람은 문제의 테이프를 녹화한 카메라와 같은 종류의 것을 들고 다니는 보스코라는 학생이다. 한편, 죽은 교수의 후임으로 카스트로 교수가 오는데, 그는 자신의 연구실에 오스카상의 모조품과 제임스 본드식의 사진을 올려놓을 정도로 열렬한 할리우드 영화의 신봉자이다. 그는 수업 시간에 다음과 같이 말하며 상업영화를 옹호한다.

영화는 무엇인가요? 속지 말기 바랍니다. 영화는 산업입니다. 돈입니다. 수백만, 수천만 달러의 돈이 영화에 투입되고 입장료로 거둬집니다. 그래서 우리나라엔 영화가 없는 겁니다. 산업에 대한 개념이 없으니까요. 제작자와 관객 사이의 소통이 없으니까요. 영화가 산업적 현상이라는 것을 이해해야 비로소 우리의 영화가 생존할 수 있는 그런 중요한 순간에 와 있습니다. 여러분은 영상학과의 학생들입니다. 여러분은 스페인 영화의 미래입니다. 스페인 영화를 구하십시오! 저기 밖에는 여러분을 짓밟을 준비가 되어 있는 미국 영화산업이 있습니다. 그들과 경쟁하는 길은 하나밖에 없습니다. 관객들이 보고 싶어 하는 것을 보여주는 것. 잊지 마십시오.

영화의 산업적인 면만을 강조하는 카스트로 교수의 영화관은 분명이 영화에서 부정적인 것으로 들린다. 실제로 그는 이 영화에서 제자가 촬영한 스너프 필름을 편집하는 역할을 맡아온 공범으로 밝혀진다. 관객이 보고 싶어 하는 것을 보여주는 게 할리우드 영화와 경쟁하는 길이라는 카스트로 교수의 말은 그가 왜 스너프 필름의 제작에 가담했는지에 대한 설명이 된다.

앙헬라와 체마는 비록 동기는 다르지만 스너프 필름과 같은 자극적인 장면을 보고자 하는 동시대 관객을 의미한다. 하지만 또 한편으론 스너프 필름을 만든 살인자를 뒤쫓는 추격자이기도 하다. 그 때문에 이들은 위기의 상황을 맞는다. 특히 앙헬라는 학교 지하실에서는 카스트로 교수에 의해, 그리고 마지막에는 보스코에 의해 스너프 필름의 피해자가 될 아슬아슬한 상황에 놓인다. 앙헬라가 극적으로 위기를 모면하는 마지막 장면은 다중적인 의미가 담겨 있다. 자신을 묶은 밧줄을 끓은 앙헬라는 보스코가 틀어놓은 카메라 앞에서 보스코를 총으로 쏘아 죽인다. 이로써 실제의 살인 장면을 담은 또 한 편의 스너프 필름이 만들어진 것이다.

사건이 종료되고 앙헬라가 병원에 입원한 체마를 찾아간 마지막 시퀀스 역시 작품의 주제와 관련하여 매우 인상적이다. 병실에 놓인 TV를 통해 보스코 일당의 스너프 필름 사건을 보도하는 뉴스가 나오자 병실의 환자들 모두가 관심을 갖는다. 특히 뉴스가 시청자들의 알 권리를 위해 보스코가 만든 스너프 필름을 직접 보여주겠다고 하자 환자들은 극도의 긴장 속으로 빠져든다. 어린이와 노약자는 시청하지 말라는 경고는 더욱 호기심을 부추긴다. 병실의 환자들은 넋을 잃고 화면을 바라보는데, 이 순간 영화「논문」은 끝이 난다.

「논문」은 영화 속 영화의 구조를 통해, 스너프 필름의 폭력성을 비판하면서도 매료되는 현대인의 이중적인 속성을 통렬하게 공격하고 있는 것이 분명하다. 주인공 앙헬라는 스너프 영화를 만든 악당을 추적하면서도 자신 역시 그 영화에 매료되어 희생자가 될 뻔한 이중적인 태도를 보여준다. 그녀는 잔인한 폭행자 보스코를 두려워하면서도 그에게 끌리고 있다. 이는 보스코로부터 성폭행당하는 꿈을 꾸고 있는 장면에서 잘 드러난다. 평범한 중산층 가정의 여대생에게 내재된 폭력에 대한 매혹을 보여줌으로써 이 영화는 폭력을 비판하면서도 갈망하는 현대인들의 병리적 심리 상태를 말하고 있다.

하지만 또 한편 긴장감 있는 서사 속에 폭력적 장면이 상당한 이 영

보스코에 의해 묶인 채 살해 위기에 처한 앙헬라(아나 토렌트).

화 역시, 앞서 설명한 사회적 메시지에도 불구하고, 폭력성을 활용하는 역설적 위치에 있다고 할 수 있다. 이 영화가 많은 관객을 끌어들일 수 있었던 것도 그러한 요인에 힘입은 바 크다. 아메나바르 감독 역시 폭력에 대한 현대 관객의 매혹을 적절하게 이용하고 있는 셈이다. 실제로 상업성에도 민감한 아메나바르의 성향을 고려할 때 이는 더욱 설득력이 있다. 그렇다고 본다면 앞서 인용한 카스트로 교수의 강의는 일방적인 비판의 대상은 아닌 듯하며 거기에는, 비록 씁쓸한 뒷맛을 남기긴 하지만, 일말의 현실적인 혜안이 담겨 있는 듯하다.

꿈과 현실의 뒤섞임 — 스페인 예술 전통의 반영

아메나바르는 자신이 스페인의 문화적 전통에서 영향받은 것을 말한 적이 없다. 일부 비평가들 역시 아메나바르의 영화는 스페인 전통은 물론 유럽의 작가주의 전통과도 결별한 세계적인 스타일의 것임을 강조한다. 예를 들어 『카이에 뒤 시네마*Cahier du cinéma*』에 게재된 「논문」에 대한 리뷰에서 올리비에 조야르는 다음과 같이 말했다.

아메나바르는 스페인 국가나 스페인의 거장 감독들, 또는 스페인 역사와 관련된 영화를 만들려고 하지 않는다. 그는 스페인 영화의 형식을 개혁할 생각도 없다. 심하게 말하면 그는 그런 것들을 무시하고 그로부터 등을 돌려 아메리카로 향하고자 한다.[6]

---

6) Olivier Joyard, 'Vidéodrome,' *Cahiers du cinéma* 508, decembre, 1996, p. 68.

그러나 아메나바르의 영화가 지닌 할리우드 영화에 대한 지시성에도 불구하고 그의 영화에는 스페인 예술 전통의 맥락 속에 위치시킬 수 있는 요소들이 있다. 그의 두번째 영화 「오픈 유어 아이즈Open your eyes」는 그런 맥락 속에서 살펴볼 수 있다. 이 영화는 1997년 개봉된 스페인 영화 중에서 가장 큰 상업적인 성공을 거두었는데, 이로써 아메나바르는 스페인 영화계에서 흥행 감독으로 확실히 자리매김할 수 있었다. 또한 이 작품은 비평가들로부터 찬사를 받아 1998년 도쿄 영화제에서 대상을 수상했다. 또한 선댄스 영화제에 출품되었을 때 이 영화에 감동을 받은 미국 배우 톰 크루즈Tom Cruise는 영화의 리메이크 권리를 샀다. 그리고 톰 크루즈 자신이 출연하고 카메론 크로 Cameron Craw 감독이 연출을 맡아 2001년 「바닐라 스카이Vanilla Sky」로 완성되었다. 흥미롭게도 두 영화 모두에서 페넬로페 크루스가 소피아 역을 맡아 출연했다.

식당 체인을 운영하는 부모로부터 많은 재산을 물려받은 세사르(에두아르도 노리에가)는 부유하고 잘생긴 청년으로 하는 일 없이 여자들을 유혹하는 것으로 소일하고 있다. 어느 날 누리아(나흐와 님리)라는 여자를 데려와 밤을 보내는데, 다음 날 아침 쿨하게 헤어지려는 세사르와 달리 그녀는 세사르에게 집착한다. 한편 세사르는 생일 파티에서 친한 친구 펠라요(펠레 마르티네스)가 데려온 소피아(페넬로페 크루스)에게 반한다. 그래서 펠라요가 일찍 취해서 집에 가자 그녀를 유혹하여 그녀의 아파트로 간다. 세사르의 구애에도 불구하고 소피아는 세사르에게 짧은 키스만을 허락한 채 그를 돌려보낸다. 소피아의 집을 나오자 놀랍게도 누리아가 차에서 기다리고 있다. 누리아는 세사

「오픈 유어 아이즈」에서 꿈과 현실을 혼동하는 애인 때문에
고통받는 소피아(페넬로페 크루스).

르를 차에 타도록 구슬리고는 그에게 "신을 믿니?"라고 물어본다. 그러고는 벼랑으로 차를 몰아 동반 자살을 기도한다.

이 사고로 누리아는 죽었지만 세사르는 기적적으로 목숨을 건진다. 그러나 그의 잘생긴 얼굴은 끔찍한 흉터와 함께 변형되었다. 그 후 영화는 마스크를 쓴 세사르가 감옥에서 심리상담사에게 이야기하는 꿈을 재현한다. 세사르는 자신이 깨어 있는지 꿈을 꾸는지 모르고, 관객들 역시 세사르의 꿈인지 현실인지 알지 못한다. 아메나바르는 꿈이라는 것을 알려주는 영화적 표현 — 이를테면 뿌연 화면 — 을 전혀 쓰지 않아 관객은 현실과 꿈을 전혀 구분하지 못한다. 오히려 가장 꿈과 같은 장면이 현실임이 판명되는데, 흉측해진 얼굴에 비관한 세사르는 생명연장회사의 약속을 믿고 인체 냉동에 들어가기 위해 자살한 것이다. 하지만 세사르는 심리상담사에게 "나는 꿈과 현실을 구분할 수 있어요"라고 하며 이 장면에 대해 꿈을 꾼 것이라고 말한다. 관객 역시 감옥에서의 신이 현실이고, 냉동 인간 신이 꿈일 것이라고 생각하지만 이 예상은 빗나간다. 이렇게 「오픈 유어 아이즈」에서 꿈은 현실보다 더 분명하고 지각 가능한 공간으로 제시된다.

이렇게 꿈과 현실이 병렬적으로 놓이며 꿈을 통해 현실을 성찰하는 설정은 스페인 문학에서 유구한 전통을 지닌 것이다. 바로 세르반테스의 『돈키호테』가 이런 전통의 시조 격이라고 할 수 있다. 이 소설의 주인공 돈키호테는 중세 기사도 소설에 탐닉한 나머지 현실과 꿈을 착각하고 기사도의 무훈을 실현하고자 여행을 떠난 것이다. 즉 그는 현실에서 꿈을 꾸고 있는 사람으로 많은 사람의 놀림거리가 되지만 다른 한편 그의 숭고한 이상은 조악한 현실에 대한 비판적 대비를 이룬다. 마지막 장에서 여행을 마치고 돌아온 돈키호테는 자신이 꿈을 꾸고 있었다고 시인함으로써 다시 꿈은 깨어지고 현실이 회복된다.

꿈과 현실에 대한 좀더 심오한 철학적 성찰은 스페인 황금 세기 극작가 칼데론 데 라 바르카Pedro Calderón de la Barca(1600~1681)의 「인생은 꿈La vida es sueño」에서 이뤄진다. 이 작품에서 폴란드의 왕 바실리오는 왕자가 태어나면 폭군이 되어 자신의 자리를 탈취한다는 예언을 믿고서 왕자가 태어나자 그의 탄생을 비밀에 부치고 탑에 가둔다. 어느 날 왕은 세히스문도 왕자에게 수면제를 먹여 왕궁에 데려와 깨어났을 때 그가 과연 폭군의 기질을 보일 것인지 올바르게 행동할 것인지 시험한다. 깨어난 세히스문도가 자신을 감시하고 교육하던 클로탈도를 죽이려 하고 여인들을 희롱하자 그를 다시 탑으로 데려간다. 탑에서 깨어난 그는 자신이 꿈을 꾸었다고 생각하고 꿈에서라도 바르게 행동하리라고 결심한다.

왕위가 바실리오 왕의 외국인 조카에게 계승된다는 소식이 알려지자 국민들과 군인들이 반란을 일으킨다. 그들은 왕자가 탑에 갇혀 있다는 사실을 알고는 그를 구출하여 왕으로 세운다. 이것을 꿈이라고 생각한 세히스문도는 이번엔 현명하게 대처한다. 그는 반란이 성공했으나 바실리오를 왕으로 인정하고 그에게 충성을 맹세한다. 그리고 자신의 감시자였던 클로탈도에게도 감사를 표한다.

「인생은 꿈」에서 왕자로서의 특권을 모두 잃어버린 채 탑에 갇힌 왕자 세히스문도의 처지는 「오픈 유어 아이즈」에서 차 사고로 잘생긴 얼굴을 잃고 실의에 빠져 있는 세사르의 처지와 유사하다. 여기에서 세사르는 악몽과 같은 현실에서 벗어나기 위해 생명연장회사와 계약하고 죽음과도 같은 잠을 선택한다. 이 꿈속에서 — 혹은 꿈에서 깨어난 뒤 — 그의 얼굴은 피부 재생 신기술에 의해 기적적으로 복원되고 소피아와의 관계도 예전처럼 회복된다. 그러나 세히스문도와 달리 세사르는 새롭게 부여받은 삶을 평화롭게 이끌지 못하고 또다시 고통에 빠지고 마는데, 꿈속에서 그의 연인 소피아가 자신을 죽인 누리아로 바뀌는 것을 본다. 다른 사람은 모두 소피아라고 하지만 그의 눈에는 누리아로 보이는 상대를 죽인다. 그래서 소피아에 대한 살인 혐의를 받고 그는 감옥에 갇혀서 심리상담사의 상담을 받는다. 영화에 자주 등장하는, 영화 서사의 뼈대를 이루는 신들이 모두 꿈이고, 그가 꿈이라고 주장하는 자살 장면이 현실이라는 것은 「오픈 유어 아이즈」의 고의적인 트릭이다.

생명연장회사와의 계약 후 인체 냉동에 들어갔던 세사르는 소생한 누리아로 인해 괴로움을 당하는 것이 꿈이라는 사실을 깨닫고 그 꿈에서 벗어나 미래에 깨어나기 위해 빌딩에서 뛰어내린다. 그리고 마지막 신에서 처음 신과 마찬가지로 아무것도 보이지 않는 검은 화면 속에서 여성의 목소리가 "눈을 뜨세요"라고 말한다. 이것은 「논문」이나 「바닷속으로」의 첫 신에서도 사용되었던 장치로서 내레이터가 관객에게 직접 말을 걸며 그 상황을 체험해볼 것을 유도하는 것이다. 영화의 제목이기도 한 "눈을 뜨세요"라는 말은 관객에게 던지는 말이기도 한데, 영화 전체가 하나의 꿈이었으니 이제 깨어나라는 주문이다.

첫 두 작품에서 공전의 성공을 거둔 아메나바르는 이제 할리우드에 진출하여 할리우드의 자본으로 세번째 영화 「디 아더스The others」(2001)를 만든다. 주지하다시피 1990년대 이래 미국 영화계는 외국의 재능 있는 감독들을 스카웃해 그들로 하여금 영화를 만들게 함으로써 주변부의 재능과 할리우드의 자본이 결합된 방식의 영화 제작이 붐을 이루게 된다. 대만 출신의 이안 감독이 만든 「와호장룡」(2000), 멕시코 출신의 알폰소 아라우Alfonso Arau 감독이 만든 「구름 위의 산책A walk in the clouds」(1995), 역시 멕시코 출신의 알레한드로 곤살레스 이냐리투Alejandro González Iñárritu 감독이 만든 「21그램21 grams」(2003), 「바벨Babel」(2006), 브라질 출신의 호세 파딜라José Padilha 감독이 만든 「로보캅Robocop」(2014) 등이 그것이다.

할리우드의 특급 배우 니콜 키드만을 주연으로 캐스팅하여 1천 7백만 달러의 대자본이 투입된 「디 아더스」는 전 세계적으로 큰 성공을 거두었고, 흥행력 있는 감독으로서 아메나바르의 명성을 다시 한 번 입증시켜주었다. 스페인에서도 640만 명의 관객을 동원하여 현재까지 스페인 영화사상 가장 많은 관객을 모은 영화로 기록되어 있다.

「디 아더스」는 제2차 세계대전 말미를 시간적 배경으로 하여 영국 저지 섬의 한 저택에서 벌어지는 유령 이야기를 담고 있는데, 영어권 배우들이 등장하여 영어로 진행되는 이 작품은 적어도 표면적으로 볼 때 스페인적인 것이 전혀 없어 보인다. 오히려 영국에서 18세기 말부터 19세기 초에 유행했던 고딕소설의 분위기를 짙게 풍긴다. 그러나 이 작품에 대해 스페인 영화 전문가들은 스페인 신영화의 고전인 에리세의 「벌집의 정령」이나 사우라의 「까마귀 기르기」를 들며 주제 면에서 유사한 상상력을 지목했다.

「디 아더스」의 주인공인 그레이스 부인(니콜 키드만)은 엄격한 가톨릭 신자로서 제2차 세계대전의 전장에서 전사한 것으로 짐작되는 남편을 애도하며 두 아이와 함께 저지 섬의 고색창연한 저택을 지키고 있다. 아이들은 햇빛을 보면 치명적인 해를 입기 때문에 이 집의 모든 창문은 두꺼운 커튼으로 가려져 있다. 어느 날 모든 하인이 다 떠난 이 집에 예전의 유모, 가정부, 정원사가 찾아오고 그레이스 부인은 이들을 고용한다. 유령에게 홀린 듯 이 집에서는 괴상한 일이 끊이지 않는다. 에리세와 사우라 영화의 아나처럼 이 집의 딸 앤은 죽음에 매혹되어 있다 ─ 이름도 같다. 이 아이들은 죽음을 두려워하면서도 한편으론 이에 매혹되는 양면적인 심리를 보여준다. 앤은 이 집에서 유일하게 유령을 볼 수 있는 사람이고 유령을 두려워하지 않는데, 이 역시 프랑켄슈타인의 괴물에게 연민을 가졌던 「벌집의 정령」의 아나와 같다. 앤은 유령들과 소통하며 그들을 연필로 그리고 자기 나이 또래의 유령인 빅토르와 친구가 되기까지 한다. 「벌집의 정령」에서 아나의 언니 이사벨이 그랬듯 앤은 동생 니콜라스에게 유령인 빅토르의 이야기를 해주며 동생에게 공포를 주는 쾌감을 즐긴다. 어느 날 죽은 줄만 알았던 이 집의 가장이 홀연히 나타나는데, 관객들은 영문을 알 수 없다.

이상한 일이 잇따름으로써 유령의 존재를 감지한 그레이스 부인은 마침내 하인들이 모두 과거에 사망한, 유령들이었음을 알게 된다. 여기에서 반전이 일어나는데, 실은 그레이스 부인과 아이들도 모두 죽은 자들의 혼령이었다는 것이다. 몇 년 전 사소한 일로 화가 난 그레이스는 아이들을 베개로 눌렀고 아이들은 질식사하고 말았다. 이에 충격을 받은 그녀는 총으로 자살했다. 그러고는 자신들이 죽었다는 사실을 인지하지 못한 채 그녀와 아이들은 계속 그 집에서 살아왔던 것이다. 오히려 그레이스가 유령이라고 믿었던, 집안의 이상한 존재들이야말로 그레이스 가족의 비극적 사건 이후 저택을 구입하여 실제로 살고 있었던 살아 있는 사람들이었다. 오히려 그들이 집안의 유령을 몰아내기 위해 굿을 하고 있었던 것이다.

영국의 고택을 배경으로 외국 배우들이 등장하는 「디 아더스」는 일견 19세기 고딕소설의 분위기를 풍기고 있지만 스페인을 배경으로 스페인 배우들이 출연했었다면 매우 스페인적인 영화라고 여겨질 법하다. 그것은 꿈과 현실이 뒤섞이며 현실의 덧없음이 말해지는 주제적인 면에서도 그렇지만 혼령들이 등장하는 몇몇 신이 눈에 익숙하기 때문이기도 하다. 예컨대 혼령들의 기도회 같은 그로테스크한 장면은 고야의 검은 그림pinturas negras이나 소묘에 자주 등장하던 것들이다. 결국 「디 아더스」는 할리우드 영화의 외양을 띠고 있음에도 불구하고 스페인 예술의 독특한 미학이 스며 있는 작품이라고 할 수 있다.

국내적 이슈로의 복귀

할리우드에 진출하여 대성공을 거두고 돌아온 아메나바르는 이전과는 전혀 다른 스타일과 주제의 영화를 만든다. 갈리시아 사람 라몬 삼페드로Ramón Sampedro의 실화를 배경으로 안락사 문제를 다룬 「바닷속으로Mar adentro」(2004)가 그것이다. 라몬 삼페드로는 실제 인물인데, 젊은 시절 바닷가에서 다이빙을 하다 다치는 바람에 전신마비가 되었다. 그는 존엄하게 자살할 수 있는 권리를 인정해달라며 국가를 상대로 29년 동안 청원을 했으나 거부당하자 결국 친구들의 도움으로 독극물을 마시고 목숨을 끊었다. 1998년 죽을 당시 그는 친구들 여러 명에게 조금씩의 역할을 맡겨 아무도 처벌을 받지 않도록 배려했다. 스페인 법원은 한 명을 기소했으나 증거 불충분으로 처벌하지 않았다.

라몬 삼페드로의 사건은 스페인 사회에서 큰 이슈가 되었고, 2001년에 「삶의 형벌Condenado a vivir」이라는 제목으로 영화화된 적이 있었다. 아메나바르는 하비에르 바르뎀을 기용하여 삼페드로와 매우 흡사하도록 분장을 하고 갈리시아 억양이 강한 그의 말투를 흉내 내도록 연습시켰다. 라몬과 사랑에 빠지는 변호사 훌리아 역에는 수천 명의 지원자를 인터뷰한 끝에 연기 경험이 없는 벨렌 루에다Belén Rueda를 캐스팅했다. 그리고 영화음악은 물론 그의 영화적 테크닉을 총동원하여 기술적으로 완벽한 작품을 만들고자 했다. 그 결과 이 영화는 결말이 알려진 단선적인 서사로 짜여 있음에도 아름다운 화면과 감동적인 연기로 관객의 심금을 울려 스페인 영화의 또 한 편의 고전으로 등극했다.

이 영화는 상업적으로나 비평적으로 모두 대성공을 거두었다. 2004년 개봉 당시 스페인에서 4백만 명 이상의 관객을 동원하여 스페인 영화사상 역대 8위에 해당하는 기록을 세웠고, 스페인 최고 권위의 영화상인 고야상에서 무려 14개 부문을 석권했다. 주요 부문 중에서 놓친 것은 편집상밖에 없었을 정도로 연기, 촬영, 음악 모두 완벽했다는 평을 받았다. 그리고 아카데미상에서 최우수 외국어 영화상을 수상했으니 비영어권 영화가 받을 수 있는 상은 다 받았다고 해도 과언이 아니다.

일반적으로 장애인을 주인공으로 등장시키는 영화는 그의 어려운 처지를 설득력 있게 전달함으로써 장애인에 대한 이해를 구하는 것이 보통이다. 그러나 「바닷속으로」는 이러한 경향을 정면으로 거스른다. 이 영화는 29년 동안 전신마비로 지내면서 자살을 원하는 삼페드로의 처지를 관객으로 하여금 동정하도록 유도하지 않는다. 오히려 이 영화에서 삼페드로는 시종일관 당당하고 유머러스한 인물로 등장한다. 물론 그는 행복하지 않다. 어떻게 늘 웃음을 잃지 않을 수 있느냐는 질문에 자신은 '웃으면서 우는 법'을 배웠다고 대답한다. 어느 날 남편

없이 두 아이를 키우는 로사라는 여자가 찾아와 라몬의 처지를 위로하려 하자 라몬은 오히려 화를 내며 그녀가 남을 동정함으로써 자신이 실패한 사람이라는 것을 감추고 우월한 처지를 확인하여 위로받고자 한다며 단호하게 그녀의 동정을 거부한다.

그는 언제나 매우 논리적이고 확신에 찬 어조로 자신의 입장을 설명한다. 그에 따르면 삶은 정말 아름다운 것이어서 자신처럼 움직이지 못하고 침대에만 누워 있는 것은 살아도 사는 게 아니라는 것이다. 이런 그의 생각을 바꾸기 위해 역시 전신마비를 앓고 있는 가톨릭 신부가 찾아와 그와 논쟁을 벌인다. 오랫동안 라몬의 병 수발을 맡아왔던 형과 형수는, TV에 나와 라몬에게 부족한 것은 주변의 사랑이라고 말하여 상처를 준 신부가 야속하기만 하다. 복잡한 장치의 휠체어에 탄 신부는 삶은 존엄한 것이어서 인간 스스로 목숨을 끊을 자유는 없다며 라몬을 설득하려 한다. 그러자 라몬은 자유가 없는 삶은 삶이 아니라며 신부의 말을 반박하고 그를 내쫓는다.

라몬이 누워 있는 방은 바다에서 조금 떨어져 있는 산골 마을에 있다. 바다는 이 영화에서 반복해서 비춰지는데, 바다는 삶과 죽음의 본원적인 이미지로서 등장한다. 침대에 누운 라몬은 벌떡 일어나 창문을 통해 바다로 날아가는 상상을 한다. 이때의 바다는 자유이자 또한 라몬이 도달하고 싶어 하는 영원의 상태, 즉 죽음을 의미한다. 쉴 새 없이 밀려오고 부서지는 거대한 파도의 이미지는 사사로운 삶을 압도하며 영원을 상기시킨다.

라몬이 요구하는 바는 자기 자신의 권리와 자유이지 타인의 결정에 대해 그가 왈가왈부하는 것은 아니다. 그런 면에서 이 영화는 라몬 삼페드로 개인에 관한 이야기를 다루는 것이지 안락사라는 문제의 일반

「바닷속으로」에서 라몬(하비에르 바르뎀)과 훌리아(벨렌 루에다)의
다정한 모습. 동병상련의 두 사람은 각자 다른 선택을 하게 된다.

론을 말하는 것이 아니다. 라몬은 자신의 청원이 법원에서 기각되자 결국 '불법적으로' 죽는 것을 선택한다. 그는 친구들에게 둘러싸여 집단적인 도움을 받아 존엄하게 생을 마친다.

한편 라몬과 다른 선택을 하는 사람은 변호사 홀리아이다. 법정에서 라몬을 변호하기 위해 갈리시아에 온 홀리아는 라몬에게 호감을 갖는데, 그녀는 라몬이 젊었을 때 쓴 시를 읽고 그에게 정신적으로 동화된다. 퇴행성 질환을 앓고 있는 그녀는 라몬과 키스할 정도로 가까워지고 라몬과 같이 죽기로 결심한다. 그러나 마지막 순간, 라몬과 달리 그녀는 죽음을 선택하지 못한다. 그리고 질병은 그녀의 기억을 앗아간다. 라몬이 죽고 난 뒤 그녀는 쓸쓸히 바닷가에 앉아 있지만 그녀는 라몬이 누구인지도 모른다. 이로써 누구의 기억에도 남지 않은, 그들의 짧은 사랑은 더욱 찰나적으로 느껴지고 그녀의 라몬 선택은 아름다운 것으로 비춰진다.

이 영화의 성공은 서사적인 감동 덕분이기도 하지만 영화적인 시공간에 대한 철저한 고증 덕분이기도 하다. 스페인에서 갈리시아는 목가적인 풍경으로 많은 예술적 영감의 근원이 되었던 곳이지만 「바닷속으로」만큼 이 지역의 풍경이 주는 특유의 정취를 감동적인 서사 속에 녹여낸 작품은 일찍이 없었다. 영화음악에서도 아메나바르는 가죽피리 등 갈리시아의 전통 악기를 사용하여 풍광과 조화를 이루도록 배려했다. 가장 갈리시아적이자 가장 스페인적인 영화를 만들어냄으로써 할리우드 감수성을 지녔다고 여겨지던 아메나바르는 많은 사람을 놀라게 했고 그의 예술적 상상력 또한 스페인 예술 전통에 뿌리내리고 있음을 보여주었다.

에필로그

유럽 대륙에 붙어 있으면서도 스페인은 유럽의 중심 국가들과는 상당히 다른 문화적 전통을 가졌다. 주지하다시피 유럽은 근대 이래로 과학기술의 발전을 바탕으로 다른 지역에 대한 식민지 개척에 나서면서 세계의 중심으로 떠오른다. 일찍이 아메리카를 식민지로 복속시키며 근대 제국주의 시대를 열었고 16세기에 '해가 지지 않는 나라'를 실현했던 스페인은 유럽 현대성modernity의 세례를 일찍 받았을 것 같지만 사실은 그렇지 못했다. 스페인은 가톨릭 신앙을 기반으로 통일된 근대국가를 이루었기 때문에 반도의 통일 직후 유대인과 이슬람인을 몰아내는 우를 범한다. 그리고 유럽 북부에서 일어난 신교 운동과는 반대로 구교 신앙을 강화하는 반종교개혁을 외치고 신교 세력에 맞서 싸웠다. 이런 이유로 유럽 북부를 중심으로 퍼져나간 산업과 상업 발전의 파장에서 밀려나 있을 수밖에 없었다.

스페인의 전성기라고 할 수 있는 제국 시대에도 귀족 계급과 교회를 제외한 일반 평민의 생활은 궁핍했고 구시대적 신분 시스템은 이들이 근대적 시민 계급으로 성장하기 어렵도록 만들었다. 문화사적으로 보았을 때도 스페인은 17, 18세기에 연극을 중심으로 문학적 황금 세기를 맞았지만 19세기 유럽에서 근대적 시민 계급을 독자로 하여 중흥한 소설은 스페인에서 발전하기 어려웠다. 19세기는 물론 20세기에 접어들 때까지도 글을 읽을 줄 아는 독자층이 폭넓게 존재하지 못했기 때문이다.

20세기 초까지도 스페인에서 가장 인기 있는 예술 장르는 연극이었다. 황금 세기 '국민극teatro nacional' 이래로 스페인에서 연극은 최고의 오락거리로서 대중과 함께해왔다. 도시의 중앙 광장에서는 연극이 공연되었으며 시장에서도 임시 무대가 설치되고 단막극 등이 공연되었다. 귀족층이나 대중이 모두 연극의 관객이었기 때문에 연극은 계층을 초월한 국민예술이 되었다. 문학의 소비 계층이 넓었던 영미권에선 일찍부터 문학의 독자층이 분화되며 예술로서의 문학과 대중의 오락을 위한 문학의 경계가 생겨나게 되었지만 독자층이 한정되어 있던 스페인에서는 대중문학이 발전하지 못했다. 그래서 문학은 소수의 식자층에 의해서만 향유되는 고급 예술이었던 반면, 연극은 식자층과 대중 모두로부터 사랑을 받았다.

이런 상황에서 스페인에 영화가 도입되었다. 글을 읽을 필요도 없고 연극처럼 비싼 입장료를 지불하지 않아도 되는 영화는 태생적으로 대중 친화적인 매체였기 때문에 영미권에서는 초기에서부터 오락의 기능을 갖게 되었고, 1910년대에 이미 할리우드 스튜디오 시스템이 갖춰져 대중영화가 쏟아져 나오기 시작했다. 그러나 대중예술의 전통이 따로 없었던 스페인에선 초기 영화는 연극이라는 국민예술에 기생하여 생존했다. 즉 연극 공연을 촬영하여 훨씬 싼값의 입장료를 받고 대중에게 보여주는 역할을 했던 것이다. 그렇기 때문에 20세기 초 대부분의 스페인 지식인이 영화에 반감을 가진 것은 당연한 일이었다.

그러나 다른 유럽 국가들에서 점차 영화가 각광을 받게 되자 젊은 예술인들 사이에서 영화의 예술적 가능성을 발견한 사람들이 나오기 시작하고, 영화를 예술적 매체로서 옹호하는 지식인들이 늘어나게 된다. 로르카, 달리, 부뉴엘 역시 그런 사람들이었다. 로르카는 「달나라 여행Viaje a la luna」(1930)이라는 시나리오를 쓰기도 했고, 부뉴엘은 프랑스로 가서 영화를 배웠고 달리와 함께 초현실주의 영화를 만들고 국제적으로 알려진 첫번째 스페인 영화감독이 되었다.

이렇게 스페인에서는 역사적으로 '고급 예술'과 '대중 예술'의 분리가 이루어지지 못했고 이러한 가운데 영화가 고급 예술로서 시작했다는 점이 훗날 작가주의 전통이 발달하는 데 중요한 요인이 된 것으로 보인다. 스페인에서 예술성을 무시한 대중적인 영화가 본격적으로 나오게 된 것은 아이러니하게도 스페인 내전 시기였다. 동족 간의 이데올로기 전쟁이었던 스페인 내전에서 양측은 영화를 통해 자신들의 정당성을 홍보하고 대중의 지지를 얻으려고 했다. 그래서 3년의 전쟁 기간 동안 상당히 많은 홍보영화가 만들어졌다. 내전이 끝나자 정권을 잡은 프랑코는 영화를 통해 대중을 교육시키려는 정책을 지속적으로 펼쳤다. 1942년에는 프랑코가 직접 나서서 시나리오를 쓰고 「민족 Raza」이라는 영화를 만들기도 했다.

프랑코 시대 초기에는 정권의 이데올로기적 이념을 선전하는 정치 영화가 많이 만들어졌지만 후기로 가면서 오히려 대량 소비사회의 오락적 기능을 맡은 영화들이 많이 만들어지기 시작했다. 저급한 코미

디류가 주를 이뤘는데 이런 작품들에서 예술성은 찾아보기 힘들었다. 이런 환경이 되자 지식인층은 다른 수준의 영화를 원하게 되었고 이것이 '스페인 신영화' 움직임으로 이어져 바르뎀, 베를랑가, 사우라, 에리세 등의 작가감독들이 활약할 수 있는 배경이 되었다. 이때에 이르러 스페인 영화에서도 비로소 예술영화와 대중영화가 분화되었다고 할 수 있다. 그러나 프랑코 시대까지만 해도 대중영화의 수준은 매우 천박했기 때문에, 이른바 예술영화가 식자층을 중심으로 폭넓은 관객층을 확보하고 있었다. 이러한 현상은 문학에서도 마찬가지여서 오락을 위한 대중 문학은 거의 발달하지 못했고 일반 대중은 당대의 고급 문학이나 스페인 문학의 고전 작품을 즐겨 읽었다.

프랑코 시대가 종말을 고하고 민주화 시대가 도래하면서 스페인 예술계에도 지각변동이 일어났다. 이것은 정치적 변동에서 비롯된 것이기도 하지만 그보다는 스페인 사회가 본격적인 다원주의 시대로 접어든 것과 관련이 있다. 이러한 시점에서 나타난 알모도바르는 스페인 영화에서 예술영화와 대중영화의 경계를 일거에 허물어버렸다. 소수를 위한 전복적인 언더그라운드 영화로 출발한 그였지만, 새 시대에 새로운 패러다임을 요구하는 문화적 수요와 맞물려 어느 순간 스페인 영화를 대표하는 자리에 오르게 되었다. 이런 상황이 되자 그의 영화는 보편적인 관객을 상정하며 순화된 미학을 지향하게 되었다. 프랑코 시대에 예술적 영화를 만들던 사우라 역시 민주화 시대가 오자 스페인 민속을 영화화하는 작업에 착수하여 민속성을 통해 ― 비록 때로는 비판적인 입장을 취하기도 했지만 ― 대중성을 확보하는 방향으로 나아갔다.

사실 알모도바르와 사우라가 작가주의 감독의 위치를 지키면서도 상업적인 성공을 거둘 수 있었던 데는 해외 관객의 호응이 절대적이었다. 1970년대부터 본격적으로 몰려오기 시작한 해외 관광객들은 '스페인적인 것'에 열광했고 그런 맥락에서 사우라와 알모도바르 영화에 등장하는 스페인적인 것에 흥미로워했는데, 두 감독은 스페인적인 것에 대해 외국인을 교육시키기도 했다. 그렇기 때문에 스페인 영화에서 스페인적인 것에 대한 정립에 있어 사우라와 알모도바르의 작품은 극히 중요한 위치에 서게 되었다고 할 수 있다. 두 감독은 국가적 정체성의 의미와 기능을 꿰뚫어볼 수 있는 안목을 지닌 사람들이었다. 그래서 그들의 영화는 스페인적인 것이라고 여겨지던 전통문화의 기표들을 요긴하게 활용하면서도 박제화된 허상에 집착하지 않고 시대에 따라 변화하는 새로운 국가 정체성을 재현할 수 있었던 것이다.

제작비의 증가로 대중성이 어느 때보다 중요해진 국면에서 사우라와 알모도바르는 작가주의와 국가적 정체성이 결합할 수 있는 모범적인 모델을 제시했다. 동시대의 스페인 감독들은 이 모델을 모방했고 각기 상이한 스타일을 보이긴 하지만 메뎀, 보야인, 레온 데 아라노아, 아메나바르 등 젊은 세대의 감독들 역시 예술성과 대중성을 겸비한 출중한 작품들을 내놓음으로써 스페인 작가주의 감독의 계보를 잇게 되었다. 그리하여 '스페인 영화'가 세계 관객들에겐 특정한 스타일을 연상시키며 하나의 장르처럼 인식되는 상황에 이르렀고 스페인 관객들에겐 할리우드 상업영화와 대비되는 '다양성 영화'로 여겨지게 되었다.

하지만 영화산업의 측면에서 보았을 때 현재 스페인 영화는 상당한 위기 국면을 맞고 있다. 2000년대 중반부터 전체 관객이 감소하는 경향을 보이고 있는 데다 최근 경제 위기를 맞아 국민당PP 정부에서 영화에 대한 지원금은 줄이고 입장료에 대한 세금은 올리는 정책을 취하자 영화산업은 급격하게 위축되었다. 이에 알모도바르를 위시한 감독들이 정부의 정책에 항의하는 성명을 발표하며 반발했고 이에 정부는 조금 세금을 내렸다. 그럼에도 스페인 영화계는 과거의 활기를 되찾지는 못하고 있다.

게다가 그동안 스페인적인 것이라고 여겨지던 문화적 기표들도 더 이상 세계인들에게 이국적 흥미를 주기 어려워졌다. 사우라의 민속영화는 소수를 위한 예술영화로 받아들여지고 있고 알모도바르의 최근 영화에서도 스페인적 문화 기표들이 점점 줄어들고 있는 점이 이를 반증한다. 젊은 작가주의 감독들은 국가적으로 특정성 있는 이슈들로 관심을 옮겨갔음은 이미 앞에서 서술한 바 있다. 그렇다면 스페인 영화에서 국가 정체성의 문제와 작가주의를 연관시킬 수 있는 시기도 점점 끝나가고 있다고 할 수 있다. 그런 점에서 독재 시대에 지식인의 고뇌를 표현한 수단으로서, 그리고 민주화 시대에는 상품화된 국가 정체성을 비판적으로 활용한 사례로서 스페인 영화는 흥미로운 고찰의 기회를 제공해주었다고 말할 수 있겠다.

참고문헌

레이 초우, 『원시적 열정: 시각, 섹슈얼리티, 민족지, 현대중국영화』, 정재서 옮김, 이산, 2004.

임호준, 「전환기 사회의 영화에서 동성애 재현의 세 가지 양상」, 『문학과 영상』 제1권 제2호, 2000. 10, pp. 69~90.

_____, 「포스트모던 로칼리즘: 페드로 알모도바르 영화의 역사적, 사회적 배경」, 『문학과 영상』 제2권 제1호, 2001. 4, pp. 145~170.

_____, 「소설과 영화의 상이한 페미니즘 장치들: 갈도스의 『트리스타나』와 부뉴엘의 「트리스타나」」, 『스페인어문학』 제20호, 2001. 8, pp. 245~67.

_____, 「위기의 남성들: 새로운 스페인 영화와 내전의 트라우마」, 『이베로-아메리카 연구』 제12권, 2001. 12, pp. 185~210.

_____, 「퀴어 이론의 관점에서 본 알모도바르 영화의 젠더와 섹슈얼리티」, 『이베로-아메리카 연구』 제14권, 2003. 12, pp. 217~39.

_____, 「프랑코이즘의 청산에 있어 모비다 문화의 정치적 함의: 알모도바르의 초기 영화를 중심으로」, 『스페인어문학』 제30호, 2004. 6, pp. 295~317.

_____, 「시대의식의 반영으로서 영화: 프랑코 사후 스페인 영화에서 내전의 재현 양상」, 『스페인어문학』 제32호, 2004. 9, pp. 243~60.

_____, 「세계화 시대 스페인 영화산업」, 『스페인어문학』 제42호, 2006. 6.

_____, 「카니발의 부르주아들: '황금시대' '절멸의 천사' '부르주아의 은밀한 매력'

의 모더니즘 그로테스크」,『스페인어문학』제47호, 2008. 6, pp. 191~209.
장 클로드 스갱,『스페인 영화사』, 정동섭 옮김, 동문선, 2002.
전기순,「알모도바르의 삼부작: 작가주의의 변모와 성찰의 깊이」,『스페인어문학』
　　제42호, 2006. 6.
　　　　,『알모도바르 영화』, 커뮤니케이션북스, 2011.
정동섭.「'마타도르'를 바라보는 세 가지 시선」,『스페인어문학』제44호, 2007. 9,
　　pp. 481~95.
프레디 뷔아쉬,『루이 브뉴엘의 영화세계』, 김태원 옮김, 현대미학사, 1998.

Allinson, Mark, *A Spanish Labyrinth: The Films of Pedro Almodóvar*, London: I. B. Tauris, 2001.

Amago, Samuel, *Spanish Cinema in the Global Context: Film on film*, New York: Routledge, 2013.

Aranda, Francisco, *Luis Buñuel: A Critical Biography*, New York: Dacapo Press, 1976.

Arata, Luis O., "I am Ana: The play of the imagination in The Spirit of the Beehive," in Linda C. Ehrlich(ed.), *An Open Window: The Cinema of Víctor Erice*, London: The Scarecrow Press, 2000, pp. 98~106.

Arocena, Carmen, *Víctor Erice*, Madrid: Cátedra, 1996.

Belichón, Gregorio, Jordi Costa & Borja Hermoso, "Goya de los Goya: ¿'Los lunes al sol,' 'Tesis' o 'Todo sobre mi madre'?," *El País*, 2 de febrero de 2014.

Benet, Juan, *¿Qué fue la Guerra Civil?*, Barcelona: La Gaya Ciencia, 1976.

Besas, Peter, *Behind the Spanish Lens: Spanish Cinema under Fascism and Democracy*, Denver: Arden Press, 1985.

Borau, José Luis, "Prologue," in Peter Williams Evans(ed.), *Spanish Cinema: The Auteurist Tradition*, Oxford: Oxford University Press, 1999.

Buñuel, Luis, *Mi último suspiro*, Madrid: Debolsillo, 2003.

Caparrós Lera, José María, *Historia del cine español*, Madrid: Cátedra, 1995.

Chow, Rey, *Primitive Passions: Visuality, Sexuality, Ethnography and Contemporary Chinese Cinema*. New York: Columbia, 1995.

Davies, Ann, *Spain on Screen: Developments in Cotemporary Spanish Cinema*, London: Palgrave Macmillan, 2011.

Delgado, Maria, "Saura's *Los golfos*: Herading a New Cinema for the 1960s," in Peter William Evans, *Spanish Cinema: The Auteurist Tradition*, Oxford:

Oxford University Press, 1999.

Deveny, Thomas G., *Cain on Screen: Contemporary Spanish Cinema*, London: The Scarecrow Press, 1999.

D'Lugo, Marvin, *The Films of Carlos Saura: The Practice of Seeing*, Princeton: Princeton University Press, 1991.

_____, *Pedro Almodóvar*, Urbana: University of Illinois Press, 2006.

D'Lugo, Marvin & Paul Julian Smith, "Auteurism and the Construction of the Canon," in Jo Labanyi & Tatjana Pavlovi?, *A Companion to Spanish Cinema*, New York: Willey-Blackwell, 2013.

Dyer, Richard, *Now You See it Studies on Lesbian and Gay Film*, New York: Routledge, 1990.

Edwards, Gwynne, *Indecent Exposures: Buñuel, Saura, Erice & Almodóvar*, London: Marion Boyars, 2001.

_____, *The Discreet Art of Luis Buñuel: A Reading of his Films*, London: Marion Boyars, 1997.

Ehrlich, Linda C.(ed.), *An Open Window: The Cinema of Víctor Erice*, London: The Scarecrow Press, 2000.

Eton, Anne(ed.), *Talk to her*, London: Routledge, 2009.

Evans, Peter William, *Women on the Verge of a Nervous Breakdown*, London: BFI, 1996.

_____, *Spanish Cinema: The Auteurist Tradition*, Oxford: Oxford University press, 1999.

_____, *Bigas Luna: Jamón, Jamón*, Barcelona: Paídos, 2004.

Evans, Peter William & Isabel Santaolalla, *Luis Buñuel: New Readings*, London: BFI, 2004.

Evans, Peter William & Robin Fiddian, "A narrative of star-cross'd lovers," in Linda C. Erlich(ed.), *An Open Window: The Cinema of Víctor Erice*, London: The Scarecrow Press, 2000.

Ezra, Elizabeth, "A Brief History of Cinema in Europe," *European Cinema*, Oxford: Oxford University, 2004.

Fouz-Hernández, Santiago & Alfredo Martínez-Expósito, *Live Flesh: The Male Body in Contemporary Spanish Cinema*, London: I. B. Tauris, 2007.

Graham, Helen & Jo Labanyi, *Spanish Cultural Studies: An Introduction*, Oxford: Oxford University Press, 1996.

Gubern, Román et al., *Historia del cine español*, Madrid: Cátedra, 1995.

Heredero, Carlos, *20 nuevos directores del cine español*, Madrid: Alianza, 1999.

Herrera, Javier & Cristina Martinez-Carazo(eds.), *Hispanismo y cine*, Madrid: Iberoamericana, 2007.

Hill, John(ed.), *World Cinema: Critical Approaches*, Oxford: Oxford University Press, 2000.

Hopewell, John, *Out of the Past: Spanish Cinema after Franco*, London: BFI, 1986.

Huerta Calvo, Javier, *Formas carnavalescas en el arte y la literatura*, Barcelona: Serbal, 1989.

Jordan, Barry(ed.), *Contemporary Spanish Cultural Studies*, New York: Arnold, 2000.

Jordan, Barry & Bikki Morgan-Tamosunas, *Contemporary Spanish Cinema*, Manchester: Manchester University Press, 1998.

Joyard, Olivier, "Vidéodrome," *Cahier du cinema* 508, décembre, 1996.

Kinder, Marsha, "The Tyranny of Convention in *The Phantom of liberty*," *Film Quarterly* 28, Summer, 1975.

_____, *Blood Cinema: The Reconstruction of National Identity in Spain*, Berkeley: University of California Press, 1993.

Kinder, Marsha(ed.), *Luis Buñuel's* The Discreet Charme of the Bourgeoisie, Cambridge: Cambridge University Press, 1999.

_____, *Refiguring Spain: Cinema, Media and Representation*, London: Duke University Press, 1997.

Krohn, Bill and Paul Duncan(ed.), *Luis Buñuel: The Complete Films*, Köln: Taschen, 2005.

Labanyi, Jo, *Myth and History in the Contemporary Spanish Novel*, Cambridge: Cambridge University Press, 1989.

Lázaro-Reboll, Antonio & Andrew Wills(ed.), *Spanish Popular Cinema*, Manchester: Manchester University Press, 2004.

Lazaro-Reboll, Antonio, Steven Marsh, Susan Martin-Marquez, & Santos Zunzunegui, "Strategic Auteurism," in Jo Labanyi & Tatjana Pavlovi, *A Companion to Spanish Cinema*, New York: Willey-Blackwell, 2013.

Mar-Molino Clare & Angel Smith, *Nationalism and the Nation in the Iberian Peninsula*, Oxford: Berg, 1996.

Marsh, Steven, *Popular Spanish Film under Franco: Comedy and the Weakening of the State*, New York: Palgrave Macmillan, 2006.

Marsh, Steven & Parvati Nair, *Gender and Spanish Cinema*, New York: Berg, 2004.

Martínez Expósito, Alfredo, "Elitism and Populism in Spanish Auteur Cinema of the Nineties," *Estudios Hispánicos* 45, 2007, pp. 261~78.

Maule, Rosanna, *Beyond Auteurism: New Directions in Authorial Film Practices in France, Italy and Spain since the 1980s*, Intellect, 2011.

Medem, Julio, "S.O.S.," *El mundo*, 29 de enero, 2004.

Méjean, Jean-Max, *Pedro Almodóvar*, Barcelona: Manon Tropo, 2007.

Mellen, Joan(ed.), *The World of Luis Buñuel*, New York: Oxford University Press, 1978.

Moix, Terenci, *Suspiros de España: La copla y el cine de nuestro recuerdo*, Barcelona: Plaza y Janes, 1993.

Moreiras Menor, Cristina, *Cultura herida: Literatura y cine en la España democrática*, Madrid: Ediciones Libertarias, 2002, p. 91.

Moyano, Alberto, "El Oscar de Garcí fue más un premio a la nueva España democrática que a su película," *Diariovasco*, 2012. 3. 19.

Navarrete Cardero, José Luis, *Historia de un género cinematográfico: la españolada*, Quiasmo, 2009.

Neuschäfer, Hans-Jörg, *Adiós a la España Eterna: La dialéctica de la censura. Novela, teatro y cine bajo el franquismo*, Barcelona: Anthropos, 1994.

Ortega y Gasset, José, *Velázquez, Goya and the Dehumanization of Art*, New York: W.W. Norton, 1953.

_____, *Papeles sobre Velázquez y Goya*, Madrid: Revista de Occidente en Alianza Editorial, 1987.

_____, *Teoría de Andalucía y otros ensayos*, Madrid: Revista de Occidente, 1994.

Pando, Juan, *El mundo*, 22 de octubre de 1991.

Payne, Stanley, *Fascism in Spain 1923–1977*, Madison: University of Wisconsin Press, 2000.

Paranaguá, Paulo Antonio, *Mexican Cinema*, London: BFI, 1995.

Pérez Bastías, Luis, *Las dos caras de Luis Buñuel*, Barcelona: Royal Books, 1994.

Pérez Turrent, Tomás, "Luis Buñel in Mexico," in Paulo Antonio Paranaguá,

Mexican Cinema, London: BFI, 1995.

Perriam, Chris, *Stars and Masculinities in Spanish Cinema: From Banderas to Bardem*, Oxford: Oxford University Press, 2003.

Rich, Adrienne, *Compulsory Heterosexuality and Lesbian Existence*, Denver: Antelope Publication, 1982.

Richardson, Nathan, "From *Herria* to *Hirria*: Locating Dialogue in Julio Medem's *La pelota vasca*," *Arizona Journal of Hispanic Cultural Studies* Vol 1, 2007, p. 113~19.

Sánchez Vidal, Agustín, *Luis Buñuel*, Madrid: Cátedra, 2004.

Sánchez-Cornejero, Cristina, "Hooking for Spanishness: Immigration and Prostitution in León de Aranoa's *Princesas*."

Saura, Antonio, "El nuevo cine español," *Viridiana* 15, 1997.

Saura Carlos & Antonio Gades, *Carmen: el sueño del amor absoluto*, Barcelona: Círculo de Lectores, 1984.

Schwarze, Michael, *Luis Buñuel*, Barcelona: Plaza y Janés, 1988.

Sempere, Antonio, *Alejandro Amenábar: Cine en los vernanos*, Madrid: New Ediciones, 2000.

Short, Robert, *The Age of Gold: Surrealist Cinema. Dalí, Buñuel, Artaud*, New York: Solar Books, 2008.

Smith, Angel & Clare Mar-Molinero, "The Myth And Realities of Nation-Building in the Iberian Peninsula," *Nationalism and the Nation in the Iberian Peninsula*, Oxford: Berg, 1996.

Smith, Paul Julian, *Contemporary Spanish Culture: Television, Fashion, Art and Film*, London: Polity, 2003.

_____, *Desire Unlimited: The Cinema of Pedro Almodóvar*, London: Verso, 2000.

_____, *Laws of Desire: Questions of Homosexuality in Spanish Writing and Film, 1960–1990*, New York, Oxford University Press, 1992.

_____, *Spanish Visual Culture: Cinema, Television, Internet, Manchester*, Machester University Press, 2007.

_____, *Vision Machines: Cinema, Literature and Sexuality in Spain and Cuba, 1983–1993*, London: Verso, 1996.

Stam, Robert, *Reflexivity in Film and Literature: From Don Quixote to Jean-Luc Godard*, New York: Columbia University Press, 1992.

Stone, Rob, *Julio Medem*, Manchester: Manchester University Press, 2007.

_____, *Spanish Cinema*, Essex: Pearson Education, 2002.

Strauss, Frédéric, *Pedro Almodóvar: Un cine visceral*, Madrid: El País, 1994.

Strauss, Frédéric(ed.), *Almodóvar on Almodóvar*, New York: Faber and Faber, 2006.

Triana-Toribio, Núria, *Spanish National Cinema*, London: Routledge, 2003.

Vernon, Kathleen & Barbara Morris, *Post-Franco, Postmodern: The Films of Pedro Almodóvar*, Westport: Greenwood Press, 1995.

Vidal, Nuria, *El cine de Pedro Almodóvar*, Barcelona: Destino, 1989.

Vilarós, Teresa M., *El mono del desencanto: una crítica cultural de la transición española 1973~1993*, Madrid: Siglo XXI, 1998.

Williams, Linda, *Figures of Desire: A Theory and Analysis of Surrealist Film*, Los Angeles: University of California Press, 1992.

_____, *The Films of Luis Buñuel: Subjectivity and Desire*, Oxford: Clarendon Press, 1995.

Yarza, Alejandro, *Un caníbal en Madrid: La sensibilidad camp y el reciclaje de la historia en el cine de Pedro Almodóvar*, Madrid: Ediciones Libertarias, 1999.

Zavala, Juan, Elio Castro-Villacañas & Antonio C. Martínez, *Lo que yo te diga: el cine español contando con sencillez*, Madrid: Maeva Ediciones, 2007.

찾아보기